是澤博昭
日髙真吾 編

子どもたちの文化史

玩具にみる日本の近代

臨川書店

子どもたちの文化史——玩具にみる日本の近代

目次

目　次

序論

是澤博昭

研究会の目的

本書は、国立民族学博物館共同研究会「モノにみる近代日本の子ども文化と社会の総合的研究」（研究代表：是澤博昭・二〇一四年九月〜二〇一八年三月）および人間文化研究機構基幹研究「日本列島における地域文化の再発見とその表象システムの構築」（研究代表者：日高真吾・二〇一五年四月〜二〇二一年三月）の成果である。

今日子ども期は大切に扱われる一方で、子育て不安やいじめ・子どもの貧困など子どもをめぐる諸問題は混迷を深めている。そしてその原因は、日本の近代化の過程に見いだされるものが少なくない。子ども期は働く時代ではなく、社会や家庭で大切に守られ、国家の一員となるために学校で教育をうける時期だという、いわゆる「近代的な子ども観」が欧米から日本に紹介され、都市部の新中間層を中心に浸透をはじめるのは、二十世紀にさしかかる頃。そしてそれが一般家庭にまで広く普及するのは、戦後の高度経済成長期であった。

一九五一年の児童憲章制定の頃から、子どもの人権が声高に叫ばれるなか、子ども用品への注目が高まる。戦争玩具や不衛生な駄菓子、勝ち負けでものを取り上げるメンコやベーゴマ遊びの規制など、子どもの安全と健全な成長に配慮した玩具や遊びを提供しようという運動が広がる。一九七〇年代に入ると、核家族化の進展とともに学歴志向が高まり、受験競争も過熱し、勉強を最優先に考える保護者が増加する。そして都市の過密化により空き地や原っぱなど、子どもが自由に遊べる空間が減少する。さらにゲーム・テレビ・模型・手芸をはじめ室内での遊びが増えるなど、子どもの遊びと玩具の世界は変容し、マスメディアの発達（漫画や映画・TV番組など）により、子どもの生活は全国的に画一化されるのである。

もっとも、衛生的・教育的な玩具とは無縁の、多くの大人が眉をひそめる遊びや玩具、また大人の目の届かない子どもたちだけのルールで成り立つ遊びと遊び空間（空地・原っぱなど）こそ、子どもたちの楽しみであったことも事実だ。流行の玩具や遊びの楽しさを、学校の先生や親たちはあまり理解しなかった。

少子高齢化が進む現代、子どもが大切にされる一方で、ニート（職業に就かず、教育・職業訓練も受けていない若者）、ひきこもりが社会問題になるなど、大人になりきれない青年や大人の子ども化が問題とされる。二〇一〇（平成二十二）年には、ポスト青年期を支援の対象とする「子ども・若者育成支援推進法」が施行された。同法は施策によっては四十歳未満が「子ども・若者」の範疇に入り、支援の対象になるという。社会的自立に向けた期間がより長くなる傾向にある。つまり大人と子どもの境界が曖昧になり、「大きな子ども」が子どもと同じように保護を求め、弱者を主張するなど、社会全体が幼稚化している、という指摘がある（ブリュックネール 一九九九）。大人への道が長くなった今、これまでとは違った子ども像が必要になっている。

そこで近代に入り形成された子ども観の源流に立ち返り、大人は子どもをどのように見てきたのか、玩具や生活用品を通して、もう一度考え直す必要があるのではないか。なぜなら、玩具には大人の子どもへの夢や希望、願いが、モノという形になってあらわれているからだ。遊びや玩具は大人から与えられるだけではない。そこには子どもの支持がなければならない。近代化とともに変容する玩具に映しだされた大人と子どもとの対話を読み解き、二十一世紀にむけた新しい子ども像を探求する出発点を探るとともに、そこから近代日本の新たな社会像を提示することまでを視野に入れて、本研究会は出発した。

そこで児童文化史をはじめ、幼児教育史、美術史・歴史学・民俗学・文化地理学などの様々な専門分野の人々が参加し、玩具を中心とする子どもに関連したモノを基盤に総合的に検討することを目指したのである。

江戸の遊びと「子ども」の誕生──学校・遊び・教育

子ども期は、一種の近代的な「制度」、歴史の一時期につくりだされた社会的観念である（アリエス 一九八〇）。愛され、育まれる子どもは、いつの時代にも存在する。しかし、生まれた子どもはどのように育ち、育てられたのだろうか。大人や社会が理想とする「子ども像」は時代とともに変化する。

例えば、乳幼児死亡率の高い江戸時代後期は、子どもを一種の異人とみなし神に近い存在として神聖視する一方で、その身体面での順調な発育以外、精神面への関心はあまり高くない。子どもを愛しむという思いには満ちているが、乳幼児の人権やかけがえのない命という感覚は希薄である。まして玩具や遊び環境を整えることで情操を育むという視点はない。玩具は縁起物的な色彩が強く、どちらかといえば粗雑で幼稚なものと考えられていた（是澤 二〇一五）。

明治に入ると、国家の一員となるために年齢で区分されて学校で教育される、新しい子ども期があらわれる。その背景には、(1)封建的な身分制度がなくなり、(2)個人の能力（学歴）によって立身出世の道が開かれ、(3)医療技術の進歩により乳幼児の死亡率が低下したこと、などがあげられる。そして幼児教育（フレーベル思想）が日本に紹介されると、遊びにも教育的な関心の目が向けられ、遊びや玩具が子どもの発達に役に立つ、という教育観に日本人は出合うのである。一九〇〇年前後には「教育玩具」という造語が流行し、近代教育を受ける対象として幼児を含む子どもが明確に意識されはじめる。一九一〇年代にかけて教育的見地にたった玩具の改良がはじまり、さまざまな子ども用品が商品化される。この頃から、子どもには衛生的な生活環境とよりよい遊び、そして教育が必要であり、それによって身につけた学歴が、就職・結婚など将来生活していくうえで有利な条件になることが社会通念になりはじめる（是澤　二〇〇九）。

このように考えてみると、江戸期の身分制社会では、乳幼児期から意図的な子育てがはじまり、学校という競争社会に組み込まれる子どもは存在しないことがわかる。時代や地域社会でさまざまに定義され、存在した大人と子どもの境界は、近代的な学校制度の成立にともない、年齢という一つの尺度で画一化される。大人へと成長し発達する前の段階として未熟で、弱く、守られるべき子ども期があらわれるのである。

一九一〇年代に入ると、都市部の新中間層を中心に教育熱心な「教育家族」が誕生し（沢山　二〇一三）、子どもの権利思想が次第に広まる。児童保護事業も本格化するなかで、前述のような今日私たちが抱く子どもの見方（いわゆる近代的子ども観）が普及をはじめる。そして子どもを純粋無垢な存在とみるロマン主義的な子ども観が、『赤い鳥』（一九一八年創刊）を中心とした童話・童謡運動で確立する（河原　一九九八）のである。

一九三〇年代には、純粋無垢な子どもというイメージは、より広く浸透する。この頃子どもを主題とするニュースは、マスメディアの主要なジャンルを形成し、世間の共感と関心をひきやすいテーマとなる。それが平和・友好という美名に融合し、マスメディアや教育関係者による満州事変を支持するキャンペーンや日満親善交流に、けなげな子どもが多用される。近代日本の子ども観は、十五年戦争の進展とともに大衆化するのである（是澤　二〇一六、二〇一八）。

モノの発信力

では子どもの生活文化研究におけるモノの発信力とは何だろう。周知のように、子どもは公文書や法令などには、ほとんどあらわれることはない。だからこそ子どもにあえて目を向けてみると、その時代の社会や文化に文字資料とは違った角度からアプローチすることもできるだろう。その手がかりとして、生活の実態を伝える有形文化財としてのモノが貴重な役割を果たすのである。人々の生活の中でモノは確かに存在していた。それが子どもの生活に占めていた位置を探ることにより、はじめてみえてくる人々の日常生活がある。さらに子どもの生活を探求する上でも、限られた文献史料を補完するために生活文化財（玩具・衣服・文具など）を活用する必要があるのだ。

しかし、その多くは消費され、資料の残存は少ない。子どもに関するモノ、なかでも玩具の研究は、一部の好事家を中心とする懐古的・趣味的な研究以外は、あまり顧みられることはなかった。(1) また子どもを取り巻く学校、家庭、社会生活にかかわる実物資料から、教育の実態に迫る唐澤富太郎は別として、教育史・子ども史側の主な玩具研究は、「遊び」と「教育」という観点から、子どもの玩具遊びの意味を追求してきた。或は、玩具を通して遊んだ子どもの姿を捉えようとするなど、子ども自身に焦点をあてる。(2) さらに文化人類学的なアプローチである岩田慶治編『子ども文化の原像――文化人類学的な視点から』（日本放送出版協会、一九八五年）などにも、玩具をとおして、その時代の社会や文化を考察するという視点はない。

遊戯史・玩具史の研究は、一九二〇年から一九四〇年ごろ、そして戦後の一九七〇年前後に画期的な進展をみせている。第二次世界大戦前は、酒井欣『日本遊戯史』（建設社、一九三三年）、有坂与太郎『日本玩具史』前後編（建設社、一九三一年）、『玩具叢書』全八巻（雄山閣、一九三四〜七年）、大戦後は深谷庄一『日本金属玩具史』（日本金属玩具工業組合、一九六〇年）、斎藤良輔『人形玩具事典』（東京堂出版、一九六八年）、『おもちゃの話』（朝日新聞社、一九七一年）、『昭和玩具文化史』（住宅新報社、一九七八年）、半澤敏郎『童遊文化史』（東京書籍、一九八〇年）などがある。なお法政大学出版局「ものと人間の文化史」シリーズのなかで、近年上梓された江橋崇『花札』（二〇一四年）、『かるた』（二〇一五年）は、独自の日本文化として発展した遊戯具を検証する本格的な研究である。

なかでもジャーナリスト出身の斎藤良輔の一連の業績は、玩具と社会・文化とのかかわりに関するさまざまな問題の基本的な枠組みを的確に提示している。ただし実証性は十分とはいえず、その学術的な根拠をさぐるとともに、斎藤の指摘を踏まえて、それがどのように社会・文化史的な意味を持つのか、実際のモノに即して改めて検証し、考察を広げ、今後の学術研究の俎上にのせるという課題が残されている(3)。

そのような中で、江戸時代から戦後にかけての玩具を中心とした子どもに関わるモノが、網羅的に収集・保存された国立民族学博物館所蔵の通称「時代玩具コレクション」（大阪府指定有形民俗文化財）は、極めて貴重な資料である。現在確認される時代玩具コレクションに類似する主な資料として、①入江コレクション（兵庫県立歴史博物館所蔵）、②田中本家博物館（長野県須坂市）、③土井子供くらし館（三重県尾鷲市）の三点があげられる。

①は、時代玩具コレクションの収集者多田敏捷の協力のもとに成り立っており、両者は深い関係にある。②③はそれぞれの旧家（田中家・土井家）の土蔵に奇跡的に残されていたもので、保存状態も良く、所蔵者や年代等もある程度特定できるが、年代（明治後期から大正期）、階層（豪商）に偏りがある。その一方で、時代玩具コレクションと①は網羅的だが、後年収集された資料という性格上、制作年代等を含めて批判的検証が必要だ(4)。

例えば、時代玩具コレクションに関しては、収集者自ら『おもちゃ博物館』全二四巻（多田 一九九二）を著しているが、より学際的な見地にたった学術的な研究までには至っていない。そこで本研究会は、資料の熟覧を中心に、各地の関連コレクションの調査を含めて、各方面の専門家が類似資料との比較・検証を行い、関連情報を収集することで進められた。

本書の構成

本共同研究会の特徴は、玩具史や学校等の近代教育の思想や実践の枠内に止まらない、子どもの公私にわたる生活にまで視野を広げたことである。さらに時代玩具コレクションは子どもの生活の解明にとどまらない、近代史の裏面にせまる資料になり得る可能性を秘めている。本書は子どもの社会や文化の解明にとどまらず、そこから近代日本の新たな社会像の一端を探ることも目的としている。

第一部では、まず一九九三年に大阪府が購入した「時代玩具コレクション」が、二〇〇九年一月に大阪府の指定有形民俗文化財に登録され、二〇一三年三月に国立民族学博物館（以下、民博）に寄贈された経緯とともに、当初の寄贈目的であった「より積極的な活用」に向けて着実にその環境を整えつつある現状を紹介する（日高真吾）。

さらに時代玩具コレクションからみえる近代的な子ども観の諸相を、おもに紙製玩具に映し出された図柄をとおして、一九三〇年代の日本人の複雑な心性の一端を考察する（是澤博昭）。

また同コレクションはモノにとどまらず公的文書にはみられない貴重な文献も所蔵されている。コレクションにある歴史資料から当時の社会の何が分かるのか、日露戦争において軍神と称された橘周太陸軍中佐に関連する文書資料など、具体的な例を挙げ時代玩具コレクションの重層性を、稲葉千容は紹介する。

第二部は、ジェンダー・児童文化史・教育史・民俗学・文化地理学など、それぞれの視点から、玩具と子どもの接点を探る。

私たちは、幼児から少年少女へ、そして大人へと変身するのでなく、木の年輪のように、乳幼児期の上に、少年・少女時代を積み重ね、大人になる。だから人間はいくつになっても、その中心に子ども時代を抱えている。大人にとって子ども時代は失われた時代ではなく、心の中にはいつまでも生きつづけているのだ。そして合わせ鏡のように大人（社会）との関わりを映しだす。その接点がまさに商品化された玩具の中に隠れているのである。

神野由紀は「ぬり絵」が教材から離れ商品化されるなかで明確なジェンダー化が進行したことを明らかにする。そしてその傾向は教育的なものを離れる程強くなること、特に「女の子向け」を強調する駄玩具「ぬり絵」の存在が、「ぬる行為」そのものに性別役割を顕在化させることなど、興味深い指摘を行う。

昔話は、児童書だけでなく、子どもの生活用品や遊び道具などにもそのモチーフが活用されてきた。是澤優子は、昔話が「遊びの世界」に映しこまれたことに注目し、文学研究とは異なる視点から昔話と子どもの接点を探る。

幼稚園の保育用品がいかに変遷したのか、フレーベル思想が紹介・受容され、保育内容の中心となった恩物が商品化される過程に、小山みずえは着目する。明治初期から昭和初期、恩物は幼稚園教育が展開する中で、中央だけでなく各地の保育用品の開発者のネットワークと融合し、積木、折り紙、粘土などとして生き続けてきたことを指摘する。

さらに子どもの祝いとして行われていた節句が、どのようにして国家行事に流用されるのか、ナショナリズムと昭和期の子どもを含めた家庭との関係に注目して、民俗学的な視点から、山田慎也は考察する。近代家族における家庭の団欒が注目され、節句行事が子ども関連のイベントとして成長していく中で、節句の教育的要素が昭和初期に展開される、ことを明らかにする。

濱田琢司は、ままごと道具に表現された家具類などの生活用品を対象にして、玩具と工芸の間、そして工芸としての玩具、それぞれの視点からそのあり方を提示する。ままごと玩具などに用いられるうつわやそれを含む台所セットに対する、このような視点での考察はほとんどない。台所の様相に社会的な表象を探り、そこに含まれるうつわパーツへ工芸的視点を投げかける。

　このように第二部は、斬新で、意欲的な論文に満ちている。


　時代玩具コレクションには玩具店や縁日の露店、駄菓子屋などで売られていた商品も数多く収集されている。そこからたわいのない玩具や縁日、江戸期から大人の顰蹙をかった賭け事遊びの世界がひろがる。第三部は、縁日・くじ文化・遊びの工夫などからの考察である。

　商品化された子ども用品の主な受容層は、都市部の新中間層や富裕層が中心であり、明治大正期はおろか、昭和初期までの庶民の子どもたちの遊びと生活には、まだ江戸期以来の伝統が息づいていた。商品玩具を与えられる子どもは、戦後の高度経済成長期までは少数派であり、多くの子どもにとって日常の遊びや玩具は、縁日、駄菓子屋、或は路地裏や空き地という空間、野山や川などの自然環境に結びついていた。

　そして大人は危険な遊びや有害な生活習慣を身に付けてしまう恐れのある遊びを規制することはあっても子どものために遊びを考え、教育的な見地から介入することはあまりなかった。そして子どもたちも自分の周りの大人や自然の状態や活動を観察し、独特の模倣と創意で、自分たちの遊びの文化をつくりだす。保護と教育とはあまり関係のない、もう一つの子どもたちの生活空間も同時並行で存在していたのである。子どもにあまり気をくばらなかった社会の方が、現代よりも自由な子ども時代があるように思えるのは何故だろうか。


　亀川泰照は、近世後期から明治期の江戸・東京における縁日を構成する諸要素のうち、玩具に焦点を合わせる。縁日では玩具を扱う商人が組織化されていたことを明らかにするなど、文献を博捜し、学術的な研究の土台を整理する貴重な試みである。

滝口正哉は、占いや富くじや子どもの玩具にも使用された「くじ」に注目し、十九から二十世紀の日本において「くじ」のもつ公平性が身分や貧富の差などを超えた魅力をもつ文化として庶民層や子どもにまで広く定着し、展開していく実態を解明し、その社会的・文化的な意義を探る。

世代を越えて多くの子どもたちを引き寄せてきた〝貼る〟遊びである「うつしえ」から「シール」への流れに、森下みさ子は注目する。貼るという行為が皮膚から周囲の生活用品へと移行するなかで、子どもの遊びの変化の意味をモノから探る。

内田幸彦は、主に紙メンコを巡る子どもの世界、なかでも賭け遊びとその改良に注目する。かつて親が買い与えた玩具を子ども自ら購入するようになるなかで、大人から比較的独立した子ども達の創造の世界の一端を、時代玩具コレクションから明らかにする。

このように第三部は、第二部とは異なる世界、縁日・くじ・遊びのなかの改良・貼るという遊びの快楽などに注目して、文献史学・児童文化史・民俗学、それぞれの専門分野から、独特のアプローチを試みる。

用語について

なお「時代玩具」はコレクターによる造語である。恣意的であいまいな名称だが、同コレクションが大阪府から民博に寄贈される際、引き継がれた名称であり（日高論文参照）、本書ではこの通称を用いることにした。

また「こども」「子ども」「子供」の表記は、「子ども」で統一した。「こども」は大和言葉（日本固有の言語）であり、今日あて字として「子供」の表記が使われることが多い。ところが近年教育や福祉などの世界では、「子供」の「供」の字は、子が大人の付属物のような印象を与えるとして「子ども」または「こども」という表記が推奨されることがある。しかし、語の成り立ちからみると牽強付会であり、もともと付録や見下げるという意味などあるはずもない（是澤博昭・優子 二〇一二）。しかし本書では、やわらかい表記の方が一般の読者に親しみやすいという点から、「子ども」に統一した。従って、大人の付属物云々という意見に組みしているわけではないことは、断っておきたい。

（1）唐澤富太郎『図説明治百年の児童史』上・下（講談社、一九六八年）、『教育博物館』（ぎょうせい、一九七七年）参照。唐澤の収集した子どもの学びと遊びの世界に関連する実物資料を展示する「唐澤博物館」が、東京都練馬区に開館されている。

（2）遊びと教育という視点からは、滑川道夫『オモチャ教育論』（東京堂、一九六九年）、藤本浩之輔『子どもの遊び空間』（日本放送出版協会、一九七四年）などがある。児童文化の業績として、永田桂子『絵本観・玩具観の変遷』（高文堂出版社、一九八七年）は、明治から昭和にかけての玩具観の変遷をたどり、森下みさ子『おもちゃ革命（手遊びおもちゃから電子おもちゃへ）』（岩波書店、一九九六年）は、当時の子どもの遊びとおもちゃの状況を考察する。加藤理『〈めんこ〉の文化史』（久山社、一九九六年）、『駄菓子屋・読み物と子どもの近代』（青弓社、二〇〇〇年）は、歴史的視点をまじえ遊ぶ子どもの姿を探る。春日明夫『玩具創作の研究――造形教育の歴史と理論を探る』（日本文教出版、二〇〇七年）は造形教育史のなかで創作玩具を位置づけたもの。一九八九年発足の日本人形玩具学会の学会誌『人形玩具研究』は、二七号を数えるが、玩具関係の特集や論文が掲載されている。なお玩具関連の研究書を知る上では、上笙一郎（二〇〇五）所収の「日本の〈遊び〉＝おもちゃ研究のあゆみ」が参考になる。

（3）斎藤の指摘を援用しながら、明治大正の人形玩具の収集家を中心にする知のネットワークを明らかにした山口昌男『敗者の精神史』（岩波書店、一九九五年）、『内田魯庵山脈――「失われた日本人」発掘』（晶文社、二〇〇一年）の一連研究や近年の郷土玩具研究の成果、例えば、小川都「郷土玩具の基本的性格――百貨店三越を通して」（『京都民俗』一五号、一九九七年）、鈴木廣之『好古家たちの19世紀――幕末明治における《物》のアルケオロジー』（吉川弘文館、二〇〇三年）、香川雅信「郷土玩具のまなざし――趣味家たちの「郷土」」（『日本民俗学』二三六号、二〇〇三年）、「〈郷土／玩具〉考――二〇世紀初頭における〈イノセンス〉の発見」（『大阪大学日本学報』二五号、二〇〇六年）、加藤幸治『郷土玩具の新解釈――無意識の〝郷愁〟はなぜ生まれたか』（社会評論社、二〇一一年）などがある。これらは近代的な学問と好事家の趣味との相関関係や、「郷土」へのまなざしの生成過程などに注目したものである。これらがどのような経路をたどり大衆化するのかを「子どもをめぐるデザイン」に焦点をあてて神野由紀（二〇一一）は論じている。

（4）入江コレクションを所蔵する兵庫県立歴史博物館は、香川雅信が中心になり展示図録『新世紀こども大博覧会――入江コレクションにみる児童文化史400年』（二〇〇三年）をはじめ収蔵品目録「11絵双六」（二〇〇六年）、「12光学玩具」（二〇〇八年）、「13組上絵」（二〇一二年）など入江コレクションを紹介する目録を系統的に発行している。田中本家・土井子供くらし館については、それぞれ『田中本家のおもちゃ』展図録（田中本家博物館、一九九七年）、神野由紀・是澤博昭監修『明治大正期の子供のくらし』（土井子供くらし館、二〇一一年）が参考になる。

参考文献

アリエス、フィリップ（一九八〇）杉山光信他訳『〈子ども〉の誕生』みすず書房。

上笙一郎（編）（二〇〇五）『叢書日本の児童遊戯』別巻、クレス出版。

柄谷行人（二〇〇四）『定本柄谷行人集1　日本近代文学の起源』岩波書店。

河原和枝（一九九八）『子ども観の近代――『赤い鳥』と「童心」の理想』中公新書。

是澤博昭（二〇〇九）『教育玩具の近代――教育対象としての子どもの誕生』世織書房。

――（二〇一五）『子供を祝う――端午の節句と雛祭』淡交社。

――（二〇一六）「玩具にみる日本の近代――関東大震災から満州国承認まで」『民博通信』一五三号。

――（二〇一八）『軍国少年少女の誕生とメディア――子ども達の日満親善交流』世織書房。

是澤博昭・是澤優子（二〇一二）『子ども像の探求――子どもと大人の境界』世織書房。

沢山美果子（二〇一三）『近代家族と子育て』吉川弘文館。

神野由紀（二〇一一）『子どもをめぐるデザインと近代――拡大する商品世界』世界思想社。

多田敏捷（一九九二）『おもちゃ博物館』京都書院。

ブリュックネール、パスカル（一九九九）小倉孝誠・下沢和義訳『無垢の誘惑』法政大学出版局。

本田和子（二〇〇〇）『子ども一〇〇年のエポック――「児童の世紀」から「子どもの権利条約」まで』フレーベル館。

第一部　「時代玩具コレクション」の概要と背景

「時代玩具コレクション」の整理と活用

日髙真吾

はじめに

大阪府指定有形民俗文化財「玩具及び関連世相資料」は、通称「時代玩具コレクション」（以下、時代玩具コレクションと表記）と称されるものである。一九九三年に大阪府が購入し、二〇〇九年一月十六日に大阪府の指定有形民俗文化財に登録され、二〇一三年三月に国立民族学博物館（以下、民博）に寄贈された。

この時代玩具コレクションは、一九七五（昭和五十）年頃から、収集家である多田敏捷《としかつ》氏が北海道から鹿児島県種子島まで古物市や旧家を訪ねて集めた玩具資料であり、江戸時代から明治、大正、昭和の時代にわたる約一万五〇〇〇件、約六万点に及ぶ全国屈指のコレクションである。

時代玩具コレクションが民博に寄贈されることになった経緯について簡単に述べる。時代玩具コレクションは、一九九三年に大阪府が個人コレクターから購入したものである。その後、一九九九年に開館した大阪府立大型児童館ビッグバン（以下、ビッグバン）に収蔵されていた。ビッグバンとは、堺市に作られた大型の児童館であり、著名な漫画家である松本零士氏が館長を務めていた（大阪府立大型児童館ビッグバンＨＰ）。館としてのテーマは、宇宙を題材としており、「宇宙からの訪問者ベアルとメロウの壮大な旅物語」に沿った演出で、「子供の遊びと文化」の創造を支援する施設となっていた。

時代玩具コレクションが民博に寄贈された二〇一三年当時のビッグバンの展示について紹介する。入口のフロアとなる一階は、「コスモポート」と称され、インフォメーションの役割を果たし、大型映像で館内を詳しく紹介していた。また、H-1ロケットエンジンの噴射口の実物と日本人初の女性宇宙飛行士である向井千秋氏の宇宙服を展示し、「ワーナーカプセル」として、音と光で宇宙への出発を演出していた。加えて「子ども劇場」として、劇やダンス、展覧会、ワークショップ等を開催できる空間が設置されていた。

二階は、「スペースファクトリー」と称されていた。ここでは、子どもたちが自由に描いた絵をコンピュータで読み込み、大型画面で遊ばせることができる「ハートイピア電子動物園」、廃材やミュージアムショップで買った工作キットが工作できる創作工房「ベアルの修理工房」、子ども用のクッキングコーナーである「スペースキッチン」が設置されていた。また、あかちゃんがおもいっきり体を動かして遊べる「あかちゃん広場」が備えられていた。

三階は、「アストロファクトリー」と称され、大阪湾に生息していたマチカネワニをテーマにしたコーナーである「マチカネワニの冒険」が展示の中心となっていた。そのほか、大きな果物や野菜のクッションで遊べる「幼児コーナー」や、木のおもちゃで遊べる「木育コーナー」、ジャングルをイメージした遊び場に、ロープウェイ、木登り遊具等がおかれる「ジャングルの冒険」というコーナーが設けられていた。

四階は、「おもちゃスペースシップ」とされ、「ベアルとメロウの壮大な旅物語」の映画を上映する「パワーユニット」が設置されていた。そして、大阪が活気に溢れていた昭和三十年代の民家や商家を再現した「おもちゃタイムカプセル」というコーナーにおいて、時代玩具コレクションや寄贈されたおもちゃなどが展示されていた。

このような施設構成のなかで、時代玩具コレクションが活用されていたのだが、ビッグバンのテーマにのっとった活用とは言い難く、この施設での展示活用には無理があったといえる。このことから、大阪府でより積極的な活用の在り方について検討がなされ、その結果、時代玩具コレクションの活用先、所蔵先として民博への寄贈が打診されることとなったのである。

この大阪府からの打診を受け、民博では、渋沢敬三等が収集した「アチック・ミューゼアムコレクション」のなかに数多くの郷土玩具が含まれていること、多田氏の玩具コレクションの一部がすでに所蔵されていることを確認した。その結果、これら既存の民博の玩具コレクションと時代玩具コレクションを組み合わせることで、日本でも有数の玩具コレクションとして、さまざまな活用の在り方が考えられるという結論に至り、寄贈の申し出を受けることとなった。

なお、この大規模なコレクションの寄贈を受けるにあたっては、マスメディアの注目を集めた。以下に、当時取り上げられた記事の一つを紹介する。

大阪府は三月十一日、大型児童館ビッグバンに所蔵していた5万6千点余りにのぼる「玩具及び関連世相資料（通称・時代玩具）」を、国立民族学博物館（吹田市）へ無償譲渡することを発表した。十八日には早速、ビッグバンからの搬出と民博への搬入が行われた。ビッグバンでは、学芸員一名が分類・整理に携わるとともに、4階の「おもちゃタイムカプセル」コーナーで随時、企画展を実施し、来館者に公開してきた。しかし、展示場所に限りがあることなどから、府監査委員が昨年「有効な活用がされているとは言い難い」と指摘。府ではより広く府民等が鑑賞でき、文化財保護の観点から適切に保存・展示できる施設への移管を検討してきた結果、昨年十二月には譲渡の方針を固めた。（コミュニティ２５２５ＨＰ）

このような経緯をもって、時代玩具コレクションは民博に寄贈されることとなった。あらためて当時を振り返ると、時代玩具コレクションは、寄贈当初から、従来の活用よりも、民博でのより積極的な活用が期待されていたということがわかる。そこで、本稿では、時代玩具の積極的な活用に向けた民博での整理作業と活用事例について述べる。

一　時代玩具コレクションの特徴――ビッグバンでの整理からみえてきたこと

時代玩具コレクションの文化財的価値について

時代玩具コレクションの整理作業について述べる前に、このコレクションの文化財的価値について紹介する。まず、時代玩具コレクションは、玩具と時代背景を考証するため、新聞、号外、雑誌、書籍、古文書などの文献史料が充実していることがその特徴として挙げられる。玩具のコレクションは、国内においてもいくつか所在するが、玩具が作られた時代背景を知ることができる文献史料までを含んだものは多くない。したがって、時代玩具コレクションの文献史料は、コレクション自体の文化財的価値を高める要素となっている。また、有形民俗文化財として考えた場合においても、日本の娯楽、遊戯に用いられた玩具として歴史的変遷・時代的特色などを良くあらわしている。さらに、明治・大正・昭和に至る玩具が充実しており、我が国の近代・近現代の歴史資料としても価値が高い。加えて、収集の傾向がかたよっておらず、各分野の玩具を時代順・種類毎に網羅的、計画的に収集されており、すでにコレクションのうち、約三〇〇〇点については系統的に整理され、一九九二年に『おもちゃ博物館』（全二四巻、京都書院）（多田編　一九九二）として刊行されている。このように、学術的な観点から研究がおこなわれたコレクションであるということも、時代玩具コレクションの文化財的価値を高める要素となっている。

表１　寄贈当時の時代玩具コレクションの内訳

ブリキ製玩具（Ⅰ）明治・大正編	164
めんこ・ビー玉	11,162
おもちゃ絵・立版古	92
遊戯具	1,574
木製玩具・セルロイド玩具	602
ままごと・水物玩具	1,000
男の子玩具	3,031
子供絵と子供衣装	3,891
ブリキ玩具（Ⅱ）昭和編	474
カルタ・トランプ	4,107
千代紙・切り紙	4,902
ゲームと絵本	2,762
うつし絵・着せかえ遊び・ぬり絵	3,334
子供の乗り物・光学玩具	791
駄菓子屋と縁日の玩具（Ⅰ）	2,923
玩具で見る日本近代史（Ⅰ）	2,376
マスコミ玩具	1,632
双六・福笑い	165
相撲玩具・赤穂浪士の玩具	1,302
羽子板・凧・コマ	712
人形（江戸から現代まで）	836
女の子玩具	3,688
駄菓子屋と縁日の玩具（Ⅱ）	3,307
玩具で見る日本近代史（Ⅱ）	1,238
合計	56,083点

多田敏捷氏分類をもとにしたビッグバンによる時代玩具コレクションの整理

時代玩具コレクションが民博に寄贈される際、合わせて引き継いだものに、ビッグバンで整理されてきた台帳リストと写真アルバム台帳があった。これらの整理は、基本的に前述した全二四巻からなる『おもちゃ博物館』で示された分類をもとに作成されていた。この分類整理作業には、多田氏自らも参加されており、収集者の意図を反映した分類となっている。大阪府の文化財登録の際においても、基本的にこれらの分類基準をもとに審議委員会で議論されたとのことであった。各分類項目と台帳で整理されていた資料点数の内訳は表１の通りである。

二　民博での整理作業とデータベースの構築

民博での整理作業

約六万点と膨大な数の時代玩具コレクションの整理が民博で進むなか、引き継いだ台帳リストと写真アルバム台帳は、必ずしも符合していないことが明らかとなった。そこで、最初の整理作業として、リストと台帳の照合作業をおこなうこととした。その結果、番号の付け間違え、未撮影の資料の存在、名称の不統一、整理途中の資料の存在が明らかとなった。また、西暦と和暦が混在し、年代の表記に揺れがみられた。これらの課題について、修正を加えながら、約二〇〇日をかけて整理作業をおこなった。次に、データベースとしての公開を目指し、寄贈された写真台帳の写真を一枚ずつスキャンし、写真アルバム台帳の電子データの作成をおこなった。

これらの整理作業では、収集者である多田氏によって刊行された『おもちゃ博物館』の分類を踏襲して、再分類することとした。これは、収集者が意図をもって分類をおこなっていることから、コレクションの性格を崩さないようにすることが肝要であると考えたためである。再整理をおこなった分類項目を表2に示す。

以上の整理作業を終え、現在は、未整理の資料について、写真撮影をおこない、構成点数の確認、サイズの計測、素材の確認、年代の同定作業をおこなっている。このなかで、年代の同定作業では、時代玩具コレクションの特徴である「日本の娯楽、遊戯に用いられた玩具として歴史的変遷・時代的特色などを良くあらわしている」、「明治・大正・昭和に至る玩具が充実しており、我が国の近代・近現代の歴史資料としても価値が高い」という点を考慮し、時代区分として、江戸、明治、大正、昭和、平成の元号区分をおこなうこと、年代や年については基本的に和暦で整理することとした。また、西暦については、補足情報として取り扱うことを基本方針とした。

表2　再分類後の時代玩具コレクションの内訳

ブリキ製玩具	638点
カルタ・トランプ	4,107点
千代紙・切り紙・折り紙	4,902点
ゲームと絵本	2,762点
うつし絵・着せかえ遊び・ぬり絵	3,334点
子どもの乗り物・光学玩具	791点
駄菓子屋と縁日の玩具	6,267点
マスコミ玩具	1,632点
双六・福笑い	165点
相撲玩具・赤穂浪士の玩具	1,320点
羽子板・凧・コマ	712点
人形（江戸から現代まで）	836点
女の子玩具	3,688点
子ども絵と子ども衣装	3,891点
めんこ・ビー玉	11,162点
おもちゃ絵・立版古	92点
遊戯具	1,574点
木製玩具・セルロイド玩具	602点
ままごと・水物玩具	1,060点
男の子玩具	3,031点
玩具で見る日本近代史	3,614点
合計	56,180点

時代玩具コレクションデータベース

ビッグバンでの整理作業を引き継ぐ形で進めた民博での整理作業をほぼ終えるなか、現在、時代玩具コレクションの全体像がみられるようにデータベースの作成を進めている。本データベースは、時代玩具コレクションをいろいろな視点から検索できるフリーワード検索はもちろん、幾つかの分類基準からも検索できる仕組みとなっている。ひとつは、江戸、明治、大正、昭和、平成の五つの時代区分から検索できる仕組みである。また、多田氏の分類をもとに新たに設けた分類項目から、玩具を検索できる機能を整えることとしている。これらの玩具分類で検索できる資料点数を表2に示す。

三　民博での活用事例

企画展「みんぱくおもちゃ博覧会」での試み

時代玩具コレクションが民博に寄贈されることになった大きな理由は、前述したとおり、「より積極的な活用」が求められたためであった。そこで、寄贈当初から、展示活用の計画を立案していた。当初は、時代玩具コレクションの全容を紹介する展示内容を企画していたが、受け入れ時の整理作業のなかで、未整理の資料の存在、既存のデータについてあいまいな点が確認されたことから、確実に資料情報が整っているものを展示資料として選定することとした。こうしておこなわれたのが、二〇一四年五月十五日～八月十二日にかけて開催した企画展『みんぱくおもちゃ博覧会――大阪府指定文化財「時代玩具コレクション」』（以下、「みんぱくおもちゃ博覧会」）である（写真1）。

本企画展の内容は、「ブリキ製玩具」「ボード（盤上）玩具」「マスコミ玩具」「カード玩具」という四つのテーマに焦点をあてて、その変遷を紹介することを展示の趣旨とした（日高 二〇一四）。このなかで、「ボード（盤上）玩具」と「カード玩具」は時代玩具コレクションの分類にはないものであるが、民博の本館展示場で展示されている世界各地のゲーム関連資料との関係性を意識し、双六類を「ボード（盤上）玩具」、トランプ、カルタ、メンコなどを「カード玩具」とした。この「ボード（盤上）玩具」（以下、「ボード玩具」）と「カード玩具」の再分類の成果の一部は、民博の展示案内のなかで紹介している（日高 二〇一七）。

写真１　みんぱくおもちゃ博覧会（みんぱく会場）

以下、各テーマの展示内容について紹介する。

「ブリキ製玩具」では、ブリキ玩具が日本では幕末に製造されはじめ、その後、玩具素材の中心的な役割を担っていくことを紹介した。また、ブリキ玩具の生産は、明治以降の日本の工業事情とも密接に関連していることを示し、明治から昭和にかけてのブリキ玩具の歴史的な変遷に着目した内容とした。

次に、「ボード玩具」は、伝統的な盤上玩具として『日本書紀』にその記載がみられる双六について取り上げ、双六が平安時代の貴族階層のなかで広まり、日本の玩具としては最古級の歴史を持っていること、明治以降、遊びの方法が簡素化され、子どもたちの間で大いに流行したという遊び方の変遷を紹介した。また、お正月の伝統的な遊びとして認識されている福笑いは、明治以降に国内に定着したものであり、意外に新しい歴史であることを紹介した。さらに、双六や福笑いは、現在のボードゲームとして発展し、人気を博しており、テレビアニメや小説、映画俳優などのキャラクターが大きな役割を果たしていることを示した。そして、明治以降の各時代で描かれてきた「ボード玩具」のキャラクターを紹介しながら、各時代の世相を振り返る展示内容とした。

「マスコミ玩具」は、TV、雑誌、小説等のアニメや演劇、映画等のキャラクターを玩具とし、日本の「マンガ文化」と密接に関わりながら、現在の玩具の中心になっていることを示した。また、明治以降の日本の各時代のキャラクターをもとにした玩具資料を展示しながら、日本におけるマスコミ玩具の歴史的変遷を紹介した。

最後の「カード玩具」では、その中心となるカルタやトランプが海外から持ち込まれた玩具であることを示した。一方、日本で独自に発達したカード遊びとして百人一首や花札があることを紹介し、カード玩具の国内外での歴史的な広がりを示した。さらに、その遊び方の多様性や変遷についても紹介した。

このように、本展示では、単に玩具の時代変遷だけを追いかけるのではなく、玩具の素材やモチーフ、あるいは多様な遊び方についても紹介することとした。また、玩具の遊び方を通したさまざまな世代間の交流を意識し、ボランティア団体「みんぱくミュージアムパートナーズ」の協力を得て、玩具の遊び方の体験ができる屋台を展示場に設置し、メンコやお手玉、おはじきなどの遊びを実際に体験できるコーナーを設置した。

宮城県で開催した巡回展示——企画展「みんぱくおもちゃ博覧会」その後の展開

時代玩具コレクションのより積極的な活用として実施した「みんぱくおもちゃ博覧会」は、その後、新たな展開をみせた。それは、東日本大震災の被災地である宮城県において、この展示を巡回する可能性について問い合わせを受けたことによる。問い合わせいただいたのは、東北歴史博物館の小谷竜介氏である。小谷氏は、東日本大震災当時、宮城県教育庁文化財課の職員であり、全国規模の支援体制として設置された「東北地方太平洋沖地震被災文化財等救援委員会」のなかで、三陸沿岸部を中心におこなった文化財レスキュー事業の宮城県における実質的な現地窓口として尽力していた。筆者は文化財レスキュー事業において、小谷氏の専門とする民俗学に関係する民俗文化財を主に担当していた関係もあり、文化財レスキュー事業後も被災地の文化財に関する事項の意見交換を頻繁におこなう関係にあった。これらの意見交換のなかで、世代をこえて語り合うことのできる玩具を

写真２　みんぱくおもちゃ博覧会岩沼会場

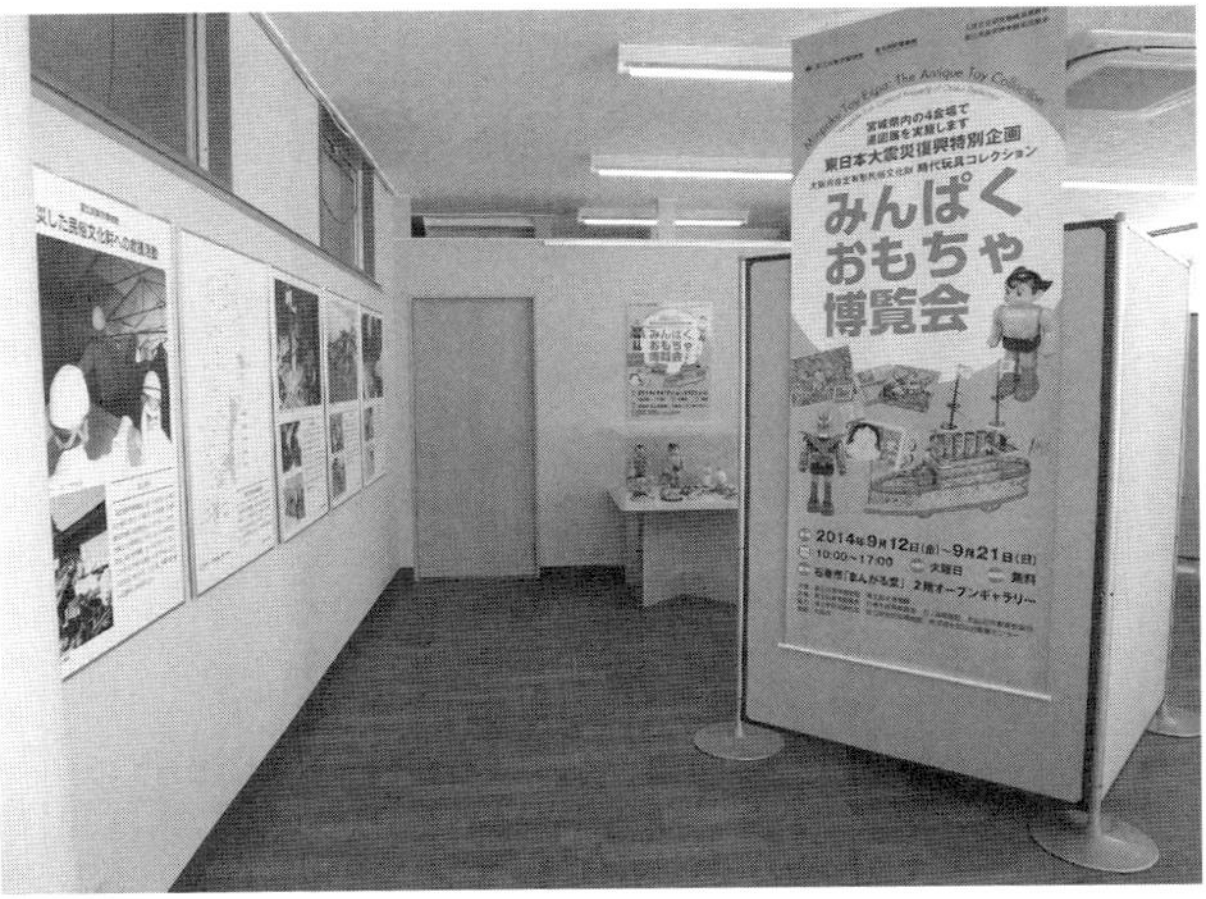

写真３　みんぱくおもちゃ博覧会石巻市まんがる堂会場

テーマとした展示を三陸沿岸部で展開できれば、地域住民の気持ちも明るくなるのではないかということから、本格的な巡回展の企画を立案することとした。

その結果、宮城県内の三陸沿岸部を南部、中部、北部でわけ、三地域での同時開催の巡回展示をおこなった。三陸沿岸南部は、岩沼市の岩沼市民図書館ふるさと展示室でおこない、二〇一四年九月十一日～十月五日を会期

写真４　みんぱくおもちゃ博覧会石ノ森漫画館会場

写真５　みんぱくおもちゃ博覧会気仙沼市海の市会場

写真6　みんぱくおもちゃ博覧会東北歴史博物館会場

とした（写真2）。三陸沿岸中部は、石巻市まんがる堂二階オープンギャラリー（写真3）と石ノ森漫画館（写真4）を会場とし、二〇一四年九月十二日〜九月二十一日を会期とした。三陸沿岸北部は、気仙沼市の海の市二階オープンスペースを会場とし（写真5）、二〇一四年九月十三日〜九月二十三日を会期とした。そして、最後に各会場の展示資料を東北歴史博物館の企画展示室にすべて集め、二〇一四年十月十一日〜十一月三十日を会期として、東日本大震災復興特別企画『みんぱくおもちゃ博覧会――大阪府指定有形民俗文化財「時代玩具コレクション」』（写真6）として完結させたのである。

四　「みんぱくおもちゃ博覧会」からの新たな展開と可能性

東日本大震災復興特別企画として開催した『みんぱくおもちゃ博覧会――大阪府指定有形民俗文化財「時代玩具コレクション」』は、単に民博の展示を巡回させるということに目的を留めるものではなかった。本展示では、被災地の復興にともない、地域社会の大きな変貌が予想されるなか、震災前の地域文化を知ることのできる展示を実現する展示手法の開発も大きな目的の一つとした。ここでは、いわゆる博物館の施設環境でない場所、例えば、学校や公民館でも安全に展示ができる「いつでもどこで

写真７　TDSの使用事例

も」をキーワードとした展示システムの開発を目指した。そこで、開発したのが、トラベリングディスプレイシステム（以下、ＴＤＳ）である。

従来、企画展などで使用される展示ケースは、展示内容ごとに製作され、処分されてきた。そして、これらの展示ケースは展示施工費用の多くを占め、展示会開催のための予算規模が小さい博物館、資料館の展示企画において大きな制約事項となっていた。この課題の解決策として、ワンサイズの基本ユニットで構成され、何度でも使用が可能で、収納時もコンパクトにまとめることができるシステムを備えたＴＤＳ（写真７）を開発し、展示制作のコストを大幅に減額できる仕組みを整えた。

簡単にＴＤＳの特徴を紹介しておく。本システムでは、高さ十二センチメートルで構成する脚パーツを組み合わせることで、十二センチメートル刻みで展示台の高さを調整することができ、来館者の視線に応じた展示台を実現できることとした。また、一辺九十センチメートル四方の天板ユニットを連結することで、展示台の広さを調整することもでき、展示資料の大きさや量に応じた展示台を実現できるようにした。さらに、基本ユニット本体は、天板・展示板・脚のパーツに分かれた組立て式になっており、未使用時は解体することで、倉庫内にコンパクトに収納でき、輸送時の体積もおさえることができる仕様とした。また、展示ケースとしての安定性と強度は、足のパーツをクロスさせることで実現できる仕組みとなっている。さらに、ＴＤＳの開発では、展示ケースとしてのメンテナンス費用

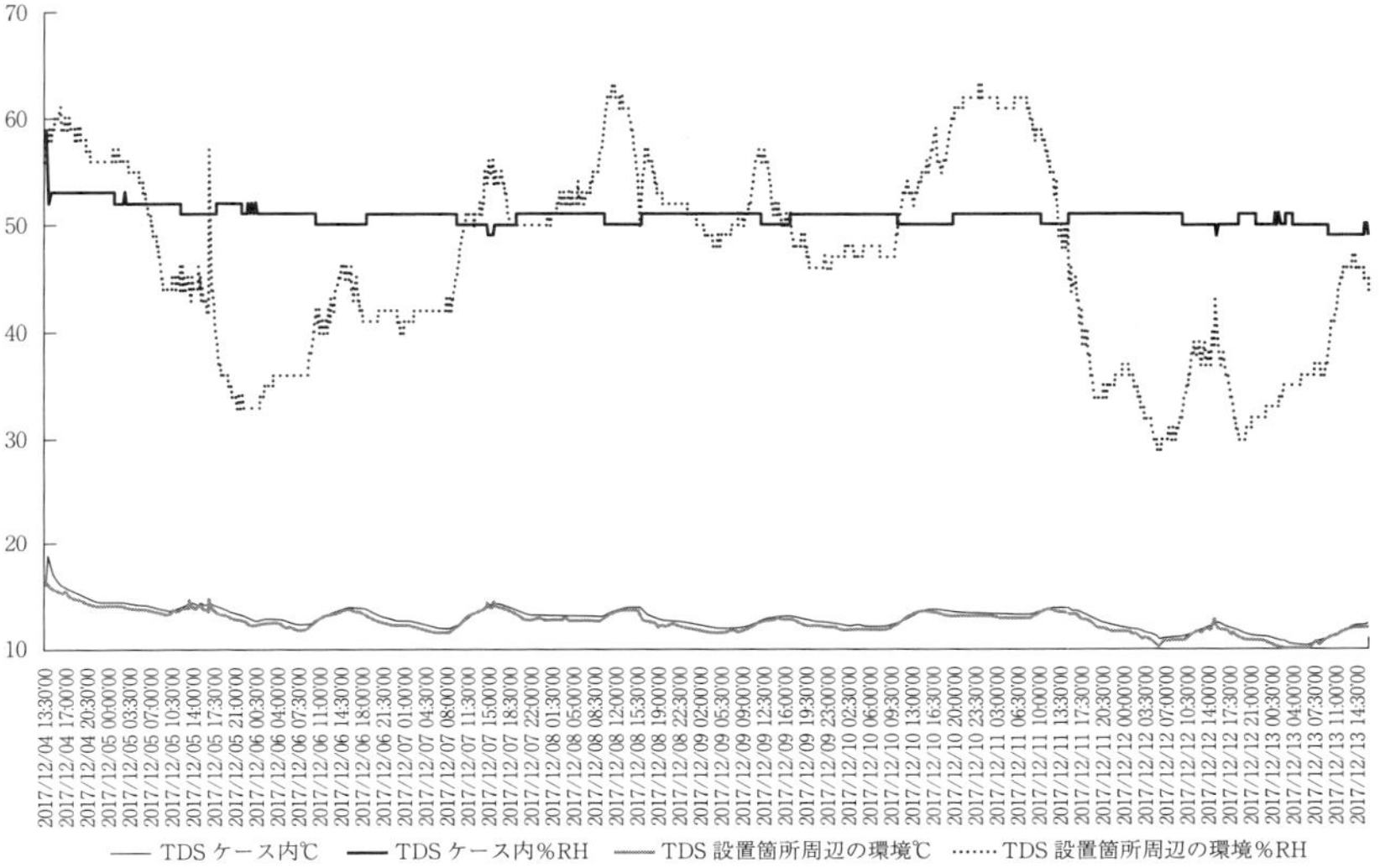

図１　TDS を設置した周辺環境と TDS のケース内の温度湿度の推移

や購入予算についても考慮した。このことによって、傷んだ部位だけを交換することができ、メンテナンス費用を抑えることに成功している。なお、ＴＤＳは金型を必要としない木工製品とすることによって、各パーツ一点からの追加制作を可能とし、少額の予算で展示ケースの購入計画を立案しやすくすることとした。

さらに、展示資料の盗難を防ぎ、温度湿度の変化を最小限とどめることのできる組み立て式のアクリルカバーを開発した。このカバーは、四辺の支柱に五面のアクリル板を取り付けることで展示ケースのカバーとなるものである。また、アクリルカバーをＴＤＳの演示台部分に密着させることで、ケース内の温度湿度の変化を最小限にとどめることができる仕様となっている。ＴＤＳを設置した周辺環境の温度湿度の推移とＴＤＳのケース内の温度湿度の推移を比較したデータを図１に示す。この結果、ＴＤＳ周辺環境の温度湿度の推移に対して、ＴＤＳのケース内の湿度の推移が緩やかなものになっていることがわかる。

おわりに

以上、民博に寄贈された時代玩具コレクションは、当初の寄贈目的であった「より積極的な活用」に向けて着実にその環境を整えつつある。また、民博のコレクションとなった後、あらためて学問的な視点から、時代玩具コレクションにアプローチする取り組みがなされている。二〇一四年十月から二〇一八年三月にかけておこなわれた民博の共同研究「モノにみる近代日本の子どもの文化と社会の総合的研究――国立民族学博物館所蔵多田コレクションを中心に」は、大妻女子大学の是澤博昭准教授が主催し、児童学・美術史学・玩具学・歴史学・民俗学・文化地理学・保存科学など、さまざまな学問分野から、時代玩具コレクションの研究がおこなわれた（国立民族学博物館ＨＰ）。その成果は、本書においてまとめられると同時に、二〇一九年三月より民博において、特別展「子ども／おもちゃの博覧会」として一般公開される。

特別展「子ども／おもちゃの博覧会」では、大人とは異なる存在としての近代日本における「子ども」の誕生を、子どもに関する玩具を初めとしたさまざまな生活用品、いわゆるモノの展示を通して明らかにすることを目的としている。近代以降に商品化された子どもの生活に関する多種多様なモノは、時代玩具コレクションにもみることができる。本展示では、時代玩具コレクションを中心に、近代以降、質・量ともに充実する子どもに関するモノと、子どもの社会やそれを取り巻く社会全体との関係を検証し、モノに映しだされたその時代の生活意識や社会意識を読み解き、近代日本の子ども観の形成過程を明らかにする。

今の社会、次の社会を築いていく上で、「子ども」の存在は欠かせない。そうした子どもたちの役割をこの時代玩具コレクションでより表現できることを目指しながら、大切なコレクションとして民博で所蔵していきたいと考えている。

参考文献

大阪府立大型児童館ビッグバンＨＰ　http://www.bigbang-osaka.or.jp/floor/index.html（二〇一五年五月十二日最終閲覧）。

国立民族学博物館ＨＰ　http://www.minpaku.ac.jp/research/activity/project/iurp/14jr171（二〇一八年七月十五日最終閲覧）。

コミュニティ２５２５ＨＰ　http://archive.fo/EAMg9（二〇一五年五月十二日最終閲覧）。

多田敏捷（編）（一九九二）『おもちゃ博物館』全二四巻、京都書院。

日高真吾（二〇一四）「時代玩具コレクションについて」『月刊みんぱく十二月号』二頁―三頁、国立民族学博物館。

――（二〇一七）「ボードゲームの広がり」『国立民族学博物館展示案内』一九四頁―一九七頁、国立民族学博物館。

紙製玩具にみる日本の近代

――メンコに映る一九三〇年代の諸相――

是澤博昭

はじめに

本稿では満州事変から日米開戦に至る一九三〇年代に注目し、メンコに代表される紙製玩具にあらわれた図柄をとおして、子どもや庶民の生活意識の一端を探ることを目的とする。

時代玩具コレクションには世相を反映させた数多くの玩具類が残されているが、それは絵草子（錦絵）をはじめ、メンコや双六、カルタの図柄などの紙製の玩具によくあらわれている。社会の関心事が紙製玩具に刷り込まれることは、日清戦争以降、戦争がはじまると兵隊ごっこや戦争玩具が流行し[1]、凧やメンコの図柄などに軍人や戦争の場面が多くなることからもわかる。

世相の変化は子どもの遊びだけでなく、遊び道具にも反映され、無意識の記録者として過去保存の役割を果たしている。子どもは「私がなく、また多感である故に、その能力の許す限りにおいて時代々の文化を受入れる」（柳田 一九四二：七一頁）。ここには幕末から明治・大正・昭和初期、いわゆる近代という尺度で、子どもはおろか、庶民の無意識な関心まで映し出されているのではないか。

特に満州事変がはじまる一九三〇年代は、興味深い様相を呈している。一九二〇年代後半、文化の大衆化が進む一方で、その統制もはじまる。

当時は、小学校を卒業すると社会にでる若者も多く、中上流層に比べ庶民の間では、子どもと大人の垣根は、比較的低い。テレビもなく、世相をつたえる視覚的メディアはある程度限定されている。さらに町の駄菓子屋など零細な商店で主に販売される紙製玩具は、子どもの生活にまで統制が及ぶ一九三八（昭和十三）年の国家総動員法の成立以降も、規制はあまり届かず、市井の人々の興味関心が投影されやすかった、と推測される。生活史を記録するのは、上層とともに学歴や地位にめぐまれた都市中間層が多い。都市下層や地方の農民をはじめ、一般庶民はあまり自らの記録を残すことはなく、記録されなかった多数派である（小熊 二〇一五）。

まず紙メンコが誕生するまでの過程をとおして、近代化とともに紙製玩具の主役が交代することを確認する。すなわち、一九〇〇年代に入ると、紙製玩具は、和紙に木版印刷の絵草子などから、国産の洋紙と機械により大量に印刷・販売される紙メンコなどへと移行し、それが全国レベルで子どもたちの生活に浸透するのだ。それをふまえて主に一九三〇年代のものと特定できる紙メンコを中心に、双六・カルタ・ぬり絵などの図柄を考察してみたい。

一　紙製玩具の近代

紙製玩具メンコの登場

メンコは相手のものをひっくり返すと取れるという「おこし」に代表される賭け事遊びだけではなく、新しい知識や人物などが印刷されたカードという要素も持っている。表面の絵を眺めるだけで、憧れのヒーローや戦争の武勇伝、世相の話題や出来事などに触れることができる。

一八八九（明治二十二）年に生まれ、一八九五（明治二十八）年の日清戦争が終わる頃に東京浅草で学齢期を迎えた児童文学作家の渋沢青花は、「紙メンコの絵が、わたしは大好きだった。新しく出るメンコはかならずひとまおり手もとにしまっておいて、よぶんのメンコでなければ決して遊ばなかった」（渋沢 一九八〇：八三頁）と、メンコの絵に魅せられた幼い頃の思い出を記している。青花は紙メンコを「みかん箱ぐらいの大きな箱に二はい」もためていた。それは後年の古銭や切手、タバコのカード集めをはじめる自らの蒐集癖のはじまりだった、と述懐する。

メンコという語に絞ってみれば、紙メンコは泥メンコや鉛メンコから継承発展したものだが(2)、幕末から明治初期にかけて存在した「庄屋拳《ママ》」というカルタが祖型だ、という指摘がある（江橋 一九九三・一九九九）。庄屋拳は狐・猟師・庄屋を用いた拳遊びの一種で、狐は猟師の鉄砲で撃たれ、猟師は庄屋に頭が上がらず、庄屋は狐に化かされるという三すくみの関係にある。そのカルタを使った拳遊び(3)が、次第に「地面に打ち付けて、他のものを翻せば自分の所得とし、互いに一枚づつ打ち合い楽しむ」（大田 一九六八：一二四頁）鉛メンコの遊びと融合する。さらに紙巻たばこのおまけとして流行する「たばこカード」など、さまざまな要素が絡み合い、一九〇〇年代には、今日の紙メンコになる。

紙メンコの浸透は、印刷技術の発達と洋紙の普及が前提である。和紙の生産は、明治になっても増加するが、新聞や雑誌の発行量が増え、地券用紙や帳簿、包装用紙など、近代化とともに紙の需要が急増すると、手すきの和紙では対応しきれなくなる。一八九〇年代に木材の利用がはじまり、パルプ用針葉樹材が豊富な北海道や樺太などに工場が設立されると、国産洋紙はより多くの需要に応えられるようになる（鈴木編 一九六七）。それが後に玩具にも拡大し、色鮮やかな多種多様なメンコが登場し、子どもの心をつかむのである。青花の回想は、一九〇〇年前後のことだが、おそらくこの頃がメンコだけでなく紙製玩具の近代への移行期であった、と思われる。

絵草子から紙メンコへ

紙メンコがあらわれる以前、子どもたちの心をつかんだ紙製玩具の数々は「市内に散在する絵草子屋の店頭」にあった（木村　一九四九）。絵草子屋は、挿絵を多く入れた絵草子を扱う店だが、錦絵が刊行されると絵草子屋で扱い、明治に入ってもその人気は続き、地方の人たちが郷里の土産物としても買い求めた。例えば、子ども遊び用に描かれた「おもちゃ絵」は、「かつて道具尽」（G—13）「おもちゃづくし」（G—17）「おばけずくし」（G—5）「西洋品物づくし」（G—6）など生活用品や憧れの人、物品などを描いたものだ。(4)その他「判じ絵」「双六」「十六むさし」「福笑い」は、絵がそのまま玩具にもなる。はさみなどで切って細工をする「着せかえ」などもあるが、そのなかでも切り抜いた人物や建物などを立て起こして貼り付け、芝居の舞台のように情景を再現する立版古（組上燈篭）は、夏の夜の遊びとして、大人をふくめて流行した。明治に入ると、歌舞伎の人気役者や講談の軍記物ばかりではなく、西南戦争（W—32～7）や文明開化の鉄道馬車や汽車や軍艦（G—40）、そして文部省製本所が発行した教科書がわりの教育絵（W—29～30）、新時代の知識や事件、新しい乗り物、さまざまな事象が錦絵となる。さらに日清戦争がはじまると、一八九五年「征清軍勇士揃」（G—32）をはじめとする軍人と戦争の場面（W—45～47）など、世相にいち早く反応するのである。

一八九〇（明治二十三）年前後、学校帰りの小学生も奉公に出ている小僧も、皆足を止め、目を皿にして、胸を躍らせたのが絵草子屋であった。義経と弁慶、吉良邸の討ち入り、舞台で人気役者の出し物が当ると、その場面が描かれ、次々と新版がでる。それが「少年の心を牽き着け、さながら蟻の砂糖に集まる如くに、容易に離れようとしなかつた」。なぜなら「未だ子供用の絵本も雑誌も、これぞと思う何一つ現れなかつた明治二十年前後にありては、絵草子なるものが彼等の最大の娯楽であり、且つ最強の魅力を有つていた」からだ。もちろん子どもや小さな大人には、「それを買い去ろうとする野心はなく、ただ単にその美しさに眩惑」（木村　一九四九：二七三頁）されたのだ。

ただし絵草子屋で扱う玩具は、浮世絵の流れを汲む手工業的な木版印刷であり、発行部数も限られていた。一九〇〇年代に入り、子ども向けの雑誌や絵本が普及すると、絵草子屋は次第にその役割を終える。しかしそこに刷り込まれた図柄は、「マスプロ化した印刷技術と製紙法」により産まれた紙製メンコの中に生きている。一九〇四（明治三十七）年国定教科書の用紙が全面的に和紙から洋紙へ変わり、やがて子どもたち一人ひとりにまで行き渡った（佐藤 一九八八）ように、「かつて容易に（錦絵などを）求めることも出来なかった貧しい子供たちも」、メンコという形をかえて「錦絵を手に握ることが出来」た。そして都市から地方へと広がっていく（中田 一九七〇：九二頁）。

確かに紙メンコの図柄が錦絵的であることは、軍人・相撲・役者・英雄ばかりか「内国勧業博覧会のメンコ」（W—61）、関東大震災（後述）やジュネーブでの国際連盟の会議の「リットンや顧維鈞（中華民国代表）の似顔絵」（X—8）など、それぞれの時代を反映しながら、はばひろく世相の関心が写しだされていることからもわかる。では紙のメンコが、子どもの遊びに浸透するのは何時頃からなのだろう。

紙製玩具・メンコの出現まで——泥・鉛、そして紙

「面子は江戸時代からある子どもの玩具で、泥、板、鉛、紙、ゴム、ガラス製などがある。古くは面打ち、面形ともいった」（斎藤 一九六八：四五〇頁）。そして江戸期を中心に流行した泥メンコが、現在のメンコやビー玉遊びに似た子どもの古い賭け事遊びである穴一に利用される。

『守貞謾稿』（朝倉治彦編『合本自筆影印守貞漫稿』東京堂出版、一九八八年）によれば、穴一は地面に穴を掘り、ムクロジという木の実やゼゼカイ（江戸ではキシヤゴ）などを、穴をねらって投げ、穴に入れば勝ち、穴の外に出た

ものは、別のもので打ち当てたら勝ちとなる、大人の博打に近い遊びであり幕府の禁令の対象にもなった。木の実や貝殻とともに銭の代用品として「泥メンコ」も使用されたようで、一七二七（享保十二）年の「目付絵見やうの事」には、「めんがた大坂くだり」とある（巻之二八）。十八世紀中ごろ京阪から江戸に広まり、幕末にかけて全盛期を迎えたのであろう。

一八三〇（文政十三）年の『嬉遊笑覧』（巻之六下）は、メンコの古名である「めんがた」を「児戯翫好」「仮面」の項目で、般若面・天狗面などとともに紹介している。

今小児翫びのめんがたは面模《カタ》なり。瓦の模に土を入て押ぬく也。又、芥子面とて、唾にて指のはらに付る小き瓦の面ありしが、今はかはりて銭のやうにて、紋がたさまぐ〜付たるを面打《メンチヤウ》といふ。（『嬉遊笑覧』㈢岩波文庫、二〇〇四：三四七頁）

面の凹型に土をつめて面をつくる遊びであり、江戸時代後期には土人形の産地が全国に分布しているので、人形製作の合間に芥子面（ちいさなお面）なども作られたのかもしれない。当時の人気俳優の紋章や火消しの纏、角力、芝居など、泥メンコの種類は豊富であり、伏見（京都）・今戸（江戸）など産地も多様で、残存数も多い（D―4〜8）。婦女子に愛玩された土産物的なものからはじまり、絵付けなどが美しく発展すると、それを集めることが次第にエスカレートして、面のやり取りをする賭け事遊びである穴一などに利用され、それがさらに多種多様な泥メンコを生みだす（中田 一九七〇）のであろう。

鉛メンコから紙メンコへ

明治に入ると、玩具の素材は木や竹、泥・和紙から次第に金属・洋紙へと変化する。メンコも同様で鉛の薄い板に武者絵などを浮きだたせて彩色した鉛メンコ（D—12～16）が流行し、さらに紙メンコがあらわれる。そしてメンコ遊びが、東京の下町の子どもの心をとらえるのである。

前述の渋沢青花は、「日清戦争といえば明治二七、八年のことだから、わたしが数え年の六、七歳のころである。戦争が終っても三年や四年はその影響が消えないとみえて、わたしが小学校へ行きだして二、三年たっても、まだ戦さごっこをしていた記憶がある……戦争の影響といえば、こうした遊びばかりではなく、絵本やメンコなどにもながい間あらわれていた。そのなかで一ばんわたしたちをひきつけたのは、メンコだった」「下町の子供の間では、メンコが実によく流行したものだが、とくにわたしはこの遊びに夢中だった」として、鉛メンコと紙メンコの両方で遊んだ思い出を綴っている（渋沢　一九八〇：三二—三三頁）。

渋沢の五歳下で、一八九五（明治二十八）年生まれ、東京青山で育った川上澄夫も同じことを記している（川上　一九四四）ので、日清戦争から日露戦争頃、つまり一九〇〇年前後の東京の下町や郊外の子どもたちの間では、鉛・紙のメンコの両方が市中で遊ばれていた。これを傍証するのが一九〇一（明治三十四）年に博文館から出版された大田才次郎の『日本全国児童遊戯法』である。

この時代の全国の子どもの遊びを紹介する同書は、東京では「面打」、京都「丸めん」、大阪「べった」、信濃「ぱちんこ遊び」、摂津「面かえし」、周防・長門「面起こし」という名前で、各地に紙メンコが流通していたことを伝えている。

例えば、信濃の「ぱちんこ遊び」は、「日清戦争以来該地方に流行し、武者或いは軍人の半身像を画きたるもの」（大田　一九六八：一九四頁）だ。その勢いは鉛メンコを凌駕し、やがてメンコ遊びの主流は紙メンコとなる。

東京　面打《めんうち》　面打は「めんち」又は「めんこ」など唱え、以前は土もて踊の仮面《めん》に模し作りたるものなれば、狐、天狗、しお吹、般若などの面がたなりしに、後には円形となり紋などの型に作りたり。然るに二十年程以前より鉛製の面打造り出されしかば、土製のものは影を止めずなりぬ。近く五、六年以前よりは又一変して板紙もて造られしもの流行し始め、鉛面打はようやく廃れぬ。（大田　一九六八：七一頁）

一九〇〇（明治三十三）年の鉛毒事件頃から鉛メンコは次第に遊ばれなくなったという（日本金属玩具史編纂委員会　一九六〇）。一九〇六（明治三十八）年『風俗画報』三〇七号も「メンコは以前鉛製なりしも近来はボール紙となり」と記すが、それでも一九一〇年代までは、命脈を保っていたようだ。

一九〇七（明治四十）年生まれで、一九一三（大正二）年小学校に入学した物理学者湯川秀樹は、京都帝国大学教授を父にもち、小学校から大学まで、人生の大部分を京都で過ごした。いわゆるアッパーミドルの子弟である湯川には、メンコ遊びなど許されるはずもなく、友達の遊ぶ姿をうらやましく眺めていた。

「メンコ」という遊びもあった。丸い厚紙には、たいてい、軍人や役者の似顔絵がはりつけられていた。……「カナメン」というのもあった。小さな鉛の薄板である。……私には、どちらを持つことも許されなかった。私は何十枚というカナメンを、重そうに、兵児帯の中に巻き込んでいる男の子を見て、その子の「自由」が、ふとうらやましかった。べいごまやカナメンで遊ぶのは、一般に「町の子」であった。商人の子が多い。町の子にはそういう自由があって、私たちにはそういう自由がないということは、しかし、全く理解出来ないことではなかった。（湯川　一九六〇：七六頁）

湯川の記憶の確かさは、彼が小学校に入学する十数年前に発行された前述の『日本全国児童遊戯法』でも傍証できる。ここには京都の「カナメン」のことが記されているからだ。

京都　めんこに金めんと丸めんとの二種あり。この遊戯は一時小児遊戯界を風靡したる悪戯にして、勝負を争うものなり。その方法、丸めんに三種あり。（丸めんとは直径およそ一寸七、八分の紙製をいう。）……金めんとは、少き顔の形を薄き金にて面の如くしたるものなり。その仕方は大抵むきなり。尚ゼゼ貝にても同様むきにて勝負を決す。当今専ら流行するなり。（大田　一九六八：一〇一頁）

なお「むき」とは、互いに一枚ずつ投げつけ、他の一枚を裏返せば、これまでまかれたメンコを自分のものにできるというルールである。

狐・猟師・庄屋の関係を写した三種類のカルタから発達した紙メンコは、日清戦争がはじまると「庄屋変じて福島中佐となりしが、狐変じて李鴻章となり、猟夫変じて砲兵大佐となり、相撲繁昌の時は又変りて、梅ケ谷となり、常陸山となり、荒岩も大砲も悉く小供の手の中に玩はれしが、今は古英雄の絵様最も多く行はるゝ」（香魚　一九〇二：八〇頁）。そして「明治三〇年代にはいると、三種類の枠そのものが外されて、四種類以上の人気シリーズ化」していく。図柄に小さく庄屋などの文字が残る程度で、「庄屋拳遊びはメインテーマ」でなくなり、軍人・力士・役者・歴史上の人物などが刷り込まれ、紙メンコへと移行するのだ（江橋　一九九九：一〇五頁）。

蕎麦屋のせがれであった渋沢はメンコで遊べても、大学教授の息子湯川は遊べない。紙メンコの受容層は、湯川のいう町の子、いわゆる一般庶民の子どもたちであった。そして一九二〇年代に入ると、鉛メンコはほとんど姿を消すのである。

二　子どもの誕生と紙製玩具――一九三〇年代の諸相

保護され教育される子ども

子ども時代は働く時代ではなく、社会や家庭で守られ、国家の一員になるために学校で教育を受ける時期である。このような子ども観が日本で都市部の新中間層を中心に定着をはじめるのは、一九二〇（大正九）年前後である。まさに鉛メンコが姿を消す時期と機を一にしている。

かつて子どもは「家」の子どもとして生まれ、幼児期を過ぎるあたりからある程度将来が決まった小さな大人として育てられた。しかし明治に入り近代国家の建設を目指して、さまざまな制度が整備されるなかで、子どもは天皇の臣民として国家を支える一員となるために、学校で教育される存在となる。明治政府は一八七二（明治五）年学制を公布するが、一九〇〇（明治三十三）年の第三次小学校令では、学校制度の整備もすすみ、義務教育も原則的に無償化される。一九〇七（明治四十）年には義務教育年限が四年から六年へ延長され、就学率もますます向上する。一九〇〇年から一九一〇年代にかけて、ほとんどの子どもたちが小学校に通い、児童の権利思想が広まり、一九一七（大正六）年には内務省地方局に救護課（後に社会課に改称）が置かれ、社会事業として「保護にかけた児童」への救済策が本格化する。ここに学校で教育され、社会で保護される「子ども」誕生の土台が形成されるのである。

関東大震災とメンコ

前述の渋沢青花（一八八九～一九八三）・川上澄夫（一八九五～一九七二）・湯川秀樹（一九〇七～一九八一）は、この間に相次いで小学校へ入学した人々である。第三次小学校令（一九〇〇年）より前に入学した一番年長の渋沢

写真１「関東大震災めんこ」1920年代（国立民族学博物館蔵）

青花は、縁日でやっている見世物の写し絵の思い出を、次のように語っている。

頭にこびりついて忘れられないのは、床の間の掛軸に描かれた達磨さんが、湯もじ一つになったお神さんの姿を見て、掛軸から抜けだしてきて、相撲をとったあげく、投げとばされるというおかしな写し絵だった。今だったら教育上けしからんと問題となるところだが、そのころはこんなものもゆるされていたし、それを見る子供も別にいやらしいとも感ぜず、ただ滑稽だとおかしく思うにすぎなかった。（渋沢　一九八〇：四五頁）

影絵芝居の一つである写し絵「だるまの夜這い」は、一九三二（昭和七）年『風俗野史』第六巻（伊藤　二〇〇二）に紹介されているのをはじめ、おもちゃ絵としても複数残存している。

一八七七（明治十）年「鹿児島県下英雄戦死之図」（W—39）をはじめ、日清戦争や日露戦争の時代に描かれたメンコも、敵兵が海に投げ出されている姿や爆弾で飛ばされている姿、一九一四（大正三）年「教育絵噺世界大戦争」（W—74）でも、負傷し倒れ込んだ兵士の姿が生々しく描かれている。

一九二三（大正十二）年九月一日、日本の中枢部に壊滅的な打撃を与えた関東大震災がおこる。被害は地盤の弱い東京湾沿いの埋め立て地が大きく、なかでも本所横網町の陸軍本所被服廠跡地では火の粉が降りそそぐ中、家財をかかえて避難してきた人々を突風が襲い、人や荷物が火に包まれ阿鼻叫喚の地獄になった。ここで注目されるのが、火災につつまれ倒壊したビルを背景に、水の中を人々が逃げ惑う姿が、メンコになり一般に販売されていることだ（W―83）。

教育上よくないという理由で、残酷・卑猥なものを子どもの目から遠ざけるという意識は、（教育熱心な新中間層はともかく）一般の庶民の間では、まだ希薄だったのであろう。深刻で残酷な災害被害の様子など、子どもの目から極力遠ざけようとする現代とは異なる感覚が、ここには映しだされている。

平和・友好のシンボル――子ども観の大衆化

その一方で雑誌『赤い鳥』（一九一八年創刊）に代表されるように、純粋・無垢な存在というロマン主義的な子ども観がみいだされ、過剰なまでに子どもが賛美されるのも、この時代の特徴である。義務教育は完全に普及し、一九二〇年には就学率が九十九パーセントを超え、文字を全く読めない人はほとんどいなくなる。一九二〇～三〇年前半にかけての文化の特色は、大衆文化の発展とされ、新聞・雑誌などが日常的な消費財となる。さらに新入学、七五三などの消費イベントや子ども用品の流行操作（神野 二〇一一）や「ノンキナトウサン」（W―80、85）「正チャンの冒険」（C―4、6）など、人気漫画の関連商品が発売されるなどメディアミックス現象も起こる。

さらに一九二七（昭和二）年世界平和の夢を託した日米の子どもたちによる日米人形交流が行われ、全国の小学校・幼稚園で繰り返し歓送迎会が開かれる。マスコミも連日大々的に報道し、日米間の友好気運が盛り上るなかで、純粋無垢な子どものイメージは一人歩きをはじめる（是澤 二〇一〇）。一九三一（昭和六）年の満州事変をさかいに、純粋で守られるべき子どもは、平和友好という語に結びつき、世間の共感と関心をひきやすいテーマとなる。そして、満州事変や満州国承認を支持する新聞社のメディアイベントに、子どもが多用されるのである

写真２　「日満交驩大双六」1933年１月１日、新愛知新聞社発行
定期購買者に無料で贈呈された。（国立民族学博物館蔵）

（是澤　二〇一八）。

特に一九三二（昭和七）年の満州国建国宣言から承認までの時期に唱えられたのがアジアの融和と平和であった。ここで子どもは、大人社会の血を血で洗うような国際紛争の負のイメージを浄化させる戦略の柱として、大きな役割を果たす。同年三月満州国建国にともない、同国の承認の機運を盛り上げるために満州国から少女使節が派遣され、それに答えて民間の小学校教員団体と『大阪毎日』『東京日日』新聞社の主催で、小学生による日本学童使節が結成される。後者の派遣日程は、満州事変一周年と満州国承認に重なり、その関連イベントとしての要素を強め、新聞・ラジオ報道を過熱させ、予想以上の相乗効果を生み出す。子どもによる日満親善は、大衆意識を国家戦略へと誘うイベントにまで成長し、国民的レベルで注目を集めるのだ（是澤　二〇一八）。

「日満交驩大双六」から「クマサンバンザーイ」へ

そこで目を引くのが、その翌年の一九三三（昭和八）年正月の新愛知新聞社（中日新聞の前身）新春付録「日満交驩大双六」（F―28、29）だ。新聞紙見開きの大きさで、名古屋を「ふりだし」に、当時日本統治下にあった京城（現ソウル）・大連、そして奉天など各都市を経て、「上リ」のコマは武藤信義と鄭孝胥の「日満議定書」調印の写真を模写している。題字の四面は日満両国旗に囲まれ、その両端は日本と満州の子どもがそれぞれの国旗を手にしている。子どもたちの背後にある東京と新京（満州国の首都）が上がりにつながるコマで、いずれも「１」をふれば上がりだ。双六の宣伝ポスターは、中国服の子どもが万歳をしている姿で、ここでも子どもが両国の友好と平和に使用されている。

一九三九（昭和十四）年日中戦争後に発売された「挙国感激イロハカルタ」（E―21）は、箱の表紙に「一番面白ク為ニナル支那事変」とあり、「イ」の札は子どもたちが日満両国旗をもった「イツモニコニコ日満親善」だ。これは一九四三（昭和十八）年の「双六クマサンバンザーイ」（F―33）につながるモチーフでもある。子どもたちが玩具屋でクマのぬいぐるみを買うのが「フリダシ」で、慰問品となったぬいぐるみは飛行兵の人気者となり、マスコットとして爆撃機に同乗する。そして「上リ」は、敵襲に成功した兵士が、クマを右手にバンザイをする姿である。

かよわい子どもが純粋にアジアの平和を願い、それを兵士に託し、やさしい兵士は子どもを守り、日本の正義のために前線で勇ましく戦う。正義と平和、その背後にある侵略戦争の正当化が子どもとともに描かれ、玩具化されるのである。

写真３「日満交驩大双六」ポスター
（国立民族学博物館蔵）

平和をまもる日本の軍隊

アジアの盟主として欧米に対峙して東洋の平和をまもる日本の軍隊は、子どもたちの憧れと人気の題材だ。戦争を題材とした数多くの玩具が、時代玩具コレクションにはあるが、なかでも紙製の玩具は、世相をいちはやく視覚化するため年代を特定しやすいものが多い。

例えば、一九三二年の上海事変の際、点火した爆弾ごと敵陣に突入した肉弾三勇士は愛国美談として宣伝された。彼らに関連するメンコ（C—15）なども多い。『少年倶楽部』の人気漫画「のらくろ」のメンコ「肉弾のらくろ一勇士」（D-429）などは、それに便乗したものであろう。また前述のリットン卿を載せた「国際連盟会議」のメンコや「武藤全権　新京入城」「多門中将　石本救出隊」など一連のメンコセット（D-363）は、満州事変から満州国承認前後の話題である。

一九三五（昭和十）年には溥儀の来日を記念して、「満州国皇帝御来朝奉仰」十枚一組のメンコが発売されている（D-308）。またヒトラー、ムッソリーニのメンコ（X—52、53）の他、一九四〇（昭和十五）年の日独伊三国同盟締結後だろうか、満州国・ドイツ・イタリー・ルーマニア・新支那・大日本などの国旗を印刷した三十二枚一組のメンコ（D-322）などもある。「樫村機決死ノ体当タリ」「山西山地大激戦」などのセットは、日中戦争当時のものか（D-209）。時代玩具コレクションにはこの時代のものが特に多く、「脇坂部隊南京城一番乗り」「雁門関ヲ占領ノ皇軍」（D-313）などの角メンコ、「松井最高指揮官」「無冠ノ戦士新聞記者」「共産党　蒋介石生捕リ　全滅」の人型に印刷されたもの（D-760）。これが一九三七（昭和十二）年の南京大虐殺に関連することなど、子どもたちには知る由もない。

「抜取親子　相撲面子」という力士のメンコ（I-239）の図柄もその一つであり、彼らの化粧まわしには航空機、戦車、武運長久、日章旗、鉄兜に銃などが描かれている。背面に印刷された力士の名前から、一九三七年発行のものと推測される。

双六やメンコの図柄に、勇ましい軍人の姿、軍人を慕う無邪気な子どもの姿が用いられても、人々の命を奪う悲惨な場面は、子どもから遠ざけられている。大塚英志は、「十五年戦争下のまんが表現の特徴の一つ」として、

「死」の隠ぺいと漫画表現の記号「不滅性」が結びついている、と指摘する（大塚 二〇一三：一四一頁）。例えば、日本兵が中国兵を銃剣で突き刺しても「ア痛タタ」、首を切り落としても人形の首がとぶようにしか描写されず、血のかわりに「汗」「星」マークが描かれる。ここには傷つかず、血を流さなければ死ぬこともないキャラクターがいるのだ。

近代日本の子ども観、すなわち純粋無垢な子どものイメージは、十五年戦争を進める大人社会の謀略を覆い隠す役割を果たすなかで大衆化したことも、目をそむけてはならない事実である。

軍隊と融合するアメリカのキャラクター

ただし時代玩具コレクションを熟覧すると、このような単純化されたイメージだけでは説明しきれないアメリカに対する複雑な庶民の意識を、子ども遊び道具から垣間見ることもできる。国際的孤立と排外熱のなか、子どもの玩具もナショナリズム一色に飲み込まれていくようだが、意外にもこの時代の玩具の図柄には、ミッキーマウスやベティ・ブープなど、アメリカのキャラクターが多い。

例えば、前述の三国同盟締結後の満州国・ドイツ・イタリー・新支那・大日本などの国旗を印刷したメンコの裏面をみると、満州国の裏はミッキー、大日本のそれはベティである。「新案連続漫画ミッキーの陸軍」（X-396）は、日の丸を掲げる日本兵に扮した沢山のミッキーマウスが描かれる。

ベティはセクシーなキャラクターで、その関連商品は全世界で発売されたが、先の「肉弾のらくろ一勇士」とほぼ同時期のものと推測されるメンコの図柄にも用いられている。一九三三（昭和八）年十月から全国に拡大する「大日本国防婦人会」のたすき姿で出征兵士を見送り（N-422）、軍艦に乗り込み（N-423）、中国戦線を駆け回る（N-421）ベティの塗り絵。そればかりか、日独伊の国旗を図柄にした着物姿のベティ（X-54）まである。ここ

写真４　着物姿のベティ
着物の模様が日独伊の国旗となっている。
（国立民族学博物館蔵）

にはアメリカの人気キャラクターが、日本の子どもの遊びのなかで、当然のように同居しているのだ。

一九二四（大正十三）年の排日移民法の成立によって高まる排米熱は、一九三〇年代の日本の中国侵略へのアメリカの干渉を経て、日米開戦とともに頂点に達する。しかし一九二八（昭和三）年の「蒸気船ウィーリー」からはじまるミッキーマウスのキャラクターは、短期間で世界に拡大する。数えきれない模倣がフランス、ドイツに発生し、敵性文化であるディズニーがナチスに受け入れられ、戦争末期までナチスの高官がディズニーを鑑賞していた（ラクヴァ 二〇〇二）という。

日本では、一九三三年頃のトーキーへの移行期に短編アニメーションを数本まとめて上映する興行形態により、ミッキーのキャラクターは普及する（佐野 二〇〇六）。そしてミッキーとベティは、「喫茶店の店名や雑誌の表紙となつて現れる程一般的になった」（滋野 一九三三：九一頁）。第一次世界大戦後、アメリカは文化の輸出国となり、紳士の手本はアメリカ人となった。「日米関係のなかで一九二〇年代が重要なのは、この時期におけるアメリカの影響によって日本人がアメリカ文化に対する強い親近感を抱くようになった」（本間 一九九一：一七六頁）こともまた事実である。関東大震災後は、映画の常設館が急増し、ストックフィルムの焼失などによりアメリカ映画の積極的なセールスがおこなわれ、日本の地方都市にまでアメリカ映画は行き渡る（田中 一九八〇）。そして一九三〇年代前半、洪水のようにアメリカトーキーが輸入されるなか、子どもの遊びの世界では、（アメリカのキャラクターとして意識するしないは別として）ミッキーやベティは、日本人と同化するのである。

ミッキーとポパイの日本兵――海賊版紙製玩具

秋山正美によれば、一九三四年から三六年にかけて「ミッキーのまんがの本が続々発行され」たが、これらはディズニー作品の輸入品ではなく、著作権を無視した作品であった。主人公こそミッキーそっくりだが、絵やストーリーを含めて「勝手きままにミッキーでも、ポパイでもかきまくって」いた（秋山　一九八六：一二七頁）という。いわばミッキーの海賊版である。

写真５　日本軍姿のミッキーとポパイ（国立民族学博物館蔵）

そこで将校姿のミッキーとポパイを模ったメンコ（D-762）をみてみよう。この資料の特徴は、製作年代をある程度特定できることだ。日本兵の格好をしたミッキーとポパイの姿も意外だが、その裏面には進軍の歌と露営の歌が印刷されている。

これらは一九三七年『東京日日』『大阪毎日』新聞社が戦意高揚のために募集した歌詞であり、露営の歌は、B面ながらA面の進軍の歌を上回る人気であった。「勝つて来るぞと勇ましく誓つて故郷をでたからは……」ではじまる歌詞は、時代を象徴する歌として今日でも有名だ。従ってこのメンコは、一九三七年以降、日中戦争がはじまった頃に製作されたことがわかる。

国家総動員法による戦時経済統制のなかでアメリカ製漫画映画の流入は減少し、『白雪姫』などの公開は戦後になる。しかしニュース映画館では、アメリカ製の漫画映画が日米開戦の直前まで繰り返し上映された。日米開戦後にもある映画雑誌には、「暴虐アメリカを憎んでも『白雪姫』の夢は憎み切れない」という発言があった。そしてそこに通常はよく見られる大衆と知識層との嗜好の相違はみられない、と佐野は指摘する（佐野 二〇〇六）。

その大衆側の素朴な思いが映しだされているのが、これらの海賊版紙製玩具にあらわれたミッキーやベティである。政治の世界では対立する日本とアメリカだが、日本の子どもの遊びのなかでは、両者が見事に融合している。日米開戦後、排米熱が頂点に達する間際であっても、民間ではまだアメリカへのあこがれは強く、それが子どもの玩具にもあらわれている。

日米は世界の一方の陣営の旗頭であるという自負、その一方の旗頭が生みだしたアメリカのキャラクターが日本人の姿になり、東洋平和のために立ち上がる。そこには圧倒的な物量の差におののき誇大妄想ともいえる精神主義に拠り所を求める一方で、それでも欧米世界へのあこがれを捨てきれない、近代日本の複雑な心性が映しだされているのであろう。

おわりに

一九〇〇年代に入り、子ども向けの雑誌や絵本が普及すると、手工業的な木版印刷の流れを汲む絵草子屋は、次第にその役割を終える。絵草子から紙製玩具の主役はメンコ・ぬり絵などに交代し、洋紙の普及と機械化により大量に印刷販売される安価な玩具として、全国的規模で普及するのである。その受容層は、主に一般庶民の子どもたちであった。

一九二〇年前後の玩具をみるかぎり、教育上の配慮から、残酷・卑猥なものを子どもの目から遠ざけるという意識は、一般の庶民の間ではまだ希薄であった、と推測される。一九二〇年代から一九三〇年代にかけて、義務教育の普及度が名実ともに増し、児童の権利思想が広まり、純粋・無垢な存在というロマン主義的な子ども観が大衆化するに従い、紙製玩具の図柄から、殺戮や悲惨な場面は遠ざけられていく。そして十五年戦争のはじまる一九三〇年代には、アジアの盟主として東洋の平和をまもる日本軍の行動は、子どもたちの人気と話題の中心となり、戦争を題材とした数多くの玩具が登場する。しかしここでは勇ましい軍人の姿が描かれても、死は隠ぺいされ、傷つかず血も流さなければ死ぬこともないキャラクターが登場する。

さらに純粋無垢な子どものイメージは、平和友好という語に結びつき、軍人を慕う無邪気な子どもの姿が、紙製玩具の図柄にも多用される。かよわい子どもは、純粋にアジアの平和を兵士に託し、やさしい兵士は銃後の子どもや家族を守り、日本の正義のために前線で勇ましく戦うのだ。

一九三〇年代は、国際的孤立と排外熱のなか、子どもの玩具もナショナリズム一色に飲み込まれていくようだが、意外にもこの時代の紙製玩具の図柄には、ミッキーマウスやベティ・ブープなど、アメリカのキャラクターが散見される。紙製玩具類は、玩具屋や駄菓子屋、縁日の露店などで扱われ、主に零細な業者間で製造・販売される商品である。そこには著作権を無視し、人気のある図柄を業者が勝手に使用したものが多い。彼らには、ミッキーがディズニーキャラクターであるという自覚さえ、ほとんどないのであろう。

メンコの世界のミッキーやポパイは、日本兵の姿で戦意高揚の歌を宣伝する。ぬり絵のベティは、出征兵士を見送り、日独伊三国同盟を祝福する婦人で、軍艦にのり、中国戦線を駆け回る将校でもある。玩具のなかで、ミッキーやベティが日本人と一体化し、東洋平和を守る正義のキャラクターへと変身しているのだ。

排米と拝米はその時々の政治情勢と結びつき変動を繰り返すが、生活文化レベルでは日本人は一貫してアメリカ文化を歓迎し、それを日本化させたことは既に指摘されている（亀井　一九七九）。しかしアジアへの侵略と平和、一見正反対だが実は表裏一体の行動を日本人が繰り返すのは、中国・朝鮮をはじめとするアジア諸国に対しても同様である。排米と拝米という概念だけでは説明しきれないだろう。それがアジア諸国へどのような形で作用したか、という視点も必要である。ここではアメリカのキャラクターが、独特の形で日本化され、正義と平和、その背後にあるアジア諸国への侵略戦争の正当化が、子どもとともに描かれ、玩具化されるのである。

（1）例えば、一九〇二（明治三十五）年『東京風俗志』下巻「児戯」には、「日清戦役の後、児童また勇壮を喜び、軍事を嗜み、隊を編みて足並を揃へ、軍歌を謳うてあるき、軍帽を冠り、旗章を掲げ、竹杖を銃に擬して闘ふあり（軍ごっこ）……戦勝国の児童また頼もしからずや」とある。また一九〇五（明治三十八）年一月五日『風俗画報』三〇七号は「軍国の玩具」として日露戦争後の子どもの遊びに戦争ごっこや戦争玩具が流行したことを伝えている。

（2）メンコに関する研究は、多田敏捷編『おもちゃ博物館』四巻（京都書院、一九九二年）、ほか、鈴木常雄『面子変遷小史』（黒鯛居、一九五七年）、中田幸平『日本の児童遊戯』（社会思想社、一九七〇年）、半澤敏郎『童遊文化史』（東京書籍、一九八〇年）、新島広一郎『めんこ博物誌』（昭和資料館、一九八九年）、鷹家春文『めんこ・グラフィティ』（光琳社出版、一九九一年）、鈴木佳行『めんこ』（京都書院、一九九七年）などがある。メンコの歴史的な変遷については主に中田幸平の業績を参照にした。なお加藤理『〈めんこ〉の文化史』（久山社、一九九六年）は、これらの先行研究をもとに遊びという視点から子どもの心性を考察したものである。

（3）時代玩具コレクションには、当時のものとおもわれる「どんちっちめんこ」（資料番号D－337）が所蔵されている。

（4）（　）内は民博の資料番号である。以下同様。

参考文献

秋山正美（一九八六）『別冊太陽　子どもの昭和史昭和十年―昭和二十年』平凡社。

伊藤晴雨（二〇〇一）『江戸と東京　風俗野史』国書刊行会。

江橋崇（一九九三）「庄屋券・紙メンコの誕生について」『かたち・あそび日本人形玩具学会誌』三号、一四―二六頁。

――――（一九九九）「庄屋拳から庄屋券、そしてメンコへ」『拳の文化史――ジャンケン・メンコも拳のうち』展図録、一〇二―一〇七頁、タバコと塩の博物館。

大田才次郎（編）（一九六八（一九〇一））『日本児童遊戯集』平凡社東洋文庫。

大塚英志（二〇一三）『ミッキーの書式――戦後まんがの戦時下起源』角川学芸出版。

小熊英二（二〇一五）『生きて帰ってきた男――ある日本兵の戦争と戦後』岩波新書。

亀井俊介（一九七九）『メリケンからアメリカへ――日米文化交渉史覚書』東京大学出版会。

川上澄夫（一九四四）『明治少年懐古』明治美術研究所（復刻　冬至書房、一九七五年）。

木村小舟（一九四九）『明治少年文化史話』童話春秋社。

香魚市人（一九〇二）「名古屋の遊戯」『文芸倶楽部』八巻一四号、七四―八六頁。

是澤博昭（二〇一八）『軍国少年・少女の誕生とメディア――子ども達の日満親善交流』世織書房。

――（二〇一〇）『青い目の人形と近代日本――渋沢栄一とL・ギューリックの夢の行方』世織書房。

斎藤良輔（編）（一九六八）『日本人形玩具辞典』東京堂出版。

佐藤秀夫（一九八八）『ノートや鉛筆が学校を変えた（学校の文化史）』平凡社。

佐野明子（二〇〇六）「1928―45年におけるアニメーションの言説調査及び分析」『財団法人徳間記念アニメーション文化財団年報2005―2006年別冊』一一―一〇〇頁。

滋野辰彦（一九三三）「シリィ・シムフォニィ」『映画評論』第一四巻四号、九一―九二頁。

渋沢青花（一九八〇）『浅草っ子』（増補改訂版）造形社。

神野由紀（二〇一一）『子どもをめぐるデザインと近代――拡大する商品世界』世界思想社。

鈴木尚夫（編）（一九六七）『現代日本産業発達史12　紙・パルプ』現代産業発達史研究会。

田中純一郎（一九八〇）『日本映画発達史Ⅱ　無声からトーキーへ』中央公論社。

中田幸平（一九七〇）『日本の児童遊戯』社会思想社。

日本金属玩具史編纂委員会（編）（一九六〇）『日本金属玩具史』日本金属玩具史編纂委員会（復刻　久山社、一九九七年）。

本間長世（一九九一）『アメリカ史像の探求』東京大学出版会。

柳田国男（一九四二）『こども風土記』朝日新聞社。

湯川秀樹（一九六〇）『旅人――ある物理学者の回想』角川文庫。

ラクヴァ、カルステン（柴田陽弘・眞岩啓子訳）（二〇〇二）『ミッキー・マウス――ディズニーとドイツ』現代思潮新社。

「時代玩具コレクション」に含まれる文献資料の役割

稲葉千容

はじめに

時代玩具コレクション（以下コレクション）は江戸後期から一九六〇年代頃までの玩具を中心とするコレクションであり、一九七〇～一九八〇年代に多田敏捷一人によって収集されたものである。そのため当コレクションには収集者の考えが反映されている。

一　コレクションについて

コレクション収集の経緯

コレクション収集のきっかけは実生活で生まれた疑問である。一九七五年に多田が幼稚園のＰＴＡ会長になった際、保護者から「子どもたちにどの様なおもちゃが良いか教えてほしい」という相談を受けたが、現在のように専門書が多くはなく適切な解答が得られなかった。研究が無いのであれば自分で調べようということに端を発し、そもそも玩具の歴史――いつ、どのような由来で作られるようになったのか、どのように遊ばれてきたか、遊び方や形がどのように変化してきたか、といった玩具や遊びの変遷について、骨董商であった多田は実物資料を集めることから研究を始めていった。その結果としてのコレクションという。

コレクションの特徴

様々な分野からコレクションを見た場合、それぞれの特徴がみられるだろうが、ここでは収集者との関わりから見られる特徴について述べる。

コレクションを全体的に俯瞰した場合、実際に遊ばれていた資料が積極的に収集されているのがわかる。もちろん、玩具屋から売れていない商品を収集した資料もあるが、子ども自身が収集して溜め込んでいたような資料は、その状態のまま塊として収集してある。また、状態の良い資料を選んだり重複する資料を省いたりといった選別をしていない。これは、二〇〇二年～二〇一二年まで年三回多田よりコレクションについて聞き取り調査をおこなった結果である。

次に、歴史資料が多数含まれていることが挙げられる。

太政官日誌や慶応戊辰大阪行在所日誌、運上目録輸出入品、外務省情報局による満州事変関係発表集といった公の機関から出された書類、新聞記事や地図、手紙や文書、雑誌や画報、『大阪玩具商報』のような玩具の売り手側から発行された資料、書籍、単騎シベリア横断を成功させた福島安正の歓迎セレモニーを関係者が撮影した写真といった大事件の当事者、関係者による資料などが収集されている。これらの歴史資料は二種類に分けられる。ひとつは玩具や遊びそのものの歴史が分かるものであり、資料のどこかに玩具や遊びの名称や挿絵の記載がある。もうひとつは玩具が作られ遊ばれた時代の様子が分かるものであり、単に史実を示す資料だけではなく、世論の雰囲気、世間の空気感が分かるものであり、より生活に密着したものが多い。

二　コレクションにおける玩具と歴史資料の関係について

前節では、コレクション収集の経緯と特徴について述べたが、これらには収集者の考えが反映されているため偏りもあるだろう。しかし、子どもの収集をそのままの状態で収集することでその子どもの好み、傾向がそのまま残る。ここからは時代の流行、注目の一端であるため玩具が作られた理由を知ることができる。また、世論の雰囲気、世間の空気感が分かる資料から玩具が誕生した経緯や玩具が流行した／しなかった理由が見えてくる。そこで、コレクションにある歴史資料から玩具の何が分かるか、具体的な例を挙げてみていく。なお、資料の引用に際しては適宜表記を改めた。

軍神　陸軍中佐橘周太関係資料

コレクション中には日露戦争において軍神と称された橘周太陸軍中佐に関連がある文書資料が複数ある。

橘周太は一八六五（慶応元）年生まれ、長崎県出身の陸軍軍人。一八八七（明治二十）年陸軍士官学校を卒業後、歩兵連隊、近衛歩兵連隊でキャリアを積み、一八九一（明治二十四）年東宮武官に抜擢され一八九五（明治二十八）年まで皇太子（後の大正天皇）の教育係を務めた。名古屋陸軍地方幼年学校長在任中の一九〇四（明治三十七）年日露戦争が開戦。同年、第二軍管理部長として日露戦争に出征し、自ら希望して歩兵第三十四連隊第一大隊長に異動、遼陽会戦で戦死、死後中佐に昇進し軍神と称された。故郷の長崎県千々石町（現在の雲仙市千々石町）に彼を祭神とした橘神社が創建されている。日露戦争では橘中佐より少し先に戦死した海軍の広瀬武夫中佐も軍神と称されている（所属、肩書きは変わっていくので以下、橘中佐で統一）。

玩具において英雄（ヒーロー）は定番の主題である。英雄を主題とするのは印刷により写真や似顔絵を使いやすい紙製玩具が多く、メンコや日光写真はその最たるものである。テレビが普及しキャラクターや番組の登場人物が玩具の主題の大半を占めるまでは、伝説の人物、歴史上の人物、講談や芝居の登場人物、スポーツ選手など様々な英雄が取り上げられている。太平洋戦争が終わるまでは軍人もよく用いられた。

それでは軍神にまでなった橘中佐は玩具に取り上げられているだろうか。コレクション内の資料でも英雄が定番という傾向を示している。橘中佐没年前後のメンコ、日光写真に取り上げられている人物も同様である。特に武将は多岐にわたっており、鎮西八郎為朝《ちんぜいはちろうためとも》、加藤清正、渡辺綱《わたなべのつな》、日本武和《やまとたける》、熊谷直実《くまがいなおざね》、新田義貞、豊臣秀吉《とよとみひでよし》、巴御前、源義経、楠木正成など芝居でも講談でも読本《よみほん》でもよく登場する誰もが知る人物の名前が他にも多くある。軍人は日露戦争時の将校が多く、武将同様似顔絵が多いが写真が使われているものもある。大将陸軍司令官奥保《おくやす》鞏《かた》、山縣《やまがた》陸軍大将、長谷川陸軍大将、伊東海軍大将（伊東元帥）、津野元帥、大山元帥、東郷大将、黒木陸軍大将、中将上田有澤《ありさわ》、井上中将、大久保少将、小田中尉、廣瀬中佐、カギーフ少佐、露国講和全権委員ウ井ッテ氏などの名前がある（玩具の表記のまま）。日露戦争自体を題材にした玩具のほうが種類も数も多いが、新聞や従軍カメラマン等による写真集である日露戦争画報で活躍が報道されると、話題の人物に敏感に反応して玩具に取り入れられている。ところがコレクション内で橘中佐の玩具は日光写真1枚だけである（写真1）。日露戦争で同じく軍神と称された広瀬中佐は先に挙げたとおりメンコにも登場するし、縁日や駄菓子屋で売られた福引の封紙である「福引口張絵」にも登場している。コレクション内に含

写真1　橘中佐の日光写真（国立民族学博物館蔵）

まれていないだけ、という可能性もあるが、多様な武将の名前があり広瀬中佐はじめ他の軍人の名前も何人も出てきており橘中佐だけ弾かれているとは考えにくい。このコレクションは子どもが収集していた状態で収集しているため、その子どもの好みが反映された資料が多いことは先に述べた通りである。子どものメンコ収集はスポーツ選手、映画スター、武将・軍人、など好きなジャンルばかりをひたすら集める傾向があり、同じ物が複数枚含まれていることもある。武将・軍人メンコの塊の中で、つまり日露戦争当時多く作られた話題の人物のメンコが集められている中で、橘中佐だけ弾かれている可能性は低い。

英雄であっても玩具になるとは限らない。橘中佐、広瀬中佐は両人とも日露戦争で軍神となり文部省唱歌にもなっている。しかし広瀬中佐のほうが多く玩具になっている。

何故、橘中佐の玩具は少ないのだろうか。日露戦争の玩具が作られていた当時の世論の雰囲気、世間の空気感はどの様なものだったのだろうか。コレクション内の資料から考察していく。

橘中佐は一九〇四（明治三十七）年八月三十一日、遼陽会戦の首山堡攻撃において戦死した（死亡時は少佐。38歳）。このことはどの様に世間に伝えられ、世間からはどの様に受け止められていたのだろうか。

まず橘中佐を直接知る人たちの間での様子を見てみる。橘中佐が所属していた第二軍メンバーからの弔慰金について戦死後すぐに連絡が届いている。橘少佐留守担当者橘益（橘中佐の妻）宛てに、明治三十七年九月九日付け、書留、公用、至急、親展、軍事郵便の朱印を押した、橘中佐が管理部長を務めた第二軍管理部で副官だった澤田常次郎よりの手紙がある。また、戦地から橘中佐戦死後すぐに部下や同僚から弔文が出されている。明治三十七年九月十二日付け、歩兵第三十四聯隊将校団より橘益宛の軍事郵便では、橘中佐の功績を讃え、哀悼の意が記されている。

さらに、橘中佐が部長を務めた第二軍管理部から橘未亡人宛に巻紙に丁寧に書かれた弔辞が届いている。また、橘中佐の戦死に関して周囲の人達から橘中佐親族に送られた手紙について、コレクション中の資料で最も日付の早いものは、橘一郎左衛門（橘中佐の息子）宛に明治三十七年九月七日に書かれた軍事郵便（消印は消えている）であり、差出人には「第三師団歩兵第六聯隊第八中隊陸軍歩兵士附佐藤彌太郎」と書かれている。

これらの部下、同僚から出された弔文からは、儀礼的に出されたものではなく、橘中佐が人望の厚い人であることはよく分かる。なかでも佐藤彌太郎は違う連隊の所属でありながら早い時期に弔文を出している。しかし戦死後すぐに出された為か戦場での様子、軍神となった活躍については分からない。橘中佐が戦った遼陽が激戦地だったことは分かるがそれ以外は具体的ではなく、どちらかというと人柄に重点が置かれている。

次に報道はどの様な調子だったのか見てみる。世論の雰囲気、世間の空気感はこちらに左右される(1)。日露戦争時の軍神とは軍が定めた正式なものではなく、新聞などで軍神と称され世間一般でもそう認識されている、という「世論が決めた軍神」というようなものである。九月十日『国民』「軍神・橘隊長の人となり」、九月十日『萬朝報』「軍神とまで敬われた廣瀬中佐の平生と最後が実に軍人の鑑であるヶ如く橘少佐も又た軍人中稀に見る所の偉人である而も……」、九月二十四日『国民』「軍神橘少佐の奮戦は……」、九月二十八日『東京朝日新聞』「軍神とまで称揚さるる故陸軍少佐橘周太氏の閲歴性行は……」など、各紙掲載初期から軍神と称している。

コレクションの中に遼陽会戦について出された号外が数点あるが、戦況の詳細や戦死者について書かれたものではない。橘中佐が出てくる一番早い新聞記事は明治三十七年九月七日『大阪毎日新聞』「銘刀兼光　東宮殿下の殊恩を荷ひし橘歩兵少佐」、次が九月九日『東京朝日新聞』「模範的軍人故橘少佐の逸話（附柚原参謀少佐の談）」、『時事新報』「橘少佐の戦死」、『日本』「橘少佐の逸事（柚原少佐の談）」、『都新聞』「陸軍の廣瀬（橘歩兵少佐）」、続いて九月十日『国民新聞』「軍神・橘大隊長の人となり」、『東京朝日新聞』「模範的軍人故橘少佐の逸話（つづき）」、『萬朝報』「小説より美しき軍国の花　武士の魂(1)不休の精力（戦死少佐橘周太氏の事）」、『都新聞』「模範的軍人橘少佐（陸軍の廣瀬中佐）」などがある。九月二十八日『東京朝日新聞』「陸軍の軍神橘少佐戦死の光景」、以降十月に入ると記事がほとんど見られなくなる。出生地の長崎県や出征まで居住し遺族が住んでいた名古屋市などの地方紙には記事があるかもしれないが、現時点では調査できていない。

記事の内容は各紙似たものとなっている。九月十日前後までは、まず経歴紹介、橘中佐がいかに模範的な軍人であったかというエピソードとなっている。次に出征まで名古屋陸軍地方幼年学校長を務めていた橘中佐がいかに熱心で立派な教育者であったかその功績と人望の厚さを示すエピソードがみられる。つまり第三者から見た人物評が主な内容となっている。ここで記されている教育者としての人物像は、先に述べた佐藤彌太郎の手紙からも伺える。一方、「終日奮闘数回に及べる敵の逆襲を撃退」（九月十日『国民』）など奮闘したという事実が書かれている記事はみられるが、奮闘の内容は詳しく書かれてはいない。このように新聞の論調も各紙に大きな違いはなく「少佐がいかに奮戦したるかを知るに足るべし」（九月九日『時事新報』）、「軍社会に於ける活模範」（九月十日『国民』）という点で共通したものである。

しかし、九月二十日前後になると橘中佐について、各紙とも奮戦、戦死の様子を見ていたように描写した小説のような記事になっていく。

九月十八日『大阪毎日新聞』某少佐（橘中佐のこと）は敵塁に迫り軍刀を揮ふて突撃し来たる敵を斬ること三人、銃弾飛来りて右腕を貫通すここに於て軍刀を左手に取直し再び敵を斬ること二人銃丸腹を貫通す……内田軍曹少佐を慰めんとして百人力を尽し己が痰を少佐に示して『少佐の喀痰斯の如く喀血にあらず』と……敵弾一発軍曹の腹部より少佐の腹部をも併せて貫通す、少佐終に最後の一弾のために絶命せり、……

九月二十四日『国民』先の程より右手に玉散る日本刀を振り翳し、陣頭に声を絞り手指揮しつつありし橘少佐、……、ただ一人飛鳥のごとく邁進して塹壕内に踊り入り、群がる敵を屑ともせず、さながら阿修羅王の荒れたるごとく敵兵三人を斬って落とし、幾人に手を負わせ、身また二弾を蒙りて全身朱に染まれども、……醜奴の銃丸空を切って飛び来たり、ブッと音して少佐の右肩胛部を貫きたれば、いかで堪えん、ドウと足下に倒れたると見たる……さなりと決心した軍曹は、すなわち昏々眠れるごとき少佐を背負い、飛び来る弾丸の間を潜りて猛然、一面の峻坂を下り、……丘上より瞰射せる敵の一弾、またも背負える少佐の腹部を貫通して、……『大隊長殿、傷は浅うございます』匍い寄りたる内山軍曹、戦く手に少佐を抱き起こして……。

内田軍曹とは、負傷した橘中佐を介抱し前線から連れ帰った部下の内田清一である。『国民』では内山軍曹になっている。また、同じ戦場にいた軍人が知人に送った書簡の抜粋が紹介され、橘中佐奮戦の様子を伝えている。

九月二十八日『東京朝日新聞』……故陸軍少佐橘周太氏の閲歴性行は既に世の知る所なれど茲に少佐を最も景仰したる某中尉が少佐戦死の光景を叙して中央幼年学校の某氏に送りし一書あり少佐の戦死が我軍人社会に如何なる教化を與へたるかを知るに足るべければ左に其一節を録す……。

このように各紙とも小説風に台詞を入れたり講談調に盛り上げたりしてあるが、エピソードの骨格は同じものである。橘中佐が刀を持って敵を倒すこと、倒す人数、負傷の状況、内田軍曹に助けられるが名誉の戦死となる状況など似たものとなっている。橘中佐の奮戦を讃え、その光景を詳細に伝えるものである、という論調も各紙似たようなものである。しかし、激しい戦いではあるが、何かドラマがあったわけではなく、飛び交う弾丸に当たり手当ての甲斐なく死亡している。日露戦争の陸上での戦いでは同じような激戦が繰り返され多くの将校が戦死していることを勘案すると、戦いぶり、戦いそのものについてのエピソードには個性やニュース性が抜群にある、軍神と称されるほどにある、とは言い難い。

橘中佐に対する世論の雰囲気や世間の空気感は、早くから軍神と称揚しているが、戦場での活躍よりも先に人物像への感想――何よりも皇室への尊崇が深く性行は軍人の鑑であり、尊敬される教育者でもある人望厚い立派な人物――がみえてくる。そして、そのような人物が奮戦したが惜しくも名誉の戦死となった、素晴らしい、という調子である。

世間が橘中佐を軍神にふさわしい、素晴らしく模範的な人物だと捉えていたことは、当時の名古屋市尚武会長兼名古屋市教育会長から橘中佐への弔辞からも伺える。

名古屋市尚武会長・名古屋市教育会長・正五位勲三等青山朗

……殊に八月三十一日首山堡攻略の際身を挺して勇往邁進、部下を奨励し敵塁に肉薄……嗚呼君資性慎厳常に身を以て後進を薫陶し陸軍に貢献せられたる所多大なるを信す……

同じ人物のもう一通の弔辞では

……皇室の事を絶たず言々肺腑に徹す其忠其勇吾人の深く敬慕して惜かさる所なり嗚呼今や戦局進捗の秋に方り君の如き忠勇義烈の士を喪う国家の為痛惜に堪へず……

あらためて日露戦争を題材にした玩具を概観すると、新聞で活躍が伝えられると玩具に取り入れられており、話題に敏感に反応していることがわかる。つまり、話題性があるから玩具になるのである。英雄が玩具の定番となるのは、そこに華々しい物語、冒険、活劇のような物語があるからで、メンコに登場する昔の武将も同時代の軍人もそれは同じであったはずである。確かに橘中佐の場合、物語にはなっている。しかしその内容が教育的で子どもが好むような冒険物語とは必ずしもいえない。橘中佐自身は非常に模範的な人物であり、軍人の亀鑑となるべき人物である、と部下をはじめ直接の知人からも新聞などでも紹介されている。しかし大立ち回りで活躍する無敵の豪傑物語ではなかったことから、かえって玩具になりにくかったのではないだろうか。玩具になるには報道されるだけでなく、その報道が世間で話題になる活躍であることが必要であり、話題性、事件性があってこそ子ども自身が欲しがる玩具になる。保護者の思いは教育的な玩具が良いのかもしれないが、子ども自身が好きにならなければ玩具は作られたとしても広く遊ばれるようにはならない。橘中佐が、日露戦争の軍神と称されながら玩具に取り上げられる頻度が少ない理由のひとつは、このあたりにあるのではないだろうか。

　橘中佐を直接知る人がこの世間の空気感をどう見ていたか、玩具が少ない直接の要因ではないだろうが、戦場で最後まで一緒であった内田清一軍曹のその後の手紙を例として挙げておく。明治三十七年十月七日の消印、故橘少佐殿御留守宅にて伊藤金次郎殿宛の軍事郵便

　行路無事到着致され候哉。小生も大に案じ居り候。今辛《ようや》く激戦後の整理も畧《ほぼ》、取片付き申候。独り残されたる義務の幾分果し了へ最早や惜からぬ我命次きの戦斗へ達し復讐的激闘をなし御伴仕る可く候。傷部も事務に齷齪《あくせく》し殆んど忘却致居る間に全治し後一周日位にて繃帯も取去る丁を得べしと存候。全国の新聞氏（紙）中に隊長殿を賞賛し悼惜せざるは無く候。貴き屍の上を照らす三五の月をながめ征士の感慨轉々《てんてん》切なり。独り月

下にたたずみて涙教行下る。奥様坊様に宜しく申上げ下され度候。小生も近頃は楫《かじ》なき捨小舟、水を離れし
実の如くにてせは沈黙を守り居候。第二軍歩兵第三十四連隊第一大隊本部　軍曹内田清一。

日露戦争で軍神と称された人物は、海軍の広瀬武夫中佐と陸軍の橘周太中佐である。広瀬中佐は一九〇四（明治三十七）年三月二十七日に戦死、その最後の状況がドラマチックに伝えられていたため、橘中佐が戦死した時には既に軍神として有名であった。新聞は広瀬中佐を引き合いに出して論じる記事も多く、世間では「軍神・廣瀬中佐と比べて云々」と語られることが多く、「廣瀬中佐と比べて」という論調になり、世間の雰囲気は「軍神としては廣瀬中佐が先」となっている。玩具にするなら「最初の軍神」のほうが子どもにとっては格好良く感じられ、広瀬中佐のほうが玩具に取り上げられたのだろう。

陸軍の橘中佐周辺も「廣瀬中佐と比べて橘中佐は、」と考えていたことがコレクション中の資料から分かる。橘中佐と同じ第二軍司令部に所属し第二軍参謀を務めた佐藤小次郎大尉から橘中佐夫人に宛てた手紙の写しには次の内容がある。

……彼の海軍廣瀬中佐の軍神として崇敬せらるるものは単に戦死当時の最後の立踑《りつぎ》なりし而已《のみ》にあらす。平素より行為亦人をして崇敬せしむるものありしに因る。小生は少佐殿の平素の行為と戦死当時の状況より考えれば大に廣瀬中佐に類するものあるを見る。故に小生は少佐殿は陸軍に於ける軍神として尊敬致すべき者と確信候……

三十七年九月九日於遼陽付近　佐藤小次郎　橘ご夫人様

このように第二軍司令部周辺は海軍の軍神・広瀬中佐に対して、橘中佐を陸軍の軍神と称することを世に広めようとしていた様子で、前掲の佐藤小次郎の手紙には「…戦死当時の状況と平素の行為を説明し世人に紹介せん事を依頼せり……」と続き、その内容は新聞記事と似通っている(2)。

陸軍司令部から遺族に出された手紙にある通り新聞各紙が当初から軍神と称していたこと、橘中佐について各紙の内容が似ていることなどから、新聞に掲載されたエピソードは陸軍から紹介されたものと思われる。新聞が軍神と称し始めた情報の発信元が陸軍であり、世間はそれを受け入れ広めていった。つまり世論発信で軍神と称したのではない、ということである。軍神・橘中佐についてのエピソードは、庶民が盛り上がったドラマではなく、陸軍関係者が「軍神として相応しい話」として紹介した内容であり、世間も尊敬すべき人物の逸話として広めていったものである。軍神・橘中佐の玩具が少ない要因についてコレクション中の資料などから見てきたが、それらは、軍神と称されることになったこの経緯に繫がっている。

橘中佐は一八九一（明治二十四）年〜一八九五（明治二十八）年東宮武官として皇太子時代の大正天皇に教育係りとして仕えた。橘中佐についての記事の多くには皇太子からの信頼が厚かったこと、橘中佐も死の直前まで皇太子へ忠節を尽くしていたことが書かれている。

明治三十七年九月十日『国民』
……その間畏くも殿下の御寵遇を辱うし、紋服、銀杯その他喇叭等、恩賜の品尠《すく》なからずと云う。
明治三十七年九月十三日『読売新聞』
……殿下が名古屋御通行の折には、必ずや少佐を召して、其都度有難い御諚《ごじょう》と御下賜品があった。
明治三十七年九月二十八日『東京朝日新聞』

……最も吾人の感ずべきは書記軍曹の報告なりき曰く……本日は皇太子殿下御誕生日の目出度吉日なり唯惜しむ斯くの如く多くの部下を損傷したるとを遺憾とすと　何ぞ其最後の壮烈なる其詞は……

コレクション中には皇太子と橘中佐の関係を示す資料として、皇太子から橘中佐に下賜された品の目録がある。

右の物品下し賜り相成候条、御回付に及び候間、御査収これ有り度く候也
十一月十五日　黒川大夫[3]　橘武官殿
白地御胴衣　壱枚、御シャツ　壱枚、中厚フランネル御常服御下着　壱組、極厚フランネル同上　壱組、毛付メリヤス同上　壱組、白縮緬御シゴキ　壱条、御手袋　弐双、御足袋　弐足、御靴下　六足、白羽二重御布団　壱枚、同御綿入御掻巻　弐枚、御敷布　弐枚、御枕覆　壱枚、白羽二重御綿入御寝衣　弐枚、御長靴壱足、絹縮御単衣御寝衣　壱枚、フランネル御寝衣御下着　弐組、麻御ハンカチーフ　六枚、西洋御手拭大壱枚、同小　壱枚

また、橘中佐は遼陽出征前、東宮（大正天皇）に別れの挨拶に伺っている。その時も御下賜品があり、それを身内に送ることを記した封筒がある。

明治三十七年三月十八日　東宮御所に御暇乞[4]の為め参殿せしに拝謁仰せ被れるに付、具に酒肴料及御菓子を下し賜ふ。由て一部を進上す。

以上のことから新聞が橘中佐を軍神と称したのは、東宮からの信頼が特に厚く、橘中佐自身の皇室への尊崇の念も特に深く、そのような人物が奮戦し戦死したから、ということが理由のひとつであろう。また、各紙の記事は「軍神橘少佐は」の後に必ず先に述べた皇室と橘中佐との関わりについて続く内容となっている。

橘中佐の遺族に対しても皇太子は特に気に掛け、橘中佐に対してと同じような特別な扱いがあった。これについて具体的に分かる資料として、橘中佐兄・橘常葉氏より橘中佐妻・益子氏へ送られた手紙や肥後菊池郡の知人から橘常葉氏へ送られた手紙がコレクションの中にある。また、皇太子の橘中佐遺族に対する特別な扱いについて更に良く分かる資料がある。皇太子は橘中佐の息子・橘一郎左衛門に拝謁を許した際、直接言葉を掛けるため宿泊先の名古屋離宮（名古屋城本丸）に呼び出した。その状況について橘一郎左衛門による明治三十八年十一月の記録がある。

殿下より御下賜の詩歌写本正に落手之在り。吟壮しており光栄の限りに…九月十五日

第二軍司令部と撮影の写真裏書且つ殿下より供物料賜わりたる時の御辞令写し二通……十二月八日

十一月二十九日水曜日……朝六時に起き父の御霊を拝し、それより学校へ行き……是にて学校をしまへて帰り、それよりしばらく休み後鍵谷先生と一所に車にて「ステーション」へ行きしばらくすると巡査来たりてあなたはそんななりではいかん「フロクコート」に「シルクハット」でなければならんと云った。そこで私は国司少佐(5)と一所に来て居ますと云ったら巡査閉口してすごすごあっち行ってしまった程なり。すると一発花火「ズドーン」ととどろひたと思ったら早御召列車杉の葉を以て飾られて構内へ「ゴーゴー」と入り来た

りしか場列車を見て居ると程なく殿下は駅長を先に立てその後に殿下つき武官長等、殿下の御後につきて吾吾のそばを御通に相成りし時、殿下私と国司の前へ御足をとどめられ、殿下少佐に御聞かせになった御言葉は、おまえこの子を宿へつれてこいとおっしゃいました。そこで私は一人車に乗り家へ帰ったら師団から使が来て真に離宮の方へ来いと国司少佐の命令ありました。そこで又車に乗り母と一所に行ました。漸漸清水御門を通してもらい司令部の横にて鍵谷先生に会い、又一所に離宮へ行きて、殿下に拝謁を賜りし時、殿下の御言葉に「おまえはどこの学校へ入りて勉強して居るか」との御言葉がありました。又御前にて銀時計一個、縮緬一疋御下賜相成りたり。夜七時半に床に就きたり。

十一月三十日　木曜日　晴れ　朝五時半に起き直に衣服をかえ父の遺言如くに勅語を奉読しつづいて殿下の写真を拝してより車に乗りて離宮の方へ向い、離宮玄関にて御礼橋一郎左衛門と大きく手帳に記して又車にて「ステーション」へ行き、昨日の位置に居まして一時間も過ぎし頃、楽隊が君が代の曲を吹き初め、つづいて騎兵も「ラッパ」にて君が代を吹き初めす。すると程なく巡査二名乗馬して先に立ち、つぎに騎兵二箇小隊許り、つぎに御馬車つぎ三台の馬車には東宮武官師団長参謀長等数名乗用して「ステーション」の入口においでになり、殿下第一馬車より御おりになり、つぎに村木武官長おりて構内に御入に相成り、村木武官長、私の前に来りて至急殿下に写真を奉れとのことでありました。又岩倉公らも色々御話し受賜りて八時相成りたり時、花火二十一発空にとどろきぬ。……一時半頃大須の中村にて写真を取り、観工場眞福寺五明座の焼跡を見て三時半頃家へ帰った。それから劇剣に行き四時半に帰りてしばらく遊びてより湯に行き後、国司宅へ行き殿下の御言葉を聞き八時に帰宅し八時半に床に就きました。

この資料からは、かなりの特別扱いであったことがよく分かる。さらに東宮は橋一郎左衛門に付き添っていた国司精造に一郎左衛門の今後についての言葉も託しており、国司精造がそれを伝える手紙がある。

本日、皇太子殿下名古屋停車場御発車に際し侍従長を以て小生を御召に付、御車前に伺候の処、殿下は車窓に臨せられ親しく次の如き御言《ことば》を賜り、然《さ》には此旨御伝え申仕『橘中佐遺子に□□は之を訓育補導しめ学業に精励せしめ以て亡父の遺志を守り亡父の如く忠勤を励ましむる様尽力すべし』精造以て懽《よろこ》んで之を知せ給ふ。謹んで御文申上候。右につきては一郎左衛門殿終生に於ける無上の名誉にして実に亡父君の餘栄当に是在り候。此書翰は記念として永く御保存の程希望し給ふ候。謹言　明治三十八年十一月三十日　国司精造　橘一郎左衛門殿

恐らくこの言葉は橘一郎左衛門の記録の中で、国司宅で聞いた「殿下の御言葉」である。皇太子の橘中佐遺族への対応は特別であったことが示されている。遺児の今後のことまで気に掛けて周囲へも配慮するよう伝えており、橘一郎左衛門は後に陸軍大尉になっている。この皇太子の橘中佐の息子である橘一郎左衛門氏への対応は、その内容まで詳細な新聞記事になり、世間の知るところとなっている。

橘中佐が軍神と称された理由に加えて、皇太子から遺族へこのような特別な対応があった。遺族への特別な対応は、皇太子が橘中佐を信頼し特別気に掛けていたことの裏づけである。軍神となり新聞でも度々取り上げられる話題の人ではあるが、世間一般としては玩具―教育的な絵本の題材などではなく、子どもが日常的に遊ぶ、時には乱暴に扱うメンコなどの玩具に仕立てるには遠慮があったのではないだろうか。世論の雰囲気、世間の空気感としては、軍神・橘中佐の話題には必ず皇室、特に皇太子との特別な関わりが出てくるので、玩具などの対象として軽く扱うには遠慮があり、これも橘中佐が玩具に取り上げられる頻度が少ない理由のひとつと考えること

ができる。

日独伊三国同盟と玩具

一九四〇（昭和十五）年に日本、ドイツ、イタリアの間で日独伊三国同盟が締結された。号外が出され、各紙において写真入りで大々的に報道され、世間の大きな関心を集めた。世論の雰囲気、世間の空気感はこの同盟を歓迎している。以後、三国の旗を題材にした玩具は増え、コレクション中にも上等なものから駄玩具まで数多くある。三国の国旗模様を付けた木製トラックの荷台に積み木を載せた百貨店売りの玩具「ツミキトラック」、三国の国旗模様の着物を着た「ベティさん」のぬりえ、三国の国旗が描かれた盤ゲーム（ビー玉を木の棒ではじいて穴に入れる）など、何の玩具でも模様に三国の国旗を付けている。難しい内容を正確に知っていたというより、「ドイツ、イタリアと日本が同じグループになった。すごいこと」だと世間が認識し、それは子どもの間にも浸透していったために玩具に取り入れたことが伺える。

ドイツ、イタリアの国旗を題材にした玩具のほかに指導者であるヒトラー、ムッソリーニを取り上げた玩具もあり、メンコや双六など紙製玩具に似顔絵が印刷されているものが多い。日本の武将や軍人が玩具に取り上げられることと同様の扱いである。

三国同盟以降、ドイツ、イタリアと日本との関係を取り上げた玩具は子どもに受け入れられ、様々な種類が作られている。これは報道からの影響以外に、コレクション内の資料からは両国の子どもへのプロパガンダからも間接的に影響を受けていたと推察できる。

羽子板は年末に歳の市などで売り出される。昭和初期、押絵羽子板や絹絵羽子板では、その年の話題の人物や人気役者の似顔羽子板が盛んに作られた。コレクション中には宝塚や歌舞伎の役者、テンプルちゃんなど海外の映画スターの羽子板のほかに、「イタリア青少女団」らしき羽子板がある。イタリアファシスト政権の青年組織「バリッラ少年団」の下部組織に「イタリア青少女団」があり、その制服は格好良く憧れる子どもも多かったという。コレクション内の絹絵羽子板には、イタリアと日本の国旗と共に「イタリア青少女団」の制服——ベレー帽、タイ、マント——に似た格好の少女が描かれている。羽子板の少女はマントの代わりにブレザーを着ている。少女の顔は、当時大人気だった中原淳一風の美少女である。イタリアの少女たちと同じく、格好良い制服に日本の少女たちも憧れたのだろう（写真2）。

ナチス・ドイツのプロパガンダに「ヒトラーは子ども好き」というものがあり、ヒトラーが子どもと写った写真絵葉書や子ども好きをイメージさせるポスターなどが作られていた。コレクション内の、ドイツに出張か単身赴任中らしき父親から日本にいる三人の子どもそれぞれに出された三種類の写真絵葉書も、それである（写真3 三種類のうちの一枚）。父親からの文面では絵葉書の写真についても触れられている。

この画はがきはドイツで一番えらいヒットラーといふ人が学校でおとなしくてよくできた子供にごほうびに花をやっている所です。総理大臣からごほうびをもらふようなよくできる子供にならないといけませんよ。九月十八日正午ミュンヘンにて　とうちゃんより　宏ちゃん

写真2　「イタリア青少女団」風羽子板（国立民族学博物館蔵）

写真３　ヒトラーと子どもの写真絵葉書
（国立民族学博物館蔵）

今日は朝大学病院へ行きましたがレキセルといふ先生が来て居なくて午後三時に来てくれといふので　まちへ出て来ました。此の絵葉書はドイツの大統領兼総理大臣みたいなアドルフヒットラーが子供と話をしてる所です。明日もう一日ミュンヘンに居て明後日の朝ローテンブルクといふ古い田舎の町へ行きます。　九月十八日
智地より　昌□殿

ここでは、ヒトラーの作られた人物像を宣伝するための写真絵葉書を日本の子ども宛に使っている。しかも宣伝通りに写真の内容を説明してもいる。父親にとってナチスやヒトラーは子どもに紹介するぐらいには良いイメージである。海外へ行くことが難しかった時代、子どもは外国から送られた絵葉書を学校などで友達に見せただろう。ナチスやヒトラーの良いイメージが少なくともこの絵葉書を受け取った子どもの周辺には広がっている。

コレクション内の資料からは、三国同盟以後、ドイツやイタリアを扱った様々な玩具が作られ遊ばれていたことがわかる。その時の世論の雰囲気、世間の空気感は、ナチスドイツやイタリアファシスト党に対して、具体的なものではなく、なんとなく良いイメージが広がっていたことが、この羽子板や絵葉書のような資料から推測できる。

世界一周「ニッポン号」関係資料

一九三九（昭和十四）年毎日新聞社により企画された国産飛行機による日本初の世界一周飛行が成功した（四大陸と二大洋を連続周航）。新聞社企画であり発表以降、盛んに記事が掲載され、飛行機の名称募集など関連イベントも行われたため全国で大変盛り上がった。コレクション中にあるニッポン号のグッズも玩具のほか、たくさん作られた（写真4はその一例）。

写真4　ニッポン号木製引き玩具（国立民族学博物館蔵）

世間で大きな話題となっている世界一周飛行という大冒険、格好良い飛行機など、子どもが夢中になる要素がニッポン号には揃っており、玩具に取り上げられるのも当然である。ニッポン号が様々な玩具の題材になり、その玩具がよく遊ばれたことは、盛り上がる世論の雰囲気、世間の空気感に相応している。

コレクションの中にニッポン号の記事のスクラップブックが二冊ある。昭和十四年八月二十四日から十月十一日までの新聞記事の切り抜きが貼ってある。後日、記事を見つけたときに貼り足したようで、記事の日付が前後しているページもある。ニッポン号の飛行は八月二十六日から十月二十日までであり、スクラップブックの表紙には「3」「4」と番号が書かれているので、企画が発表されてニッポン号の記事が新聞に出たときからスクラップしていたと思われる（コレクション中に「1」「2」はない）。

このスクラップブックはニッポン号の搭乗者・佐伯弘技術士の関係者

のものである。九月二日の消印があるユーコン準州の州都ホワイトホース（カナダ）の封筒・便箋に書かれた八月三十一日付けの手紙、九月十八日の消印があるマイアミのレストランの写真絵葉書、十月四日にリオデジャネイロから出された電報が貼ってある。出発が八月二十六日、八月三十日に到着したホワイトホースからは様子を知らせる内容を書いた手紙である。

其の後は元気で毎日長時間飛行して居るから安心してくれ。外国にては我々の見た事のない面白い物や面白い話で一杯で、土産話も十分ある。当地は高原地帯にして六〇〇米以上の場所にして日本人も三名居る。今の自分の生活は夢の様だ。土産物も充分買ひたいが飛行機の重量の関係もあるから土産話でゆるしてくれ。当地は金山が澤山あり其の上動物の数は二十数以上あり、インデアンが澤山居るよ。人口は六〇〇あるが、平和な町である。次の飛行もあるからこれでグットバイー　弘

その後、九月十八日（日本時間の十九日）に到着したマイアミからは無事を知らせるだけの写真絵葉書、十月一日に到着したリオデジャネイロからは電報と変化している。

無事マイアミ安着　外人ながら共にと一緒に一杯やって居ますから安心の程　皆元気　弘

四ヒアサ六ジ　ゲンキニテ　リオデジャネイロハツ　ナタールニムカフ

一緒にスクラップされている新聞記事は当初と変わらず調子良く書かれているが、実際にはいろいろと大変に

なっていったのだろうと推察できる。ニッポン号については玩具も世論の雰囲気、世間の空気感をそのままに反映し盛り上がっており、コレクション中の資料からは、その当事者の実際の様子が垣間見える。玩具が作られることになった出来事の実際を知ることができる資料である。

三　コレクション中に歴史資料が含まれる意義

玩具は子どもの生活の一部であり、子どもの生活は大人の影響下にある。玩具も社会の変化、状況に応じて変化せざるを得ない。玩具の供給側である卸問屋も、「明治から昭和にかけても今とまったく同じように、毎年の如くいろいろなおもちゃや遊びが流行ったことが分かります。……おもちゃがいつの時代でも、社会や世の中の動きと連動していることがよく分かると思います」と述べている（東京玩具人形問屋協同組合 二〇〇三）。コレクション中の玩具を見ても、明治になり西洋から新しく入って来た物が玩具になる、戦争が始まれば戦争や軍人を題材にした玩具が作られる、オリンピックで日本人選手が活躍すれば五輪マークの玩具が作られる、など年表に対応させることができる。社会や世の中の動きを示す歴史資料は玩具が作られるきっかけを示すものであり、玩具史を概観していくうえで役立つ。しかし、「生活」はこのような具体的事実だけで成り立っているものではない。玩具より主に児童文学についての著作ではあるが、瀬田貞二は『落穂ひろい』において次のように述べている。

どんな時代にも子どもたちはいましたし、その子たちも、……喜怒哀楽に生きていたにちがいありません。そして彼らにそれを与えたものは、彼らの時代のおとなたちだったことも、たしかです。……子どもの情感、子どもの生活をこまやかに見て、その喜びを喜びとしたような人々の系列……で子どもたちとつきあった者の歴史の方へ、私は近づきたいのです。そうすると、それには……子どもの生活史を描いている本があれば、いちばん参考になるはずです。

これは、子ども側に立てば、子どもには子どもの生活史があり、喜怒哀楽や情感によってそれは動いている、そしてそこには大人も無関係ではないといえる。玩具が生活の一部であるならば、玩具も子どもの生活史に組み込まれているはずである。なぜ、その玩具が遊ばれたのか／遊ばれなかったのか、社会や世の中の動きに連動しきれていないのか、その理由を考えるには生活に近いところの資料、喜怒哀楽や情感を知る手掛かりになる資料が必要である。本稿では、三種類の歴史資料を基に具体的に見てきたが、コレクション中の歴史資料はそのような資料であり、対象となる玩具資料とセットである。そして、その玩具資料は実際に遊ばれた跡を持っており、それも資料といえる。

玩具を子どもの生活史、文化史の一部だと考えると、その歴史を知るには玩具などの物だけでも文献資料だけでも不十分である。両方がコレクション中に存在することで、「自由な視点から」（瀬田 一九八二）玩具を含めた子ども文化を見ていくことを可能にしている。それは、今後の玩具史、子ども文化史の研究に役立つはずである。玩具史、子ども文化史には、まだ分かっていないことが多くある。

（1）新聞記事についてはコレクション中の資料ではない。

（2）戦死当時の情況は、手紙の差出人である佐藤小次郎大尉が、橘中佐戦死時に最後まで随従し介抱した大隊書記・内田清一軍曹から聞き取ったもの。

（3）黒川大夫――陸軍中将黒川通軌。一八九三（明治二十六）年から四年間皇太子（後の大正天皇）の東宮武官長兼東宮大夫。東宮武官時代の橘中佐の上司。

（4）　日露戦争へ出征するため。
（5）　拝謁に付き添いの陸軍歩兵連隊将校。

参考文献

宇野博（一九七〇）『世界の翼・別冊　航空70年史』朝日新聞社。

西条市企画情報部（二〇一四）「陸軍・黒川通軌――小松ゆかりの幕末の志士」『広報さいじょう』二月号、一四頁。

隅谷三喜男（二〇〇六）『改版　日本の歴史22　大日本帝国の試練』中公文庫。

瀬田貞二（一九八二）『落穂ひろい――日本の子どもの文化をめぐる人びと』（上巻）福音館書店。

多田敏捷（一九九二）『おもちゃ博物館一～二四』京都書院。

橘神社公式サイト　http://tachibanajinja.wixsite.com/tachibanajinja（二〇一八年八月十八日最終閲覧）。

東京玩具人形問屋協同組合（二〇〇三）『おもちゃのメーカーと問屋の歴史と今がわかる本』トイジャーナル編集局。

和田春樹（二〇一〇）『日露戦争　起源と開戦（下）』岩波書店。

第二部　玩具と子ども

少女向け玩具から見たジェンダー
――ぬり絵の事例を中心に――

神野由紀

一　子どもの遊びとジェンダーをめぐる歴史的状況

はじめに

ジェンダーによる偏見を見直し、男女平等の教育が徹底されるようになった今日でもなお、玩具売り場では男女に区分された商品が多く売り出されている。女の子向け玩具は家内活動に役立つ家事・育児に関する玩具で、男の子向け玩具は乗物や工作玩具、スポーツや戦争に関するゲーム、という区分が一般的に受け入れられている。こうした区分はこれまで、人形が母性を促す、あるいは着装への関心を促す機能を有するという近代的な理由で女の子特有の玩具になっていった経緯の研究がみられたが（金子 一九九七、吉良 二〇一四）、子どもの遊びの中でも特に幼少期に与えられた玩具に焦点をあて、その後のジェンダー形成に与えた影響についての指摘は、散見されるもののそれ以上の詳しい考察は少ない。

お絵描き遊び、紙や木を使った工作・手芸など、「つくること」は子どもの遊びの根源的な要素である。当然のことながらそこでの「つくる」行為には、典型的な男女の性別役割分業が色濃く反映されている。近代的なジェンダーの枠組みの中で、「つくること」は新たに男女それぞれに別の意味が加えられていったが、特に幼少期の玩具を通して近代的性別役割が植え付けられていく。男の子には後の生産活動につながる知的好奇心、工学知識などの育成を目的とした工作玩具が与えられ、女の子には近代以前から続く女性役割を継承し、家内活動に役立つ「きれいな、かわいい」ものをつくりだす手芸玩具が商品化されていく。日本においては玩具の商品化が進む明治末以降のことである。

ただし、少なくとも幼児教育においては知育目的の開発が進み、抽象化されたジェンダーを感じさせないデザインの玩具が生み出された。幼稚園などにおいては、フレーベルの恩物をはじめとする様々な知育玩具が推奨され、手先を細かく動かす練習としての「手技製作」が幼児教育の中で実践されていった。一八七六（明治九）年、東京女子師範学校附属幼稚園の開園とともに日本に紹介されたフレーベルの恩物は抽象的なデザイン形態の知育教材で、日本では特に二十ある恩物の後半については「手技工作」に関するものとして分類され、これにより紙を切る、縫う、描くなどの手を使った工作の指導が行われた。このような知育玩具（教育玩具）のジェンダー的中立性はその後も継承され、例えば昭和十年代に工芸指導所で玩具研究を行った西川友武などにも同様のデザイン的傾向がみられる（神野　二〇一二）。

時代玩具コレクションにおける玩具のジェンダー化

性別区分のない知育玩具が幼児教育の場を中心に広まっていく一方で、同じ年頃の子どもの玩具でも、これが商業化され一般の商品として生産・流通すると、状況は一変する。多田敏捷の膨大な子ども用品コレクションの大きな特徴の一つが、玩具店や縁日の露店、駄菓子屋などで売られていた商品が、その多くを占めているという点である。多田は自身のコレクションを分類する際に、人形やブリキ玩具など代表的な項目に分類しているが、それ以外については、「男の子玩具」と「女の子玩具」とを区別している。男の子玩具は戦争玩具、乗り物玩具、メンコなどが代表的で、これに対して女の子玩具はままごと、手芸玩具、人形、着せ替え、ぬり絵などが代表的なものとされる。[1] 時代玩具コレクションでは、教材で用いる知育玩具とは対照的な、ジェンダーを強く意識させる玩具商品が多かったという事実を示している。

商品化された「つくる」玩具は、伝統的な男女の性役割に依拠するものとなっていることがほとんどである。例えば手芸玩具の中には、「ベビーミシン」「刺繍セット」「リリヤン」のような、西洋からもたらされた刺繍や編物を楽しむ手芸玩具が多く見られる。[2] 戦前期、和裁とは異なる刺繍や編物など、西洋からもたらされた「手芸」が中上流家庭の主婦や女学生たちに広まっていくが（山崎 二〇〇五）、そこで作り出された手芸作品は、洋風の文化住宅の室内装飾に用いられるものが多く、手芸は西洋文化的なライフスタイル全体のイメージの中に位置づけられていく。近代以降の手芸玩具の多くは和裁ではなく、こうした西洋の手芸に関する玩具が多い。手芸玩具は、憧れの西洋文化を介して中産階級の女性の性別役割を示していくための道具でもあったといえる。この中で、特に大衆向け玩具として広まっていったのが、糸を編む「ニッチング」という道具を用いて筒状に色糸を編んでいく手芸玩具「リリヤン」だろう。時代玩具コレクションの中にも多くのリリヤンが含まれているが、ぬり絵と同じく昭和初期から少女に親しまれ、代表的な駄菓子屋玩具（駄玩具）として定着していく。少女達がリリヤンで培った手の記憶は、その後の女性の編物その他手芸の趣味につながっていくことになる。女の子の「手作り」玩具は、家庭内を美しく整えるための手芸的な行為と密接につながっていた。これは、男の子の「手作り」玩具が模型工作などを中心とした、工学的知識の育成を意図したものであるのと対照的である。こうした差異は、戦前の少年少女雑誌の付録にも表れていた。少年雑誌の付録が戦艦や建物など立体的な紙製組立模型がほとんどであったのに対して、少女雑誌の付録には中原淳一など人気挿絵家のイラスト入りの便せん、カードなど、平面的な絵柄を主眼とする実用的な付録で、自分たちの生活を可愛いもので彩りたいという少女たちの願望を叶えた（神野 二〇一四）。女の子たちは、後に家庭の主婦になるべく自らの生活圏内という限られた範囲の中を美しくしていく遊びや玩具を与えられていったのである。

ぬり絵とジェンダー

手作り（手技）玩具の中で特に「ぬり絵」はモノクロの線描だけで安価に製造できることから、教材だけでなく露店や駄菓子屋の玩具としても多く流通し、着彩するだけで容易に絵を完成させられる、広く子どもたちに親しまれた玩具である。絵を描くという制作行為に近いこのぬり絵に近代における「つくること」のジェンダー化の一端を読み取ることができるのではないかと思われる。

『日本大百科全書（ニッポニカ）』（小学館 一九八七）によると、ぬり絵は次のように定義されている。

画用紙などにさまざまな形や絵の輪郭だけが描いてあり、その輪郭にあわせて色を塗っていく紙製玩具。一枚の簡単なものから、ノートのようにとじてあるものまで種種ある。大正期ごろから、幼稚園・小学校の図画教育の興隆に伴って出回るようになった。幼児、とくに女の子が一時期好む遊びである。絵柄も、ごく簡単なものから複雑なものまであり、女の子を中心とした生活、風俗や草花、小動物あるいは漫画・テレビ番組の人気者を題材としたものなど、さまざまである。真の表現力を育てるためには弊害も多く、絵画製作の領域で取り扱うべきものではない。〈山崖俊子〉

このような定義は一九六〇年代、玩具研究家の斎藤良輔によって既に示されていた。斎藤は、ぬり絵を「紙製学習玩具」のひとつであるとし、大正頃から幼稚園や小学校の図画教育の興隆に伴い教材として用いられるようになったと述べている（斎藤 一九六八）。一方で、児童雑誌の付録や縁日の露店などで売られる商業化されたぬり絵も流通しはじめ、斎藤は特に学齢前後の幼い女の子に親しまれていることも特徴として挙げている。

多田は、江戸時代の木版の本の中に、色のない挿絵に輪郭にそって彩色をしたものを時々みかけることがあると記しており、大人が塗ったと思われるものもあるが、明らかに子どもが塗ったと思われる稚拙ないたずらのようなものが多いと指摘し、これをぬり絵の起源と考えている。明治に入ると、後述するように学校の図画教育でぬり絵が行われるようになる。学校教育におけるぬり絵は、その後の自由画運動の高まりなどで、ぬり絵の弊害が指摘されるとともに衰退していくが、それに対して商業化されたぬり絵は子どもの手軽な玩具として、広く流通していったと述べている。ハガキの絵に色を塗って送ると賞金や商品がもらえるため、子どもたちに人気となったことが商品化の契機でもあったようだ（多田 一九九二）。さらに多田は、ぬり絵を女の子玩具と位置づけ、後述する「きいち」のぬり絵をはじめとする商業化された女の子向けのぬり絵を多くコレクションに加えている。

これら辞典や斎藤、多田のぬり絵の定義と歴史に関する記述では、子どもの図画教育の教材であるという点と、幼い女の子が特に好んだという点が共通する部分である、そして自由な芸術表現を阻害するものという考え方が、ある時代から広まっていったということも指摘されている。後述するように、幼児教材の中でのぬり絵には性差はあまり示されず、一般流通商品の中には多くの男の子向けのぬり絵もあった。しかしながら、それでもぬり絵で遊ぶという行為が、女性的なジェンダーを纏っているのはなぜか。ぬり絵は女の子にとって、男の子とは異なるどのような体験を形成していたのであろうか。

以下では、玩具の商品化に伴う一つの傾向としてジェンダー化を捉えるため、時代玩具コレクションのぬり絵を中心とした事例を中心にその受容の過程について明らかにする。その背景を側面から補強するために、美術教育の変遷の中でのぬり絵の役割と実際の女性たちのぬり絵体験なども援用し、ぬり絵が教材から離れ商品化していく状況について、特に焦点をあて考察を試みた。

二　ぬり絵と美術教育をめぐる言説

初等美術教育におけるぬり絵

明治以降の初等教育における美術教育は、鉛筆画あるいは毛筆画の影響力の大きい時代がそれぞれあったが、基本的に手本を忠実に模写する臨画を主体とするものであり、一九〇三（明治三十六）年の国定教科書制度の成立以降もこの状況は続いていた。明治後半には色鉛筆が小学校の図画教育で用いられるようになり、着彩もまた、手本の再現のための習得すべき技術となった（金子 二〇〇三）。輪郭線のみの図柄に着彩していくぬり絵は広く教育現場で用いられ、特に幼児教育の教材として、幼稚園などで使用された。色鉛筆のほか、大正期にはクレヨンの量産が本格化し、ぬり絵の利用は拡大していく。幼児教育におけるぬり絵はフレーベル館から多く発行されている。一九二一（大正十）年には彩色帖とクレヨンのセットが発売され、さらに一九二六（大正十五）年には本格的なシリーズとしての幼稚園ぬり絵、日本幼稚園協会編「ヌリエ」（及川ふみ考案）が刊行をスタートし、この後関西でも同様のぬり絵の刊行が続いた。

この「ヌリエ」については浜崎由紀や米村佳樹らが詳しい考察を行っているが（浜崎 二〇一四、米村 二〇一四）、「ヌリエ」の考案者で、幼児の手技教育に関する著作をのこしている東京女子高等師範学校教諭で付属幼稚園保母でもあった及川ふみは、児童心理学者・倉橋惣三の助言を得ながら、絵を描くための教材としてではなく、輪郭線に沿って注意深く色を塗っていく行為そのものが重要と考え、ぬり絵を手技として推奨している。倉橋は、ぬり絵を自由な芸術表現のためではなく、あくまでぬり絵が手の筋肉の微妙な使い方や集中力を向上させるために効果的であるとし、大正以降に興った自由画と関連させてぬり絵を批判することについて否定的な見解を示している（倉橋 一九三二）。このように倉橋、及川は、幼児の脳を発達させる「手技」としてのぬり絵の位置づけを強調した。幼児教育においては戦前期を通してぬり絵は教材として用いられ、さらに小学校低学年においても、国定教科書ではない民間の図画参考書が採用されるようになり、クレヨンが積極的に用いられるようになる中、臨画教育が衰退してもぬり絵の使用は続けられた。

ぬり絵批判

ぬり絵の状況を大きく変えたのが、山本鼎を中心とする大正期の自由画教育運動であった。日本でも明治後半以降に近代子ども観が芽生え、大人とは異なる存在として子どもを対象とする研究が盛んになっていくが、この中で純粋無垢なものとしての子どもの絵も注目されるようになった。山本は、子どもを正しい表現に導くために、大人の手本を真似るのではなく、子どもの目に映り、心に残ったものを自由に描くべきと、それまでの臨画教育を批判した。山本の自由画の考えに対して、前述の倉橋のように、初等教育における図画は美的なものを描くという目的だけにあるのではないという批判もあったが、以降の美術教育の中で自由画は大きな影響力を持つに至った。初等美術教育が初期の臨画教育から脱却していく中、自由な創造を重視し、手本を否定するという考え方のもと、型にはまった描線の中に色を塗るというぬり絵も、子どもの表現を阻害するものとして批判の対象となっていった。これ以降ぬり絵に対する否定的な見解は長く続いていく。

臨画教育への批判と自由画運動の高まりから興っていくぬり絵批判は、戦後になるとさらに強まっていった。霜田静志は、型を押しつけ、型にはめるだけにすぎないぬり絵は子どもの創造的意欲を削ぐものとして、ぬり絵と児童画は全く正反対の位置にあることを主張した（霜田 一九五三）。子どもが小学校に入り、絵の上手な子と下手な子が明らかになっていく中で、自由な表現に行き詰った子どもが創作に自信を失って挫折し、安易なぬり絵に頼ろうとする傾向が顕著になるという。それは「創意を失った逃避の場所」でしかなく、大人は子どもが求めるからといって、与えるべきではない、と霜田は述べている。また後述する『暮らしの手帖』のぬり絵を指し、「知名な画家たちを動員して作りあげた某社のぬり絵の本に対しては、さもさも教育的価値があるように、えらい人たちが推奨している」（同、五一六頁）と、批判的に眺めている。

このようなぬり絵批判は、美術教育界の中で現代に至るまで続いているといってよい。例えば、鳥居昭美はぬり絵を子ども自身が創造した絵ではなく、大人が描いたパターンをただ塗りつぶしているものとし、特に幼少期に遊ばせると自分の絵が描けなくなってしまうと否定的な見解を示している（鳥居　一九八六）。また、冒頭で紹介した『日本大百科全書』においても「真の表現力を育てるためには弊害も多く、絵画製作の領域で取り扱うべきものではない」と記されている。このような中、特に戦後は美術教育、幼児教育でぬり絵が用いられることはほとんど見られなくなっていく(3)。

教材用ぬり絵の図柄

臨画教育の補助教材としてぬり絵が用いられるようになって以降、明治期の美術教育において、ぬり絵は積極的に使用されており、さらに自由に描くことを妨げるものとして、教育材料としてのぬり絵に対する批判が起こった後も、実際には昭和戦前期までは低年齢の子ども、特に幼稚園や小学校低学年の教育現場でぬり絵は用いられ続けていた(4)。

こうした教材用のぬり絵においては、性別による画題の区分はほとんど見られない。明治時代、小学校中学年以上の図画手本は男女別々の手本が用いられたが、それまでは男女共用の教材であった。ぬり絵教材も同様で主

図1-1　日本幼稚園協会編「ヌリエ」第2号　フレーベル館（兵庫県立歴史博物館蔵）

図1-2　日本幼稚園協会編「ヌリエ」第2号　フレーベル館（兵庫県立歴史博物館蔵）

に幼児から小学生向けのぬり絵は、例えば「尋常科第四学年」（一九〇五）のように風鈴、工場、海と灯台など、男女共用の一般的な題材が用いられていた。

大正から昭和初期にかけても、幼児用のぬり絵教材の画題には同じ傾向がみられる。例えば前述のフレーベル館「ヌリエ」の絵柄はカニや貝、凧揚げ、玩具の兵隊とクマのぬいぐるみ、浮袋、タンポポ、日の丸、こいのぼり、果物などがみられる（図1）。一九三五（昭和十）年版では、「家庭と幼稚園との生活の中での興味をひくものを、季節に応じて選択しました」と説明されており、サクラ、ヒマワリ、ナワトビ、ユキダルマなどの画題が確認できる。「ヌリエ」シリーズの監修を多く手掛けた及川自身、その画題について「画の材料も幼児が日常手近かにみているもの、興味のあるものなどとり入れて観察とのつづきあひも考へました」（及川　一九三七：四六頁）と述べているように、キンギョやヒヨコ、マリとコマなどの画題

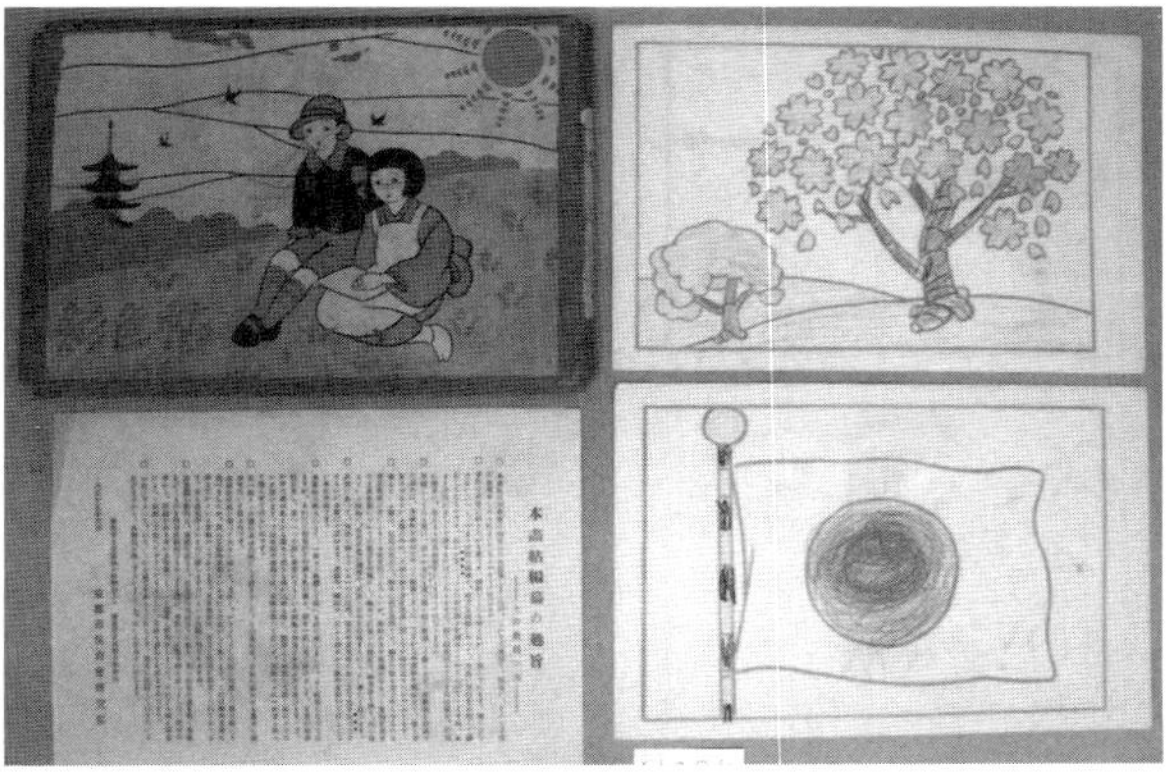

図2　京都市保育会研究部「彩色帖」（国立民族学博物館蔵）

を考案している。

また京都市保育会研究部の「彩色帖」（一九二六）では、桜、日の丸、郷土玩具、祭り、金魚、時計、田植え、水鉄砲、海水浴など一年間の季節や行事が画題となっているほか（図2）、成美堂の「彩色帖」（初版一九二五年）でもタンポポや朝顔、傘や長靴、紅葉と鹿など、季節を感じる絵柄が男女の区別なく描かれている[5]。これら教材用としてのぬり絵において、特に幼児においては男女の区別のない一般的な絵柄が用いられるのは、この時期の子どもが、心身の発達過程においてジェンダーはまだ意識化されていないという認識が教育現場で強かったことを示しているといえるだろう。

三　ぬり絵の商業主義化
——時代玩具、入江コレクションから

倉橋や及川の言うような「手技」の獲得のためのぬり絵という目的だけでは、なぜここまで子どもたちの遊びとして広まっていったのかという背景を理解することは難しい。ぬり絵に対する批判が起き、美術教育でぬり絵の利用が減少していく一方で、昭和初期から三十年代にかけて、ぬり絵は急速に縁日の露店や駄菓子屋、文具店などで売られる廉価商品として流通するようになり、ぬり絵の画題の大衆化と多様化が進行していく。

時代玩具コレクションは、現在兵庫県立歴史博物館に収蔵されている入江コレクションの一部だったものを包

含している。この二つの膨大な玩具コレクションの中には、ぬり絵も多く含まれているが、その多数を占めているのは、教材ではなく玩具商品として流通していたぬり絵であり、中でもぬり絵作家・蔦谷喜一によるぬり絵をはじめとする女の子向けの商品であった。この商業用ぬり絵は、比較的品質のよい、百貨店などで販売されていたような商品も見られるが、ほとんどが縁日や駄菓子屋で売られた廉価な玩具であった。特に生活の困窮した戦中から戦後期にかけて、他の玩具が子どもたちの生活から姿を消していく中、彩色も不要なモノクロの線描だけでよいぬり絵は製造が安易なため、かなり流通していたと思われる。

教材のぬり絵の大半が男女共用の図柄であったのに対し、教育的な目的から離れ玩具商品となると、同じ年齢の子どもに向けられた玩具でも男女の区分が明確化していく。ぬり絵をジェンダー的な考察対象とする時、前述のような幼児教育におけるぬり絵の是非よりも、むしろ取るに足らない駄玩具となった時にぬり絵が発信するジェンダー・メッセージに注目しなければならない。

多田自身は、ぬり絵の中でも最も多くを占めていた「きいち」のぬり絵に着目し、唯一制作者の名前が玩具に付けられた事例であると重視している。しかしながら、二つのコレクションのぬり絵を見てみると、確かに女の子用が他に比べて多いが、明らかに男の子用のもの、男女のジェンダー的区分が少ないものなど、さまざまであることがわかる。

ぬり絵のジェンダーは、同じぬり絵帖の中に女の子向けと男の子向けの絵柄が両方含まれているものがある他、女の子のぬり絵を描いた「きいち」が男の子を描いた時の利用者の性別判断、さらに日本では少年少女ともにキャラクターとして親しんだ「ベティさん」が男女どちらに受容されていたのか、など不明な点も多いが、大半は、かなり明確に分けることが可能である。以下では、時代玩具コレクションを中心に入江コレクションを適宜援用しながら、ぬり絵商品のジェンダー的特徴からいくつかに分類し、それぞれについて具体的に考察していく（以下、特に表記のないぬり絵は時代玩具コレクション)。

「高級品」ぬり絵

駄玩具よりは、やや高級な商品として百貨店や玩具店などで販売されていたものと思われるぬり絵は、教材用ぬり絵に近い傾向が見られた[6]。

例えば「小学ヌリエ　クレイヨン・エノグ」(刊行年不詳)はバラの花や果物、犬や鶏などの動物、玩具などが表紙となっているぬり絵帖であるが、これらの表紙にはジェンダー的な区分は見られず、皆男の子と女の子が二人で遊んでいるところが描かれる。「略画トヌリエ」(日本絵雑誌社　一九四一　入江コレクション)では「お母様方へ」という巻頭の言葉がつけられ、子どもの美的完成を培い、図画彩色の練習として適した商品であることを強調している。「クレイヨン　ヌリエ画手本」(一九三九　富士屋書店　入江コレクション)は草原の馬や川辺の街並み、枝にとまった海鳥、灯台など、すべてに手本がついていて、絵を描く練習として教育的な意図の見られるぬり絵で、やはり男女共に楽しめる画題となっている。

また、「コドモヌリエ」(刊行年不詳)のようなクレヨンとぬり絵がセットになっている商品も、おそらく比較的上質なものとして百貨店や大手の文具店・玩具店で売られていたものと思われ、箱には国民服を着た男の子と洋服を着た女の子が描かれている。さらに時局が悪化していく中でも、「ショクブツヌリエ」(児訓社　一九四三　入江コレクション)、「ヌリエ・エ手本」(香蘭社書店　一九四五年二月　入江コレクション)など、安価に製作できるぬり絵は教育熱心な親たちに支持されていた。

水ぬり絵「マホウヌリエ」も、セット商品である。同様に箱には男女がぬり絵で遊んでいる絵が用いられ、ぬり絵の内容も馬に乗った軍人や戦車からバラやアサガオ、サクランボ、オウムなど草花、鳥類、風景など男の子、

図３　「ヨイコヌリエ」（国立民族学博物館蔵）

女の子両方の図柄が入っている。輪郭線だけでなく、かなり細部まで描線が書き込まれ、より安易に絵を描く疑似体験を楽しめるようになっている。

　時代玩具、入江両コレクションに多く含まれていたのが、昭和十年代後半頃に流通したと思われる「ヨイコヌリエ」（一九四一〜一九四二年頃に刊行）である。一冊十五銭で販売されており、表紙には男児女児が一緒に描かれ、ぬり絵の絵柄もジェンダー的な区分の少ないものが多く含まれている。二人の少年少女が一緒に国民学校に通う表紙のぬり絵帖の内容は、ウサギやトラ、ウシ、ゾウなど動物が多く、男女どちらも使える商品といえる（図３）。

　「ヨイコヌリエ」にはジェンダー的な図柄の区分が明確なものもあった。洋風の室内でぬり絵を楽しむ、洋装のモダンなファッションに身を包んだ少女の表紙の冊子には、果物や花のような一般的な図柄に加えて針仕事をしている少女の図が含まれている。次第に戦局が悪化していく頃には、防空頭巾をかぶったモンペ姿の女の子がバケツを持ち、消火活動など銃後の備えを説くような図柄（図４）が増えていく。それに対して男の子向けのものは、例えば（図５）の表紙のように、縁側で戦車の玩具で遊び、空には戦闘機が飛んでいる図柄がみられ、列車、バスなど公共的な乗物に加え、時局を反映した戦車や軍艦、戦闘機などが描かれ、戦時下の男女の性別役割が色濃く表れていた。

図４「ヨイコヌリエ」（女の子向け）
（国立民族学博物館蔵）

図５「ヨイコヌリエ」（男の子向け）
（国立民族学博物館蔵）

しかしこの「ヨイコヌリエ」は例外的であり、その他の高級なぬり絵はジェンダー区分のないものがほとんどであった。これらのぬり絵の多くは、教育熱心な親が子どもに買い与えたと思われ、教材ぬり絵の影響を受け、男女の区別のない知育玩具としての位置づけが色濃く表れている。戦後の「きいち」も、ひらがなや数字を教える教育的な内容を盛り込んだぬり絵商品になると、同様の傾向が顕著になる。

男の子のぬり絵

コレクションで大量にみられたのは後述する女の子向けぬり絵であったが、明らかに男の子向けと思われるぬり絵も複数確認できた。きいちのぬり絵の中にも、端午の節句の絵柄や乗物にのった男の子の絵柄など、時折男の子向けの絵柄がみられる。

男の子向けぬり絵には、人物ではカウボーイ、近藤勇や二宮金次郎、鞍馬天狗、源義経、織田信長（多くは大映の映画）その他歌舞伎役者の図柄などがみられるが、圧倒的に多いのが乗物の図柄である。戦中期の戦闘機や戦車、その後の鉄道、自動車など、立体的な模型玩具でも親しまれているメカニッ

図6　「ぬりえ」（鉄人28号）（国立民族学博物館蔵）

クな図柄で、戦前戦後を通じて男の子のぬり絵に登場している。

さらに戦後になると男の子ぬり絵では「ハリマオ」「月光仮面」「鉄人28号」など、キャラクターもの＝「マスコミ玩具」に属するものが非常に増えていく（図6）。女の子ぬり絵においても同様の傾向がみられるが、少なくともテレビ放送で女の子向けのキャラクターが浸透していくまで、女の子においては「きいち」ぬり絵が存在感を持ったブランドとして、他を圧倒していた。

戦前戦後に工学少年を輩出した『子供の科学』において模型製作の記事は非常に多く、男の子の手作り遊びの主流であったことがわかる。戦艦や鉄道、戦闘機などの乗り物、模型には必ず現実の手本があり、その世界観を忠実に再現することに主眼が置かれ、自主創作的要素、すなわち美的なアレンジの部分は少ない。乗物模型からラジオなど電機製品まで、工学的な関心から自作する文化は戦前期から少年の間で盛んになっていくが、例えば鉄道模型の特性について、辻泉は見田宗介の言葉を借りて「想像力のメディア」であると述べ、現実と、見たことのない世界をつなぐメディアととらえている。しかしこの想像力はあくまで現実世界の鉄道に依拠し、そこを起点とした妄想であることは明らかである（辻 二〇一四）。これは戦後に増えていくキャラクターぬり絵においても同様であるといえる。現実世界の乗物やテレビや紙芝居などで見るヒーローとは異なる柄や色彩で塗ることは、少なくとも男の子の模型やぬり絵では想像しにくいのである。結果的に男の子にとって三次元の立体模型の方がより再現度が高く、魅力的に映ったといえる。

こうした状況は、女の子のぬり絵がファッションへの憧憬とともに、その先の美術的な想像力の世界へつながるのとは、対照的である。模型などに比べて、絵柄に色を塗るだけというぬり絵の行為と男の子の憧れる工学的な世界へのつながりは希薄であり、そうしたことからも、商業用ぬり絵になると、男の子向けの商品は激減していると思われる。

キャラクター・マスコミぬり絵

商業用のぬり絵には、子どもたちに人気のあったキャラクターを用いたものも多く、前述の通り戦後のテレビ放送開始以降は急増していくが、戦前にもキャラクターぬり絵は存在していた。その中にはジェンダー区分が難しくなっているものも少なくない。例えば「ベティさん（ベティちゃん）」も、そのひとつであった。

アメリカで生まれた「ベティちゃん」は、セックスシンボルとして男性に向けられたキャラクターであったが、昭和の初めに日本に伝わると、男女ともに親しまれる子ども向けキャラクターとしての役割も与えられるようになった。洋装の外国人という一般的な図柄だけでなく和服を着た図柄などもあり、和洋の混交した女の子ぬり絵として扱われていたと思われる（図7）。さらに驚くべきことに、ベティさんぬり絵は昭和十年代後半にも流通していた。そこでは出征軍人を見送る国防婦人、山野を進撃する、あるいは軍艦にのる日本の軍人としても描かれており、日米関係が悪化していた当時、既にアメリカ産のキャラクターであるという記憶は完全に消去され、単に子どもの親しんでいる一キャラクターとして、さらには性役割までも越境して自由に描かれているのである。

時局が悪化する中で市場に流通していたベティグッズの製造が自粛されていく一方で、零細なぬり絵製造の現場にまでは規制はとどかず、制作者も無自覚に図柄を用いていく。駄玩具、露店の玩具になるにつれ、こうした

図７ 「ベティさんぬりえ」（左：夕涼み、右：うぐいす）（国立民族学博物館蔵）

傾向は強まるといえ、オリジナルの文化的イメージなどを深く理解せずに、何にでもキャラクターを転用していく結果、性差までも超えて男女ともに愛好されていった様子がわかる。ベティちゃんの例は極端であるが、それ以外のほとんどの駄玩具ぬり絵に見られたジェンダーの強調は、制作者の知識の乏しさもあり、大衆の間で無自覚に浸透していた性役割のステレオタイプを熟考せずに濫用していくことにもつながり、幼児期からわかりやすい男女差を図柄に用いるという制作態度に至ったものと思われる。

キャラクターを用いたぬり絵は戦後テレビ放送が始まるとさらに増大し、その中にはキャラクター自体に比較的男女の区分がない「ジャングル大帝」「ひょっこりひょうたん島」などのぬり絵もみられる。ただし、テレビ番組全体が、その後現在に至るまで明確にジェンダー化された内容として構成されており、そこから派生するぬり絵にもそれは直接反映され、前述のように男女それぞれの番組のキャラクターが子どもたちの人気を集めていくことになる。

女の子のぬり絵

戦前から、女の子向けに描かれたぬり絵は多く売られていた。戦後「きいち」として活躍する蔦屋喜一は戦前、「フジヲ」という名で女の子向けのぬり絵を描いている。彼の描く目の大きい、ふくよかな女の子は少女たちに人気を博し、彼により「女の子玩具としてのぬり絵」というジャンルが確立されたといってもよい。多田は、自らの玩具コレクションの中でも、きいちのぬり絵については特に気に入っていたようである（多田 一九九八）。先述の通り、多田のコレクションの主眼は、駄菓子屋などで販売されている廉価な、子ども達の日常のありふれた玩具である。これらの玩具は昭和三十年代にピークを迎え、その後テレビや漫画の普及で多様な子どもの駄玩具が消えていくが、多田はその直前の時代の象徴として、きいちのぬり絵を捉えていたと思われる。多田自身の好みがコレクションに反映され、きいちのぬり絵など女の子のぬり絵が多いことも考慮すべきであるが、玩具商品としてのぬり絵には、女の子向けのものが多かったことは事実であると思われる。

　きいちの描く少女は、特別な晴れ着として和服を着ていることもあるが、最新の洋服を着ていることが多い（図8）。犬の散歩や買い物、人形遊びなど、女の子のモダンな都市生活の一場面が描かれ、憧れのライフスタイルが盛り込まれた（図9）。そしてその大きな特徴は、女の子のデフォルメされた顔や身体だけでなく、身に着けている衣服の魅力であった。女性たちの日常の中で多くの時間を占めていたのが裁縫であり、戦後きいちのぬり絵の全盛期は、和裁から洋裁に移行しながらもまだ既製服の普及は途上であり、女性にとって布地が生活の中で大きな意味を持っていた。女性たちにとって布地の色と柄は、最も身近な「美術」であった。きいちのぬり絵で遊ぶ中で、女の子たちは何よりも衣服の「柄」をどのように彩色し、デザインするかということに興味関心を示しているようにみえる。彼女たちにとっての美術体験は、こうしたぬり絵

図8　「きいちぬり絵」（国立民族学博物館蔵）

図９「きいちぬり絵」（国立民族学博物館蔵）

を介した「テキスタイルデザイン」の疑似的な行為であったということができる。お手本のように塗るだけでなく、衣服という範囲内で、彼女たちは自由にデザインしていった。このような美術の疑似体験は、少年のぬり絵にはほとんどといってよいほど見られない。また、幼児教材としてのぬり絵に見られたような、事物を忠実に着彩していく絵の練習でもなく、テキスタイルの色や柄を想像して塗っていくプロセスは、女の子にとってのクリエイティブな遊びであった。遊びの先に社会に出て生産労働に就くことがつながっている男の子が工学知識に関心を抱くよう促されていくのに対して、女の子の遊びの先にあるのは家庭の家事労働であったが、その中で自己表現を求めることが許されたのが、音楽や美術などの芸術的な行為であった。

金子マサが実施した、日本、ドイツ、フランスのぬり絵に関するアンケート（二〇〇四年〜二〇〇五年）の中で、「ぬり絵が好きな理由」では、ドイツが単に「楽しい」「達成感」を挙げているのに対して、フランスでは「色を使うと美しくなる」という理由が多く、さらに日本では「色を考えるのが好き」「綺麗なものや服・主人公への憧れ・夢・空想できる」といった理由が多く見られる（金子・山本 二〇〇五）。アンケート回答者は、全員が女性（母親）で、自分の幼少期を回想している[7]。そして特筆すべきは「どのようなぬり絵を塗ったのか」という問いに、ドイツやフランスでは童話や風景、動物、キャラクターなど様々であったのに対して、日本で最も多かったのが「きいち」という固有名詞のついたぬり絵であったという点である。昭和戦前期から四十年以上という長い期間にわたり、女の子たちの遊びに大きな影響力を、一人の作家が持ち続けていたことの意味は大きい。特に女の子がおしゃれな洋服の柄や色を考えるのが楽しく、きいちのぬり絵に熱中したことがわかる。アンケートの回答者の多くが戦後の物のなかった時代に、流行の洋服を着たきいちの描く女の子に憧れを抱いていた。自身はそのようなファッションを身に着けることはできなかったとしても、ぬり絵の中で夢想することができた。それは人形遊びよりもさらに安く、手軽にできる「ファッション体験」でもあったと考えられる。

美術との曖昧な境界――ぬり絵から手芸まで

美術教育では否定されたものの、幼少期にぬり絵で遊んだ人々の中には、これを初めての美術体験として記憶していた者も少なくない。ぬり絵を美術と同義と捉える傾向は、特に女性に多く見られた。生産労働から疎外され、社会での自己実現の道が閉ざされていた女性にあって、唯一の例外が美術や文学など特別な才能を発揮する芸術家としての活躍であった。既に戦前の女学生を中心に、家政から離れた文学・美術・音楽への関心が高まっていくが、戦後になるとさらに芸術家への憧れは強くなる。中原淳一の『ジュニアそれいゆ』『それいゆ』などでも、文学・美術・音楽関連の記事が非常に目立ち、活躍している女性が毎号のように紹介されている。しかしながら当然、芸術家への道は非常に限られたケースのみであったため、女性たちの趣味における美的なものへの志向は、美術を日常生活に近づけて捉えることに結びついた。これが発展して、彼女たちの美術／手芸の境界は非常に曖昧なものとなっていく。

① 手芸に関するインタビューから

一九五〇年代から一九八〇年代にかけての日本の手芸ブームは、ぬり絵という美術体験が背景にあるということが、筆者自身の先行する研究でも明らかになっている。(8) 手芸ブームの担い手となった女性たちは、ぬり絵に色を塗ることを自身の美術体験として捉え、後年になって多くの女性たちが美術への憧憬を強めていった。しかし、彼女たちの大半は正当な美術教育を受けることなく家庭に入り、美術に代替する行為として手芸に没頭していくことになる。先行する研究では、手芸ブームをつくり出した女性たちのヒアリングを行っているが、ここで彼女たちの口から出てきたのが、幼少期のぬり絵の記憶であった。以下では、彼女たちのぬり絵体験や美術に対する意識にかかわる回答部分を抜粋して紹介する。

実施日時：二〇一四年三月十三日（木）
インタビュー対象者：Aさん　七十八才女性（鎌倉市在住）　＊インタビュー実施時
場所：Aさんの主催する大田区での刺繍教室（弟子の個人宅）にて。

Aさんは、二人の娘と会社員の夫の四人家族だったが、娘はそれぞれ結婚して配偶者は数年前に死別。現在一人暮らし。Aさんは長年、戸塚刺しゅうの教室を主宰している（戸塚刺しゅうとはヨーロッパ刺繍を日本風にアレンジした刺繍で、一九五二年に戸塚きくが創設した）。Aさんが戸塚刺しゅうを始めたきっかけは一九六〇年代末、子どもの小学校で開かれた「両親教育」講習会への参加である。一年間の講習が終了した後も先生を有志で自宅に招いて講習を受け続け、戸塚刺しゅうの会員となったAさんはその後一九七〇年代初めから指導を初め、師範の資格も取得し、その後長年複数の教室を主宰している。

（＊正確な時期が本人の記憶の中で曖昧になっているため、おおよその年代とする）

洋裁をしなくなった頃からAさんは刺繍、鎌倉彫、アートフラワーなどの手作りの趣味を始めるようになる。中でも刺繍は、一番熱心に取り組んだ。

（インタビュー抜粋）

神野：いろいろの中で、なぜ刺繍を一番頑張ったんでしょう？

A：やっぱり、私図案描いたり、色考えたり、どっちかって言うと、絵の方に行きたかったわけ、私はもともと。

美術的なものへの関心は、この後のインタビューにおいても共通して見られる傾向であるが、その契機については次のような答が返ってきた。

A：これを言っちゃうと恥ずかしいんだけど、きっかけはね、ぬり絵なの。戦前のぬり絵が大好きだったの。

神野：「きいちのぬり絵」みたいな？

A：そう、それでね、お祭りの縁日で買うわけ。それでもう、クレヨンとか色鉛筆も、随分戦前にお父さんが買ってくれたの、だから色にすごい興味があったわけ。だから本当は戦後だったら私、絵とかちゃんと本格的に習える時代だったらね……。今も一番やりたいことは絵なの。

神野：じゃあ、絵に近いものってことで、刺繍を？
　A：そう、そう、色ね、色彩が入っていたから。

【考察】

　Aさんは、幼少期に親が縁日で買ってくれたきいちのぬり絵を、美術的なものへの関心の原点と考えている。ぬり絵体験が色彩に興味を持つきっかけとなり、絵を描くことに憧れるが、本格的な美術教育は叶わず、結婚後に趣味で始めた刺繍がそれを代替することになる。彼女の中で、ぬり絵、美術、手芸は等しく芸術的な世界の中に位置づけられている。

②　暮らしの手帖　花森安治のぬり絵
　戦後、花森安治の『暮らしの手帖』や中原淳一の『それいゆ』に代表されるような、日本人の暮らしを女性たちの手によって美しくしていく努力を説く雑誌が、男性編集者の手によって次々創刊された。花森、中原ともに美術に造詣が深く、それぞれの主宰する雑誌には、美術に関する記事も多い。一般女性の芸術的な素養を高めるため、誌面は手芸などを中心とした美しい生活と美術が等価なものとして語られている。こうした女性の趣味教育の場において、ぬり絵は再び美術と接近した。

　花森は一九五一（昭和二十六）年、暮らしの手帖社から梅原龍三郎・安井曾太郎編集指導による「ぬりえ」（第一集〜第二集＋練習帖）を刊行している。子どもの自由な美術表現を阻害するものと批判されていたぬり絵を、同時代の著名な画家（鈴木信太郎、小磯良平、児島善三郎、三岸節子、脇田和など）が手掛けている興味深い企画である。画家たちのスケッチの描線のようなぬり絵と、反対側には着彩したお手本が付いており、子どもだけでなく、

図10　暮らしの手帖社「ぬりえ」（鈴木信太郎「サーカス」）（兵庫県立歴史博物館蔵）

大人でも楽しめるような、やや高尚なぬり絵となっている（図10）。

　花森の考える美しい暮らしとは、女性の手によってつくりだされるものであった。針と糸による手芸で作り出される暮らしは、美術的な素養を前提にしなければならない。こうした考え方において、美術―ぬり絵―手芸が等価なものとして少女達、あるいは親である女性たちに受容されていったといえる。

おわりに

　ぬり絵は教育的な玩具から大衆的な商品へと向かう中で、より明確なジェンダー化が進行した。大衆化の中で、図柄にはステレオタイプ的な、わかりやすいジェンダーの押しつけが強まっていく。商品は、異性には明らかに手に取りにくい特徴が付けられ、こうした玩具商品を用いることにより、子ども達の間でジェンダーの再生産が戦後に至るまで繰り返されていった。この傾向は、教育的なぬり絵、さらには高級なぬり絵から離れるほど強くなっていく。

　幼児期に男女ともにぬり絵に親しんだはずであるが、女の子のみがこれに強く反応し、後の芸術的なもの、手芸的なもの、さらにはファッション的なものへの志向の原点となった。特に「女の子向け」を強調する駄玩具ぬり絵は、彼女たちが大人になった時、彼女たち自身の「つくる」行為にも影響を与えた。ぬり絵の図柄のジェンダー化は、「ぬる行為」そのものに性別役割を顕在化させたのである。彼女たちはぬり絵を芸術的な行為とみなし、そしてそれを起点とし、年長になってから手芸に没頭するようになる。

ぬり絵は手技の範疇を超え、その先に続く憧れの世界への想像力が生まれた時、子どもにとってより魅力的な玩具となったが、それは結果的に男女分け隔たれた世界観を強化することにもつながったといえるだろう。時代玩具コレクションの商品玩具は、人々の無意識を表象する一次資料として、多くのことを語りかけてくれるのである。

（1）時代玩具コレクション『おもちゃ博物館』（一九九二、京都書院）の中でも『⑱女の子玩具』という区分がそのまま残されている。
（2）パッケージのデザインから、おそらく輸出用玩具が国内に一部流通したものと思われる。
（3）近年、ぬり絵批判の歴史を体系化する研究（初田 二〇〇七）や、批判を超えて、ぬり絵の意義を再評価する研究も見られ始めている（小田 二〇〇〇　鈴木 二〇一二など）。
（4）ここで紹介する教材用ぬり絵については、時代玩具・入江コレクション所蔵のものである。
（5）ほぼ同時期に二か所から発行されている「彩色帖」の関係は不明。
（6）高級品のぬり絵商品と教材ぬり絵との区別は難しいものも多いが、本稿ではそごうや三越呉服店などの値札が付いていたものや、セットとして商品化されたものは、こちらに分類した。
（7）アンケート対象者については著書に記載されていなかったので、金子氏に確認をとった。（二〇一八年六月十八日）
（8）関東学院大学人間環境研究所助成研究（二〇一三～二〇一四年）「デザインとジェンダー――近代の女性における〈手作り〉の意味に関する考察」

参考文献

及川ふみ（一九三七）「新らしいヌリエ帖について」『幼児の教育』三七（三）、日本幼稚園協会、四六―四九頁。

小田久美子（二〇〇〇）「幼児の美術教育と塗り絵との接点」『美術教育』二八一、八―一四頁。

金子一夫（新訂増補版　二〇〇三）『美術科教育の方法論と歴史』中央公論美術出版。

金子省子（一九九七）「玩具とジェンダー・ステレオタイプに関する指摘考察：人形論の分析」『愛媛大学教育学部紀要』第Ⅰ部、教育科学、四四巻、一号、一六五—一七五頁。

金子マサ・山本紀久雄（二〇〇五）『ぬりえ文化』小学館スクウェア。

吉良智子（二〇一四）「近代日本における「人形」の再編成とジェンダー——「フランス人形」を中心に」『千葉大学大学院人文社会科学研究科研究プロジェクト報告集』第二七九集、一四八—一五四頁。

倉橋惣三（一九三二）「幼稚園手技製作論　序」浜口順子（編）『倉橋惣三　保育人間学セレクション　六児童文化・宗教教育』（二〇一七）所収、学術出版会。

斎藤良輔（一九六八）『日本人形玩具辞典』東京堂出版。

霜田静志（一九五三）「ぬり絵と児童画」『児童心理』七（六）、五一六—五二一頁。

神野由紀（二〇一一）『子どもをめぐるデザインと近代——拡大する商品世界』世界思想社。

——（二〇一四）「近代日本における少女的表象の生成について——商品デザインの特徴分析から」『デザイン理論』六三、一七—三一。

鈴木純子（二〇一二）「表現領域におけるぬり絵に対する否定的見解の検討」『実学教育研究』九—二四頁。

多田敏捷（一九九二）『おもちゃ博物館　うつし絵・着せかえ・ぬり絵』京都書院。

——（一九九八）「蔦谷喜一伝」「きいちのぬり絵（解説）」蔦谷喜一『きいちのぬりえときせかえ』京都書院。

辻泉（二〇一四）「なぜ鉄道オタクなのか——「想像力」の社会史」宮台真司（編）『オタク的想像力のリミット——「歴史・空間・交流」から問う』六三—九五頁、筑摩書房。

鳥居昭美（一九八六）『子どもの絵をダメにしていませんか?』婦人生活社。

初田隆（二〇〇七）「「ぬり絵」の研究」『美術教育学』二八、三二一—三三三頁。

浜崎由紀（二〇一四）「戦前のぬりえに関する一考察——日本幼稚園協会編纂フレーベル館発行の作品を中心に」『京都華頂大学・華頂短期大学研究紀要』五九、三三—四一頁。

山崎明子（二〇〇五）『近代日本の「手芸」とジェンダー』世織書房。

米村佳樹（二〇一四）「昭和戦前期の幼稚園におけるぬりえとその指導」『幼児教育史研究』九、一—一六頁。

子ども向け絵双六にみる物語の世界

――子どもと昔話の接点を探る――

是澤優子

はじめに

大人は子どもにどのような物語を伝えてきたのだろうか。「昔々あるところに……」ではじまり、「めでたし、めでたし」と語りおさめられる話は、もっとも古くからあった物語伝承のひとつの姿であろう。昔話研究は主に口承文芸領域において進められ、民俗学や文学、心理学、児童文学や絵本学、幼児教育学など多岐にわたる分野で地道に探究されている。

昔話は、児童書にとどまらず、子どもの生活用品や遊び道具（お面、凧、カルタ、絵合わせ、メンコ、人形など）にも、そのモチーフが活用されてきた。子どもと昔話のつながりに思いをはせるとき、昔話が「遊びの世界」にうつしこまれたことを忘れてはならないだろう。

子どもの遊び道具は消耗品として処分されることが多く後世に残りにくいため、ある時代のものを網羅することは大変難しい。だが、残された資料を地道に探し出し、重層化することで、文学研究とは異なる視点から昔話と子どもの接点を提示できるのではないかと考えた。そのために本稿では、子ども向けの絵双六に展開する物語の世界を、昔話に注目しながら検討する。

口承によらない昔話に子どもがふれる機会は、すでに江戸期に存在した。江戸時代の絵双六には「家庭ビジュアル百科」の面があることを示した加藤(1)によれば、江戸中期以降、赤本や豆本などには、「遊戯本」「祝儀もの」「教化もの」に並び、「昔話もの」「御伽草子・説話もの」も出版されており、赤本や豆本などの児童読み物と昔話を扱った絵双六には関連がみられるという（加藤　二〇〇〇・二〇一〇）。

口伝えによる語りの場は、語り手と聞き手が時間と空間を共有することで成立するため、「時」と「場」が限定される傾向があるが、物語が紙媒体にうつしこまれることで、子どもたちは昔話の世界を好きな時に眺め楽しめるようになった。このように「昔話を想起しながら遊ぶ」江戸期絵双六の存在自体が、子どもの領分に移行する昔話の一つの形を実証している。

それでは、明治期以降の絵双六にはどのような昔話がうつしこまれていたのだろうか。昔話が載る絵双六を探すと、「おとぎ」を表題に使用する絵双六が多く存在していた。そこに載る物語は、昔話、伝説、英雄談、寓話などが混在している。「昔話」「おとぎ」を表題に掲げる絵双六を包括して扱うために、本稿では、昔話、伝説、英雄談、寓話、神話のような伝承的物語群を「おとぎばなし」と表記する。

一　明治期の絵双六

雑誌附録の絵双六登場

絵双六には、複数の区画が描かれている。遊び手は、振ったサイコロの目に従って、「ふりだし」から「上り」に向かってコマを進め、早く上がった者が勝ちとなる。また、絵双六には「飛び双六」と「回り双六」があり、「飛び双六」は区画の枠内に、サイコロの目ごとに次に進む区画が指定され、指示通りの区画に飛んで進む。「回り双六」は、振ったサイコロがだした目の数だけ順に進む。どちらのタイプも「一回休む」「ふりだしにもどる」などの指示や障害、条件が付され、単純に「上り」までたどり着けない工夫が施されている。

少年雑誌編集者であった一八八一（明治十四）年生まれの木村小舟は、双六は福笑いとともに少年少女に喜ばれた新年の家庭娯楽品であったと回想し、明治の絵双六事情を、年の暮れの情景を交えて描写している。

> 暮迫って、正月を指折り数えて待つ頃になると、この新版物が、絵草紙店の見易い場所に、ずらりと並べられて、百科咲き乱れた美しさ、店頭に子供の山を築くという有様、さてこうなると、浅草から日本橋辺に散在する俗にいう赤本の出版屋からも、負けず劣らずに、種々の新奇な意匠を凝らして雑多の双六を点り出すので、かくして暮れの絵草紙店は、新版物の大洪水を現出する。
>
> 一方、子供雑誌の附録として、逸早く双六を採用したのは、外ならぬ例の「少国民」で、その創刊第八号（二十三年二月号）に、立太子祝賀と、国会開設を記念する意味で、歴史上の人物事蹟三十面を淡彩の石板画に現したもの、紙幅も四六四裁形を以てした。（略）
>
> 双六の流行は、かくて次第に雑誌発行者の着目する所となり、後年少年少女用雑誌の続出と共に、殆ど期したるが如くに、新年号の附録として、専らこれを添物する傾向を来し、従来、赤本屋の際物の一つになっていた双六は、俄かにその地位を変え、著しい進歩を示すことゝなった。（木村 一九五一：二七八―二七九頁）

少々長い引用になったが、絵草紙店で扱っていた双六が、明治期に児童雑誌の附録に採用されたことで、「際物」扱いから脱する時代性が伝わってくる。絵双六は児童雑誌の附録になることで、遊び道具として確固たる地位を得たのである。

一八八七（明治二十）年前後には、機械印刷の技術を取り入れた絵双六が作られ始め、短時間での大量印刷が可能となった（小西　一九七四）。木版に手摺りの手工業的技術によって生産されていた絵双六は、近代の印刷技術に支えられ新たなステージへと展開をみせた。雑誌由来の絵双六は、近代的工業が可能にした遊び道具といえよう。

巌谷小波考案「日本お伽雙六」

教育学者の唐澤富太郎は、絵双六は「その時代の社会情勢を極めて鮮明に描き出している」貴重な資料であるという。そして、大正・昭和期の絵双六には「もはや江戸、明治の双六の渋い美しさ、内容の深さ、魂のふるさとを思わせる伝統的な内からの呼びかけは感じられない。やはり双六は、明治三十年代までが、その醍醐味を満喫させるものとして、最高峰とみるべきであろう。」と解説している（唐澤　一九七二）。

そのことば通り、一九〇〇（明治三十三）年発行の絵双六「日本お伽雙六」（図1）は、彩色は施されていないものの、墨色一色で描かれた筆致や構成の「渋い美しさ」にしばし眺め入る一枚である。これは雑誌「少年世界」第六巻第一号の附録につけられた双六で、考案者は巌谷小波。狩野派の絵を学んだ日本画家の武内桂舟が、絵を担当している。

一八七〇（明治三）年生まれの巌谷小波は、明治中頃から子ども向けの読み物を書き、少年少女を物語の世界に引き込む先陣を切った人物である。巌谷の仕事は日本児童文学の「夜明け」に例えられる。一八九一（明治二十四）年に出版した叢書「少年文学」第一編『こがね丸』（武内桂舟画）は大好評を博した。その後、彼は国内外の昔話や伝説、神話などを読み物に仕立て、『日本昔噺』（全二十四冊）『日本お伽噺』（全二十四冊）『世界お伽噺』（全百冊）を完成させたのち、『世界お伽文庫』、『小波お伽百話』などを次々に刊行し、お伽の世界を子ども読者

図1　「日本お伽雙六」1900（明治33）年1月発行（国立民族学博物館蔵）

に届けた（続橋 一九九三）。

巌谷は、『世界お伽噺』の「発刊の辞」に、「お伽噺」には、「メエルヘン」、「ファーベル」、「ザァゲ（フォルクスザァゲとヘルデンザァゲ）」、「エルツェールング」など様々な種類があり、「日本には未だ適当な訳語がありませんから、通例は只お伽噺と云っております」と書いている。そして、「舌切雀」、「桃太郎」、「姥捨」は「フォルクスザァゲ」。「八頭大蛇」、「羅生門」を「ヘルデンザァゲ」と解説している（巌谷 一八九九：三―五頁）。

「お伽芝居」、「お伽小説」というように、巌谷は「子ども向きという意味を『お伽』という語に込めた」（藤本 二〇一三：二頁）。河原（一九九八：一五頁）が説くように、「お伽」の「語源にはとくに子どもに関わる意味は含まれていない」。子どもだけを読者対象とする書物の「出現」は明治半ばであり、「子どもの読み物に巌谷小波が『お伽噺』という名を与えたとき初めて『お伽噺』は完全に子供の領分へと譲り渡された」のである。巌谷の一連の活動によって、「お伽」の呼称が明治の社会に浸透し定着した。

それでは巌谷は、自ら「お伽」の名を与えた絵双六にどのような趣向を凝らしたのだろうか。雑誌「少年世界」（第六巻第一号）に次のような記述がある。(2)

「記者申す」

当年の新年大附録は、日本お伽双六であります。此双六には、一種特別の賽を案じてみました。最もお伽噺の本文に、可成縁のある様にと思つて、さては一ト工夫仕て見た丈ですが、兎に角本文をご承知の方々には一入興のある双六かと、憚ながら自慢致します。賽が異ふから仕悪いの、わざ〳〵拵へるのが面倒のと、そんな無精な事を云はないで。まァ一ッやつて御覧なさい。

読者である少年たちに語りかけるような文章で、巌谷はこの双六の工夫を紹介し、物語を知っていれば一層「興のある双六」だと「自慢」しながら遊びに誘っている。「お伽噺の本文に、可成縁のある様に」ということばに、読み物を意識して考案したことがうかがえる。「特別の賽」を使った遊び方は、双六紙面右側に指示されている。

使用法は、普通の飛雙六の通りなり。但し、賽が違ふ。この賽はまづ餅を真四角に切り、ヂ、の裏にバ、、ヤマの裏にカハ、オニの裏にリウと書きて普通の賽の如く振るべし。或は普通の賽の⚀をヂ、、⚅をバ、、⚁をヤマ、⚄をカハ、⚂をオニ、⚃をリウと見為して使ふも可なり　（読みやすくするため引用者が適宜句読点を入れた）

正月らしく餅で賽を作る提案である。遊ぶ子どもに用意された双六の区画は十五あり、「桃太郎」「かちかち山」「大江山」「花咲爺」「俵藤太」「猿蟹」「金太郎」「養老」「姥捨山」「八頭の大蛇」「舌切雀」「瘤取り」「羅生門」「浦島太郎」「牛若丸」の十五話が、「ふりだし」「上り」の絵と共に紙面を彩っている。「ふり出し」は「おはなしの晩」と記され、火鉢を前に置いた大きいねずみが子ねずみたちにお話をする様子が描かれている。大ねずみは「おもしろいお噺をしてあげる」と誘い、正座して聞く子ねずみたちは「うれしい」「おもしろい」と聞き入っている。この「ふりだし」から、賽の目によって[ヂ、]が出たら「花咲爺」へ、[バ、]が出たら「舌切雀」へ、飛び双六の要領でコマを進めて行く。「上り」の「御褒美の朝」には、数々の遊び道具や置物など、子どもにとって豪華な宝物が描かれている。

一九〇〇年ごろの子ども向け物話

「お伽雙六」の十五話は、当時の子どもに馴染みがあったのだろうか。この双六は、巌谷小波編纂『日本昔噺』(3)の書名二十四話のうちの十三話と、「養老」「姥捨山」を加えた十五話で構成されている。また、江戸期絵草紙にある昔話や英雄伝（加藤 二〇一〇）に重なるものも多く、江戸から明治期にわたって、庶民が親しんだ物語と考えられる。

明治期の東京風俗を記録した『東京風俗志』に、江戸の面影を残しながら変化を遂げる当時の家庭で、子どもに聞かせていたお伽話が紹介されている。

家庭において親たちの子供に聴かするお伽話は、旧によりて桃太郎、かちかち山、猿蟹合戦、花咲爺を普通とし、やや高尚なるは牛若弁慶、曽我兄弟、楠木正成、豊臣秀吉、加藤清正、忠臣蔵などの武勇譚なり。さればそれ等の絵草紙も最も行はる。小学校教科書に鬼の瘤取、松山鏡、伊蘇普を始めとして、中江藤樹、貝原益軒、河村瑞賢、新井白石、二宮尊徳、塩原多助などの話の記載せらるるにつきて、これ等もお伽話同様に、児童の間にもてはやさるるなり、殊に近年「ヘルバルト」流の教育説、世に盛に行はるるにつれて、小学校にも、初年の児童には、メルヘンを多く用ひて教材とすれば、従うてお伽話様の話はいよいよ児童の間に行はるることとなれり。（平出　一九〇二：一五五―一五六頁）

近代的教育を推進する識者のなかには、日本の昔話は迷信俗信的で子どもに良い影響を与えないと非難する声もあったが、国定教科書に桃太郎などの五大昔話が採用され[4]、欧米の教育思想も影響したことから、その価値が見直された。それは、幼児の教育現場でも同様であった[5]。

一九〇〇年前後の幼稚園で保育教材として使われた話を見ると、『東京風俗誌』と同様の物語が示されている。例えば、京都市保育会が一八九九（明治三十二）年二月に近県の幼稚園から収集した「修身説話の材料」には、五大昔話（「桃太郎」「舌切雀」「花咲爺」「猿蟹合戦」「かちかち山」）と、偉人の話や寓話が並んでいる。同時期の京都市柳池幼稚園の保育項目「説話」の話材にも、「牛若丸」「俵藤太」「桃太郎」「金太郎」「一寸法師」「大江山」「羅生門」「舌切雀」「猿蟹仇討話」「勝々山」「桃太郎」「花咲爺」などの英雄伝説や日本の昔話が使われていた[6]。

以上のように、巌谷小波考案「日本お伽雙六」に載る話は当時高評を博した『日本昔噺』に載る昔話を中心にしていたが、江戸期から親しまれたものも多く、かつ、一九〇〇年前後の家庭や学校教育の場で子どもに提供される物語であった。したがって、当時の子どもにとってこの絵双六は、馴染み深い物語の場面を目で読み解きながら、巡り遊ぶ機会になったであろう。

二　絵双六に描かれた「五大昔話」の場面

絵双六で遊ぶ者の目にまずとび込むのは、絵柄である。だからこそ、そこには物語を象徴する場面が描かれるのではないだろうか。紙面が限られることから、ここでは家庭や教育の場で子どもたちに届けられた物語の代表ともいえる「五大昔話」に焦点を当て、明治期以降の絵双六にどのような場面が描かれているかを確認していく。その際、内ヶ﨑有里子が『江戸期昔話絵本の研究と資料』において提示した、江戸期昔ばなし絵本に「共通して描かれている場面」の分析結果を参考にした（内ヶ﨑　一九九九）。内ヶ﨑が、「桃太郎」十三点、「舌切雀」十六点、「花咲爺」十五点、「かちかち山」九点、「猿蟹合戦」七点から、「それぞれの昔話ごとに、すべての作品に共通する場面」を探った結果、昔話ごとに共通する場面があり、その場面数は四～五と平均化していたという。そして江戸期の五大昔話絵本に共通する絵柄から三点の特徴――「豪華さ、華やかさ、賑やかさ」、「驚異性、衝撃性」、「懲悪性」を導き出した。

内ヶ﨑は、各昔話の場面と該当する特徴を例示して解説している。その記述内容を簡略化し、共通場面（○数字）、絵柄の特徴（記号〔a〕＝「豪華さ、華やかさ、賑やかさ」、〔b〕＝「驚異性、衝撃性」、〔c〕＝「懲悪性」）を付して、「絵本化の共通場面と絵柄の特徴」を以下に示す。

・「桃太郎」①婆が川で桃を拾う　②桃太郎誕生〔b〕　③桃太郎の力自慢〔b〕　④犬猿雉を供にする　⑤鬼退治〔c〕　＊鬼退治や帰郷場面に宝物の絵柄が多く描かれるが共通した場面ではない〔a〕

・「舌切雀」①婆が雀の舌を切り雀を追い放つ（背景に洗濯物と盥が描かれている）〔b〕　②爺が雀を探しに行く　③雀方で持て成しを受ける（御馳走と踊り、あるいはどちらか一方）〔a〕

④婆がもらった葛籠から化け物等が出て、婆を驚かせる〔c〕　＊爺の葛籠に入った宝物の絵柄が多く描かれるが共通した場面ではない〔a〕

・「花咲爺」①正直爺が犬の教えで金銀を掘り出す　②慳貪爺が犬を殺す〔b〕　③正直爺が臼より金銀を得る〔a〕　④正直爺が枯れ木に灰を撒き、花を咲かせる（同場面に殿様・大名一行の姿）〔a〕　⑤慳貪爺が打擲される〔c〕

・「かちかち山」①狸が捕らえられる　②狸が婆を殺す〔b〕　③兎は狸の背に火を打ち掛け、狸の背が燃え上がる〔b〕　④狸と兎（あるいはどちらか）が舟を造る　⑤狸が水中に沈む（兎は狸を櫂で打つ、あるいは見物する）〔c〕

・「猿蟹合戦」①猿と蟹が柿の種と焼き飯（お結び、握り飯）を交換する　②猿が柿の木に登り、蟹に渋柿を投げつける〔b〕　③臼（臼・蜂・卵が共通）らが蟹の元に集まり、敵討ちの相談をする（蟹は布団の中）　④卵が囲炉裏の中から撥ね、蜂がさす　⑤臼（あるいは臼とその他の登場人物）が上から押さえつける〔c〕

（内ヶ﨑、前掲：三四九―三五一、三五五―三五六頁より引用者が作成）

巌谷小波考案「日本お伽雙六」の絵柄は、「桃太郎」では桃太郎が犬猿雉と向き合って黍団子の問答をしている場面、「舌切雀」は威勢よく踊る雀たちの姿、「花咲爺」は枯れ木に花を咲かせる正直爺の姿、「かちかち山」では兎が狸の背負う柴に火をつけようとする場面、「猿蟹合戦」は木に登った猿が柿を投げつける場面が、それぞれの区画に描かれている。五大昔話に関して、「舌切雀」「花咲爺」は特徴〔a〕（豪華さ・華やかさ・賑やかさ）、「かちかち山」「猿蟹合戦」は特徴〔b〕（驚異性・衝撃性）の傾向があらわれていた。「桃太郎」は三つの特徴のいずれにも該当しないが、黍団子をめぐる桃太郎と動物の問答は、語られる場合二度繰り返され、聞く者に深い印象を残す場面である。特徴〔c〕（懲悪性）に該当する場面は、この双六の五大昔話の絵柄には認められなかった。

それでは、大正期以降の「おとぎばなし」絵双六に載る五大昔話の場面には、どのような傾向がみられるのだろうか。本稿の分析資料は、左記のとおりである（一～十五）。そこに載る話材を、表1に示した。

ちなみに、一九〇〇年から一九四〇年代に発行された一～五、七～十二の絵双六は、日本の「おとぎばなし」を中心に構成している。六は「オ伽ノ圀」を巡る仕立てで、日本と西洋の雰囲気を合わせ持った「マホウノクニ」「ミヅノミヤコ」「コビトノクニ」「ツキノクニ」「大人国」などが配置され、「おとぎばなし」的世界観が繰り広げられている。一九五〇年代の十三～十五には、海外の昔話やアンデルセン、コロディの創点童話が含まれている。

・一「日本お伽雙六」明治三十三年一月一日発行、『少年世界』第六巻第一号附録　巖谷小波考案　桂舟揮毫
・二「オトギノリモノスゴロク」大正九年一月一日発行、『新子供』正月号（第五巻第一号）附録、吉田秋光画
・三「日本昔噺雙六」大正十四年一月一日発行、『小学少年』新年附録（第七年第一号）附録、小学少年編集部案、永治先生画　研究社
・四「教訓日本昔話双六」大正十六年《ママ》一月一日発行（大正十五年十二月四日印刷納本）、『セウガク一年生』（新年号）附録　新井五郎画伯毫　小学館
・五「新ウラシマ双六」昭和四年一月一日発行、『セウガク一年生』新年号増刊附録　一年生のカタカナ童話

附録　大槻多一郎先生画　小学館
・六「オ伽ノ國巡リ双六」昭和七年一月一日発行、『セウガク一年生』新年号（第七巻第一〇号）附録、津田しげる先生画、小学館
・七「オトギノクニマンイウ双六」昭和八年一月一日発行、『男子の友』新年号（第一六巻第一号）附録、細木原青起先生画、学習社
・八「昭和モモタラウ双六」昭和八年一月六日発行、『ナカヨシ童話集』正月号（第八巻第一号）附録、原泰雄先生画、小学館
・九「オトギノクニダイシングン　幼年双六」昭和十八年十月十日発行、山内任天堂
・十「オトギ双六」昭和十八年九月十五日発行、富田屋（定価二十銭）
・十一「オトギスゴロク」昭和二十二年一月一日発行、『フタバ』正月号（第二巻第一号）附録、渡邊重圀案画
・十二「おとぎまんが双六」昭和二十三年十一月十五日発行、栗本六郎案画、二葉書房玩具部
・十三「おとぎのくにめぐりすごろく」昭和二十七年一月一日発行、『ぎんのすず一ねんのとも』新年号（第七巻第一号）ふろくはらやすお　案・画、株式会社プレーメイト
・十四「おとぎの国すごろく」昭和二十九年一月一日発行、『家の光』新年号（第三〇巻第一号）付録、案・与田準一、絵・谷俊彦、家の光協会
・十五「おとぎのくにすごろく」昭和三十一年一月一日発行、『よいこのくに』一月号（第四巻第一〇号）付録、井江春代画

「桃太郎」が載る絵双六の九点（一〜四、七、九、十、十二、十三。以下、絵双六の番号は漢数字のみで表記）すべて

表1　「おとぎばなし」絵双六に描かれた話材

分析資料番号	双六タイトル（発行年月）	桃太郎	かちかち山	花咲爺	猿蟹合戦	舌切雀	浦島太郎	金太郎	瘤取り	兎と亀	一寸法師	上記以外の日本の昔話・英雄伝など	海外の昔話	創作童話	備考
一	「日本お伽雙六」（1900年1月）	○	○	○	○	○	○	○	○			養老、姥捨山、俵藤太、大江山、羅生門、牛若丸、八頭の大蛇			※T
二	「オトギ ノリモノ スゴロク」（1920年1月）	○	○	○	○	○		○	○	○		牛若丸、かぐや姫、文福茶釜、松山鏡、			※T　馬や篭、汽車や飛行機など新旧の乗り物にのる主人公たち
三	「日本昔噺雙六」（1925年1月）	○	○	○	○	○			○	○		大江山			※T
四	「教訓日本昔話双六」（1927年1月）	○	○	○		○	○	○	○	○		養老の滝、大江山、牛若丸、いなばのウサギ			※T　発行年月日「大正16年1月1日」と記載あり
五	「新ウラシマ双六」（1929年1月）						●								※T　少年少女が「鳩の恩返し」でおとぎの国をめぐる
六	「オ伽ノ國巡リ双六」（1933年1月）														※M　少年と少女が「天地の果てや空想世界」をめぐる
七	「オトギノクニマンイウ双六」（1933年1月）	○	○	○	○	○	○	○	○		○	文福茶釜			※T　少年が「おとぎ噺のその後の世界」をめぐる
八	「昭和モモタラウ双六」（1933年1月）	●													※M　少年と少女が、犬猿雉を供に、宝を求めて海を越える
九	「オトギノクニダイシングン幼年双六」（1943年10月）	○	○	○	○	○	○	○		○	○	かぐや姫、文福茶釜			T▼　戦地（銃後）で活躍する主人公の姿
十	「オトギ双六」（1943年9月）	○	○	○	○	○	○	○	○	○	○	文福茶釜			T
十一	「オトギスゴロク」（1947年1月）			○			○	○		○		いなばのウサギ			※M▼
十二	「おとぎまんが双六」（1948年11月）	○	○	○	○	○	○	○	○	○	○	かぐや姫、文福茶釜、いなばのウサギ、天人の羽衣			T　外袋には、手を挙げて微笑む桃太郎と花咲爺の絵
十三	「おとぎのくにめぐりすごろく」（1952年1月）	○	○	○	○	○		○			○	文福茶釜、いなばのウサギ	あかずきん もりのおんがくたい	おやゆびひめ ピノチオ	※M　少年少女がヘリコプターに乗っておとぎの国をめぐる
十四	「おとぎの国すごろく」（1954年1月）						○						ジャックと豆の木、ヘンゼルとグレーテル、ねむりひめ	ガリバー旅行記、ピノキオ、人魚姫	※M▼　少年少女がおとぎの国をめぐる
十五	「おとぎのくにすごろく」（1956年1月）				○		○	○		○	○	かぐや姫	3びきのこぶた、あかずきん、ヘンゼルとグレーテル、しらゆきひめ、シンデレラ	おやゆびひめ ピノキオ	※M

題名は各絵双六の記載をもとに一般的な題名を使用した（適宜常用漢字をあてて表記）　●＝子どもを主人公に仕立て脚色を施している

▼＝話材名の記載がないため絵柄から判断したもの　※＝雑誌付録　T＝飛び双六、M＝回り双六

が、犬猿雉を供にした桃太郎を描いている。その場面は、黍団子問答、鬼退治、宝物を得る絵柄である。〈果生型〉の誕生を描いた双六（十二）もある（図4）。「舌切雀」（九点）では、四点に雀の踊りがある。六点に登場する爺（歓待される、雀の宿を訪ねる）に比べて、婆は二点と少ない（三、十は、ハサミを手にした婆が雀を追い放つ場面）。「花咲爺」（十点）では、三を除く九点に爺が木の上から灰を撒き、花を咲かせる場面が使われている。正直爺が犬の教えで地中（臼）から小判を掘り出す絵は三点（三、十、十二）に描かれていた。

「かちかち山」（九点）は、狸が背負った薪に兎が火をつける絵が五点（一、二、十、十二、十三）、泥の舟が沈む場面が一点あり、狸が成敗される場面が合わせて六点ある。「猿蟹合戦」（九点）は、渋柿を投げる猿（一、三、十）、臼などに懲らしめられる猿（二、十、十二、十三）のように、猿の存在が前面に出ている。蟹は、柿の木の世話をする蟹（三、十二）や、握り飯と柿の種の交換（十）する絵であった。

時代も描き手も違う「おとぎばなし」絵双六に描かれた五大昔話の場面を、まとめて論じるのはいささか乱暴ではあるが、先述した絵柄の特徴と照らし合わせると、「桃太郎」は〔a・c〕、「舌切雀」は〔a・b〕、「花咲爺」が〔a〕、「かちかち山」は〔b・c〕、「猿蟹合戦」は〔b・c〕の傾向がみられる。

「桃太郎」の宝物、「舌切雀」の踊りやご馳走の持て成し、枯れ木に花を咲かせる「花咲爺」の絵には、「豪華さ、華やかさ、賑やかさ」がある。また、「桃太郎」の誕生や「舌切雀」の舌を切った婆と追いやられる雀の姿、狸の背負う薪に兎が火をつけ炎があがる「かちかち山」の場面、猿が渋柿を投げつける「猿蟹合戦」の描写は「驚異性、衝撃性」を表している。ところで、五大昔話のすべてに懲らしめられる人物が存在するが、今回資料とした絵双六で特徴〔c〕（懲悪性）をみると、「桃太郎」「かちかち山」「猿蟹合戦」の鬼や狸、猿は制裁を受ける姿が絵柄化されている。一方、「舌切雀」「花咲爺」の婆や爺が懲らしめられる姿は確認できなかった。

分析対象の絵双六には、話材名が記載されていないものもあった。しかし、記載の有無にかかわらず、何れの双六も区画には登場人物の行為がわかりやすく描写されており、話を知っていれば、何の話のどの場面か、判断に迷うことがないほど象徴的な場面が描かれていた。

三　絵柄の特徴――「ふりだし」と「上り」

「おとぎばなし」絵双六は、一つの話で展開するタイプと、複数の話を載せるタイプがある。後者の場合、表1に示した資料では十話から十五話ほどで構成される傾向がみられた。ここでは絵双六の区画の特徴を全般的に表す余裕がないので、双六の遊び始めと終わりの区画――「ふりだし」と「上り」の特徴に注目する。

「ふりだし」の絵柄には、①語りの場、②「おとぎばなし」の主人公、③出発する子ども、の三つのタイプがみられた（図2-1）。①の語り手と聞き手を描いた三点（一、二、四）は、口伝えの情景を表現している。主人公を描いた②六点（三、九、十、十一、十二、十五）は、「桃太郎」の出陣や「兎と亀」の競争場面、枯れ木に花を咲かせる「花咲爺」といった場面で、遊ぶ子どもに前進する気持ちや高揚感を与える絵柄である。

子どもを描いた③六点（五、六、七、八、十三、十四）は、意気揚々と飛行機や風船に載って旅立つ子どもが描かれ、物語の世界にむかう期待感を感じさせる趣向である。その中の、分析資料七（『男子の友』附録）は、一人の少年が昔話の登場人物に会いに行く内容だが、それ以外の五点は男女で出発し、物語の世界をめぐる内容である。戦後の絵双六を題材に、戦後期双六のイデオロギーを分析した早川洋行は、冒険をテーマとする双六に四つのパターンを見出し、「主人公が男女のペアで、不思議な世界を体験する」双六を「アベック型」と称している（早川 二〇一八：四〇頁）。そして、「このアベック型双六は、戦後になって初めて生まれたものと見なしうる」と述べ、「アベック型の双六があらわれた背景には、社会に男女平等の考えが一定程度浸透してきたことを確認で

図 2-1 「ふりだし」の絵柄（個人蔵）
（上段左から、分析資料四・三・十。下段左から七・十三・十四）

図 2-2 「上がり」の絵柄（個人蔵）
（上段左から、分析資料四・三・十。下段左から七・十三・十四・十二）

図3 「新ウラシマ双六」（1929年1月発行）（個人蔵）

きるのではないだろうか」（同四九頁）と推察している。「ふりだし」に出発する少年少女を描いた先の五点は、早川のいう意味において、「アベック型」双六と見なせるものである。「男女のペアで不思議な世界を体験する」双六の出現は戦後ではなく、一九二九（昭和四）年発行「新ウラシマ双六」に、既に認められる[7]（図3）。

双六遊びは、誰よりも早く上がることに嬉しさを感じる遊びである。盤上を巡ってたどり着く「上り」のコマには、上がれた喜びを象徴するような絵柄が描かれている。ご褒美の絵柄（一、二、三、四、七、八、十）、花を咲かせる爺（十一）や初日の出を背に富士山頂で万歳をする亀（十二）、シンデレラの結婚式（十三）からは、めでたさや華やかさが感じられる。前出の江戸期昔話絵本の絵柄の特徴のひとつ「豪華さ・華やかさ・賑やかさ」と同様の特徴が、絵双六にもみられる（図2-2）。

遊ぶ子どもの心を勢いづける「ふりだし」の絵柄と、「上り」に示された喜ばしい場面。その両方に、絵双六に向かう子どもの嬉しい心持ちや一喜一憂する遊びの楽しさを演出する、効果的な絵柄が配置されていた。

四　戦後の双六に登場する桃太郎

江戸期以降絵双六の絵柄に多く使われた桃太郎は、明治から昭和（戦中）の絵双六にも華々しく登場し、先述したように「ふりだし」「上り」という重要な位置に配される傾向がみられた。

この桃太郎は、時代を象徴する子ども像を背負わされ続けてきた（滑川 一九八一、鳥越 二〇〇四）。児童文学研究者の鳥越（二〇〇四：一五三―一五六頁）は、敗戦後、民主主義の時代に即した児童文学がさかんに創造されるなか、「侵略戦争のお先棒をかつがされた」桃太郎は、教科書や児童書から「完全に姿を消した」と信じ込んでいた。「事実、当時出版された日本の民話集、昔話集などを見ても、決まって桃太郎だけは外されているのがふつうだった」のだが、後年、一九四七年出版『桃太郎』（絵・林義雄、ブランゲ文庫に保存）[8]、一九四六年出版『お伽漫画 桃太郎』（作者・喜多三平）に出合い、「少なくとも二冊の本が出ていた」と報告している。そしてこの二冊を確認した結果、「毒にも薬にもならない無益無害の桃太郎ばなしであったことが、この時期の出版を可能にした」のであり、桃太郎という

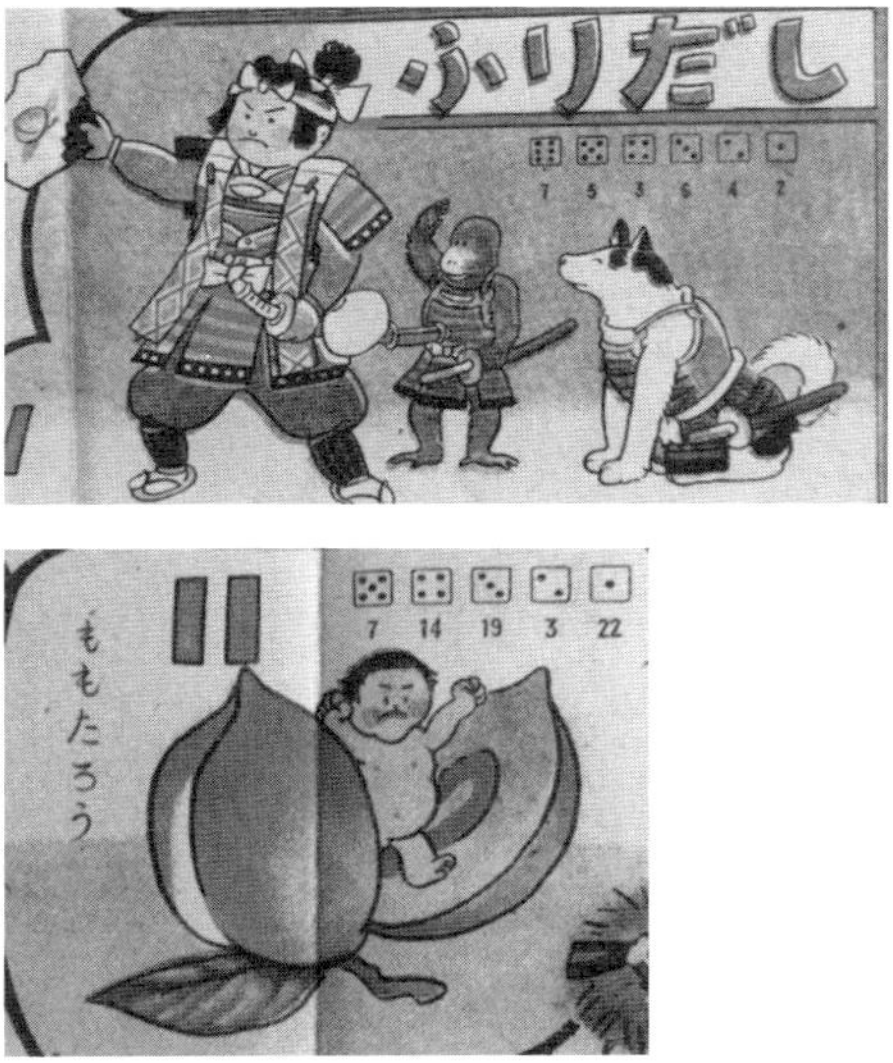

図 4　「おとぎまんが双六」（1948 年 11 月発行）に描かれた桃太郎（個人蔵）

だけで出版不可能になったわけではないと解説し、桃太郎話の本格的な復活を一九五〇年を超えたあたりと説いている。

それでは戦後の絵双六に、桃太郎はいつどのように登場するだろうか。これを知るには、広く資料に当たることが肝要だが、本稿の分析資料では、一九四七（昭和二十二）年一月発行「オトギスゴロク」（十一）には、五つの話が十三区画に並んでいるが、桃太郎は不在である。翌一九四八年「おとぎまんが双六」（十二）には、桃太郎の誕生と出陣の場面が軽快なタッチで描かれている（図4）。この双六は雑誌附録ではない。「発行所　二葉書店玩具部」と記載されていることから、駄菓子屋や玩具店などで販売された品だと思われる。これも、鳥越が言う「毒にも薬にもならない無益無害の桃太郎」のひとつである。

五　子どもの正月遊びに欠かせない絵双六――絵双六をめぐる回想から

明治から昭和の子どもは、絵双六遊びに親しんでいた。（半澤　一九八〇（一））。大正・昭和に子ども時代を送ったふたりは、次のように回想している。前者が子どもの生活文化資料を収集し研究した教育学者で、一九一一（明治四十四）年生まれの唐澤富太郎、後者が中世日本語の研究を専門とした国語学者で、一九二四（大正十三）年生まれの寿岳章子によるものである。

紙双六は、かつては子どもの遊び、とくに正月には欠かすことのできない遊びであった。戦前に児童期を過ごしたものにとっては、おびただしい付録類で大きくふくらんだ正月の雑誌をかかえて、胸をはずませて帰った喜びを経験しないものはないであろう。そしてその中には、付録として双六を見出したのである。この双六をかこんで近所の友だちや父母兄弟、年始に訪れた客などをさそいこんで、蜜柑やせんべいといったほうびを目ざしサイコロをふって遊び興じたことも忘れられないことの一つである。（唐澤　一九八五：一一八頁）

大正十三年生まれの私の幼年期から少女期にかけては、お正月には必ず、なぜかは知らないが、とにかくすごろくはやるものであった。羽根つき、かるた、そしてすごろく、いわば正月の三種の神器である。日が朝に東から出るように、水が低きにつくように、ほとんどの日本の家庭では何となくすごろくで遊んだ。（寿岳　一九七四：七三頁）

絵双六はお正月に欠かせない遊び道具であった。難しいルールはなく、サイコロの目によって進み方が決まるので運だめしの要素もあり、経験や知識が豊富な年長者が有利とは限らない。家族や友人、客を交え、幼い子どもから大人までが、年のはじめのめでたさを感じながら一緒に遊べる楽しさが、双六遊びの魅力だったのだろう。「おとぎばなし」の絵双六で遊ぶ子どもが物語を知っていれば、登場人物の行動を思いおこしたり、絵柄から受ける印象を話すなど、絵柄の意味を読み解ける面白さがある。時には、年長者が物語を知らない子どもに話して聞かせることもあったかもしれない。

おわりに——物語を共有する「おとぎばなし」絵双六の世界

明治期以降の「おとぎばなし」絵双六をたどると、単品の玩具として売られたものもあるが、より多く確認できたのは少年少女雑誌の附録であった。このような絵双六には、江戸期の児童読み物にある昔話や英雄談などが、江戸の流れを汲むかのように、引き続き絵柄化されていた。ことに、五大昔話は、明治から昭和（戦後）の絵双六でも絵柄に選ばれ、戦後日本の昔話集や民話集などから一時期外された桃太郎の姿も、一九四八年発行の絵双六に確認できた。

明治から昭和初期には日本の昔話を中心に組まれていた「おとぎばなし」絵双六に、戦後は外国の昔話や創作童話がいくつも並ぶようになる。絵双六のタイトルに使われた、「おとぎ」という言葉は、現実離れした不思議な世界を想わせるキーワードとして機能し、空想的な物語を包括して子どもに届けたのである。絵柄の話材が広がる背景には、児童書の出版状況や読書の推進活動などによって、子どもの知る物語が多様化したことが関連していると考えられるが、現段階では推察の域を出ない。

絵双六は、その時代の文化や社会情勢などを取り込んできた（多田 一九九二、昭和館学芸部 二〇一六）。本稿で扱った絵双六は一九〇〇年から一九五〇年代までに発行されたものの一部だが、近代の流行とは無縁の「おとぎばなし」が絵双六の題材に選ばれ続けたのは、伝統的な物語と子どもの親和性を、製作者たちが認めていたからではないだろうか。(9)

遊ぶ子どもが愉快になるような効果的な絵柄が、「ふりだし」から「上り」に配置された絵双六は、まるで平面上に展開する「おとぎばなし」博物館、あるいはテーマパークの案内図のようである。一枚の紙に描かれた「おとぎばなし」の世界を俯瞰して、サイコロを振る。「ふりだし」からコマを進め、様々な昔話や伝説などの登場人物に出合いながら「上り」を目指す。このように、遊ぶ者同士が物語の内容を想起しながら楽しめる「おとぎばなし」絵双六は、口伝えや読書とは異なる趣を持つ物語体験であるといえよう。

現在、紙の絵双六は廃れたが、子どもたちが伝統的な物語に出合い共有する機会を、「おとぎばなし」絵双六は提供していたのである。

（1）赤本から絵双六に展開する一例に、加藤（二〇〇二）は幕末の絵双六「昔咄赤本双六」（一恵斎芳幾画、万延元年・一八六〇年）を取り上げ、その三十四区画に配置された昔話「桃太郎」「花咲爺」「狐の嫁入り」「文ぶく」「舌切雀」「かちかち山」「猿蟹合戦」「きんぴら」の、特徴的な場面を分析し、赤本と絵双六のつながりを明らかにしている。

（2）「記者申す」『少年世界』（一九〇〇）第六巻第一号、博文館、一〇五―一〇六頁。当該雑誌の表紙には雑誌内容が印刷されている。附録のことは、表紙最上段の目立つ位置に大きな文字で「大附録　日本お伽雙六」と書かれている。

（3）巌谷小波『日本昔噺』は、一八九四年から九六年にかけて二十四冊が博文館から出版された。本稿では、復刻版『日本昔噺』（一九七一年、臨川書店）を使用した。

（4）五大昔話は、五大昔噺、五大童話、五大お伽噺などと表記されるが、何れも「桃太郎」「舌切雀」「花咲爺」「猿蟹合戦」「かちかち山」の五話を指す。『児童文学事典』（一九八八年、二六二頁、日本児童文学学会編、東京書籍）によれば、この呼称は明治に入って国定の小学国語読本への収録や唱歌化によって急速に全国に広まったという。国定教科書に登場する五大昔話について、唐澤『図説明治百年の児童史』（前掲）に詳しい。

（5）是澤優子（一九九九）「幼稚園教育における〈お話〉の位置づけに関する研究（その一）：明治期の「談話」にみる日本昔話を中心に」『東京家政大学研究紀要』三九（一）、七九―八八　を参照されたい。

（6）是澤優子（二〇〇〇）「幼稚園教育における〈お話〉の位置づけに関する研究（その二）：幼児向け昔話における教育的視点」『東京家政大学研究紀要』四〇（一）、九三―一〇二　を、参照のこと。また、京都市保育会の記録は、「説話材料」（一九〇〇）『京阪神連合保育会雑誌』第四号（復刻版（一九八三）臨川書店）。京都市柳池幼稚園については、長玲子・村山貞雄（一九六八）「定着期の幼稚園の保育課程」日本保育学会著『日本幼児保育史』第二巻、フレーベル館、の資料によるもの。

（7）早川は、アベック型に当てはめることが可能な双六の例に、「ゆめの国のりもの双六」（一九四九年、二葉書店）、「のりものきょうそうすごろく」（一九五二年、小学館）、「たのしいゆうえんちすごろく」（一九五四年、大日本雄弁会講談社）などを示している。しかし、アベック型に該当する絵双六は大正期に存在していた。例えば、『絵すごろく展――遊びの中のあこがれ』（一九九八年、東京都江戸東京博物館）には、少年少女がふたりでお伽の世界を巡る「金の船お伽旅行双六」（一九二四年、越山堂）が紹介されている。

（8）ブランゲ文庫に関する詳細は、首藤美香子の論文（二〇一六）「昔話『桃太郎』の再話における表象戦略――講談社の絵本から占領期の絵本まで」『白梅学園大学・短期大学紀要』五二：一～二〇頁、に詳しく記されている。

（9）　昔話の主人公を社会情勢や近代的文化と組み合わせた趣向の絵双六――本稿では、大型船や飛行機、汽車といった近代的乗り物に乗る「おとぎばなし」の主人公（分析資料二）や、戦地や銃後で活躍する主人公（分析資料九）がある。オーソドックスな「昔」の世界の住人が「今」をまとう意外性が、遊ぶ子どもを引き付けたと予想されるが、このような絵双六の分析は別稿に譲る。

参考文献

巌谷小波（一八九九）『世界お伽噺』第一編、博文館。

内ヶ﨑有里子（一九九九）『江戸期昔話絵本の研究と資料』三弥井書店。

玉川大学教育博物館編・発行（二〇〇八）『学びの風景――明治のおもちゃ絵・絵双六に描かれた教育』。

加藤康子（二〇〇〇）「江戸時代の絵双六と読み物」くもん子ども研究所編著『浮世絵に見る江戸の子どもたち』七七―八〇頁、小学館。

――（二〇一〇）「こども絵本を考える――江戸期絵草子からの視点」『日本文学』五九（一）、二一―三〇頁、日本文学協会。

加藤康子・松村倫子（二〇〇二）『幕末・明治の絵双六』国書刊行会。

河原和枝（一九九八）『子ども観の近代――『赤い鳥』と「童心」の理想』中央公論社。

唐澤富太郎（一九六八）『図説　明治百年の児童史』（上）、講談社。

――（一九七二）「双六」（双六第一集）日本エディショナルセンター。

――（一九八五）「教育と子どもの遊び」『別冊太陽』平凡社。

木村小舟（一九四九）『明治少年文化史話』童話春秋社。

小長谷有紀他編著（二〇〇八）『次世代をはぐくむために　昔話研究を幼児教育に活かす』国立民族学博物館。

小西四郎（一九七四）「絵すごろくの歴史」『双六　伝統的な日本の遊び』五六―六六頁、徳間書店。

櫻井庄太郎（一九四一）『日本児童生活史』刀江書院。

昭和館学芸部（二〇一六）『双六でたどる戦中・戦後』昭和館。

寿岳章子（一九七四）「すごろくの発想」『双六　伝統的な日本の遊び』七三―七九頁、徳間書店。

瀬田貞二（一九八二）『落穂ひろい――日本の子どもの文化をめぐる人びと』（上巻）福音館書店。

多田敏捷（一九九二）『おもちゃ博物館六　双六福笑い』京都書院。

続橋達雄（一九九三）「巌谷小波」大阪国際児童文学館編『日本児童文学大事典』第一巻、九七―一〇〇頁、大日本図書。

鳥越信（二〇〇四）『桃太郎の運命』ミネルヴァ書房。

滑川道夫（一九七一）「『日本昔噺』解説」（複製版「日本昔噺」別冊）臨川書店。

――（一九八一）『桃太郎像の変容』東京書籍。

早川洋行（二〇一八）「戦後双六にみる日本人のエートス」『名古屋学院大学論集社会科学篇』五四（四）、三一―六六頁。

半澤敏郎（一九八〇）『童遊文化史――考現に基づく考証的研究』（一）（三）東京書籍。

藤本芳則（二〇一三）『〈小波お伽〉の輪郭　巌谷小波の児童文学』双文社出版。

平出鏗二郎（一九〇二）『東京風俗志』（下巻）冨山房。

増川宏一（二〇一二）『日本遊戯史――古代から現代までの遊びと社会』平凡社。

近代日本における「保育用品」の広がり

小山みずえ

はじめに

子どもの保育において、教材や教具などの保育用品がもたらす影響は大きい。今日では保育用品を扱う企業も多いが、明治初期の日本では、玩具類の製造方法を手探りで見出すところからのスタートであった。本稿は、明治初期から昭和初期において幼稚園の保育用品がいかに変遷したのかを明らかにすることを目的とする。保育用品といえば、保育現場で用いられる教材や教具、遊具、文具、事務用品、家具や備品などあらゆるものが含まれるが、戦前の幼稚園において保育用品の中心となったのはドイツの教育学者であるフレーベルが考案した「恩物」である。したがって、本稿では「保育用品」を「恩物」やそれに準ずる玩具類に限定して捉える。そして、「二十恩物」にはじまる保育用品が時代とともにいかに変化したのかを、「恩物」や玩具等の製造販売の動向も含めて検討していく。

時代玩具コレクションの中には幼稚園関係の資料はそれほど多くない。しかし、幼稚園で使用されたと思われる教材や玩具、また、幼稚園関係者の関与をうかがわせる玩具類がいくらか所蔵されている。本稿では、特に後者に注目し、それらを幼稚園教育の流れの中に跡付けながら、幼児期の子どもに求められた保育用品とはいかなるものであったのかを考えてみたい。

なお、本稿では、当時の「保育用品目録」などに従ってフレーベルが考案した遊具を恩物、作業材料を手芸品または手技用品と記すこととし、両者を一括して表記する場合には「恩物」または幼稚園恩物という言葉を使用する。

一　「二十恩物」の定着

一八七六（明治九）年、日本で最初の幼稚園として東京女子師範学校附属幼稚園（以下、附属幼稚園）が創設され、その後、同園を模範として各地で幼稚園の設立が進められた。幼稚園では「恩物」を用いた活動が保育内容の中心に位置づけられた。この「恩物」とは、フレーベルが子どもの遊びを発展させるために考案した遊具や作業材料で、「恩物」で遊ぶことを通して生活認識や美的情操、数的認識の育成を図るように構成されていた。附属幼稚園の初代監事（園長）関信三が著した『幼稚園法二十遊嬉』（一八七九年）において第一から第二十までの二十種の「恩物」が紹介されたことにより、日本では遊具と作業材料は一括して「恩物」と呼ばれ、その種類も二十種として定着していった。同書で示された二十種の「恩物」を示せば、表1の通りである。

日本における「恩物」の製造には、二つの系統があったという。その一つは、文部省がドイツから「恩物」を取り寄せ、これを見本として文部省の御用商人、東京の佐藤商店に命じて製作納入させたもので、これが日本の幼稚園における「恩物」の始めであった。それは第一から第二十までの「恩物」であり、ドイツから取り寄せたものと変わらないものを佐藤商店が三十有余年間製造し続けた。もう一つの系統は、大阪蔡倫社（一八八〇年創業）で製造販売されたものである。これも第一より第二十までの「恩物」であり、神戸の頌栄幼稚園及び同保姆養成所を創設したA・L・ハウが大阪蔡倫社に命じて作らせたものであった（高市　一九三七）。すなわち、幼稚

表１　『幼稚園法二十遊嬉』における二十恩物とその概要

第一恩物	六球法（毛糸で編んだ六色から成るボール）
第二恩物	三体法（木製の球、円柱、立方体の三種類から成る三体）
第三恩物	第一積体法（一個の木製の立方体を八個の立方体に分割した積木）
第四恩物	第二積体法（一個の木製の立方体を八個の直方体に分割した積木）
第五恩物	第三積体法（二十一個の立方体と大小十八個の三角柱から成る積木）
第六恩物	第四積体法（大小三十六個の長方体から成る積木）
第七恩物	置板法（正方形と四種の三角形から成る色板）
第八恩物	置箸法（長短五種の木箸）
第九恩物	置鐶法（大小二種の金属製のリングと半円のリング）
第十恩物	図画法（石盤と石筆、並びに紙と鉛筆を用いて描く）
第十一恩物	刺紙法（針で紙に穴をあけて図形を表す）
第十二恩物	繍紙法（縫針で第十一恩物の刺紙に色糸を縫いつける）
第十三恩物	剪紙法（紙をはさみで切る）
第十四恩物	織紙法（細長い色紙を切り込みの入った紙に織り込む）
第十五恩物	組板法（板を組んで形を作る）
第十六恩物	連板法（板を連接して形を作る）
第十七恩物	組紙法（細長い色紙を組んで形を作る）
第十八恩物	摺紙法（正方形の色紙を摺んで物を作る）
第十九恩物	豆工法（豆と木箸を接合して図形や物を作る）
第二十恩物	模型法（粘土をこねて物を模倣して作る）

園創設期には、外国から輸入した見本をもとに二十種の「恩物」を忠実に再現していたことになる。

明治三十年代には他店も「恩物」の製造販売に乗り出すが、『京阪神保育会雑誌』第一号（一八九八年）巻末に掲載された池端商店の広告を見ても、「二十恩物」は変わらず、「号外」として「六色三体」「麦藁」「連繋紙」「貼紙」「六色堊筆」が紹介されている。一方、大阪蔡倫社は、それまで正方形と三角形のみであった板排《いたならべ》の材料に加えて、円形の観念を獲得させることを目的として新たに「円形及半円形排板」を考案し、販売している（小山二〇一二）。また、『京阪神聯合保育会雑誌』第十号（一九〇三年）巻末の広告によれば、「二十恩物」を基本としつつ、「号外」として「板挿」「紐置」「繋キ方（六色三体、連繋紙、色麦稈）」「貼紙」を販売するとともに、第三～第六恩物、第七恩物を改良したものを「中村五六氏考案変体積木」「中村五六氏考案排板」と称して商品化している（是澤 二〇〇九）。この時期、附属幼稚園関係者を中心とするフレーベル会（一八九六年）や京都・大阪・神戸の幼稚園関係者による京阪神聯合保育会（一八九八年）が結成され、「恩物」の取捨選択や「二十恩物」以外の「恩物」の使用などについて調査研究が進められていたこともあり、「恩物＝二十恩物」とする認識にわずかながらも変化の兆しが見られるようになったといえる。ちなみに、長年にわたって幼稚園恩物の製造販売を行ってきた大阪蔡倫社であるが、『京阪神聯合保育会雑誌』の出版発行をめぐるトラブルにより、京阪神聯合保育会とは一九〇五（明治三十八）年に関係を絶つことになり（「本誌ト大阪蔡倫社」『京阪神聯合保育会雑誌』第一六号）、それに代わって大阪の天真堂（一九〇四年創業）が「恩物」の製造販売等を担うようになった。

千葉県成田幼稚園の一九〇六年五月から一九一五年十一月までの「通信簿」からは、現場における「恩物」購入の一端を窺い知ることができる。それによれば、同園は一九〇八（明治四十一）年までは手技用品を佐藤商店と天真堂に注文している。フレーベル館創業後、一九〇九（明治四十二）年からは同館への注文が中心となるが、少なくとも一九一五（大正四）年十一月までは天真堂への「恩物」注文の記録があり、購入品に応じて複数の販売店を利用していたことがわかる。

ところで、フレーベルの「恩物」は本来、子どもの遊びを発展させるためのものであり、子どもが「恩物」を用いて遊ぶ中で自然と教育効果が得られるように意図されたものであった。しかし、明治初期の日本では遊びの教育的価値が十分に理解されず方法論に偏った「恩物」の導入となり、多くの幼稚園では「恩物」の形式的・画一的な指導が行われた。「恩物」には「全体から部分」「具体から抽象」というように一定の秩序があり、第一は第一のみ、第二は第二のみとして他の種類の「恩物」を混ぜて使うことは許されなかった。また、幼児に「恩物」を使用させるときには、積木は必ず立体的に使用させ、板は必ず平面上に並べさせるなど、立体、面、線、点の四形式に応じて厳格な規則が設けられていた。これらは幼児の自由な活動を妨げるものであったが、フレーベルの幼児教育思想や「恩物」への本質的理解が深まるにつれて、こうした「恩物」中心主義の保育は批判され、その取り扱いも次第に改善されていくことになるのである。

二　保育界における玩具研究の展開

明治後期になると、アメリカの児童研究運動の影響を受けて日本でも児童研究の気運が高まり、子どもの遊戯や玩具について盛んに論じられるようになった。また、多数の玩具が販売され、「教育玩具」と名の付く玩具も現れる中で、家庭に玩具選択の標準を示すという観点からも玩具研究の必要性が生じたものと思われる(1)。『婦人と子ども』第九巻第三号（一九〇九年）には、大津幼稚園による「玩具調査に関する研究報告」が掲載されている。この研究報告は、一九〇八（明治四十一）年十一月にまとめられたものであり、嬰児期を三期、幼児期を三期に分け、各時期の「発育上着眼すべき諸点」「保育上注意すべき諸点」及び「代表的玩具の一二」について研究した成果が詳細に記載されている。子どもの発達について学び、発達段階に応じた玩具を研究したものとして注目される。

ちょうど同じ年、三越呉服店は「小児部」の開設や懸賞新案玩具の募集を行い、翌一九〇九（明治四十二）年五月には第一回児童博覧会を開催し、多数の玩具の陳列及び高島平三郎（児童心理学者）らによる最新の玩具理論の紹介を行っている。さらに、その盛況を受けて玩具を含む児童用品の改良・普及を図るべく、三島通良（医学博士）、高島平三郎、菅原教造（文学士）、巌谷小波（児童文学作家）を発起人として児童用品研究会を創設している。

この三越呉服店の動きと連動するかのように、一九〇九年三月、和田実（東京女子高等師範学校助教授）、高市次郎（フレーベル館主）らが中心となってフレーベル会内にも玩具研究部が組織される。和田によれば、玩具の歴史的盛衰や地方的状況については詳しい研究があるが、幼児教育上には参考にならず、母親の玩具選択にも役に立たないため、玩具の教育的研究の必要性を痛切に感じているという。そこで、玩具研究の目的として、①現在世に売られている玩具が果たしてどれほどの教育的効果を有するかを研究し、理想とする玩具の標準を作ること、②製造された新案玩具を批評してその教育的価値及び使用する児童の範囲等を明示すること、③現在不足している玩具を考案し、玩具の改善を図ることの三点が掲げられた。また、一般の児童に適するかどうかは広く実行してみなければわからないという理由から、玩具研究部賛助員を募集し、賛助員の児童へはその性別や年齢、個性等に従い適切な玩具を選定して毎月配布することとした（和田 一九〇九）。『婦人と子ども』第十巻第二号（一九一〇年）に掲載された「玩具研究部記事」より、「玩具研究部規則」を示せば以下の通りである。

一、本部はフレーベル会玩具研究部と称し会員中の篤志者を以て組織す
二、本部は教育品としての玩具を研究し其改良発達を計るを以て目的とす
三、本部は前項の目的を達せんために左の事業を行ふ
　一、玩具の研究報告、討論、雑話
　二、新案玩具の批評鑑定
　三、新案玩具の試作配布
　四、玩具に関する講演会の開催
　五、玩具に関する図書の出版
四、本部は前項の目的を達せんために毎月一回（第二土曜午後二時）より常会を開く

五、本部員たらんとするものは現在部員の紹介に因り常会の承諾を得可し
六、部費は別に徴収せず。但し必要あるときは随時其実費を徴収することある可し
七、本部に主事を置く。主事は本会主幹の指名に因り其指揮を受けて部務を掌理す可し
八、本部に於て必要なりと認むるときは本則以外別に細則を定むることを得

玩具研究部は、玩具の研究報告、新案玩具の批評鑑定、新案玩具の試作配布を実施するが、「玩具研究部賛助規定」の改正により、一九一〇（明治四十三）年三月からは子どもの性別及び年齢に応じた玩具の配布を廃止し、フレーベル会玩具研究部の試作に係る新案玩具のみを配布することになった。一九一一（明治四十四）年に玩具研究部は廃止されるが、その跡を継いで日本玩具研究会が組織されている。

長野県松本幼稚園は、フレーベル会玩具研究部の賛助員であった。同園は、松本市教育委員会の玩具調査委員に全職員が選出され、一九〇九（明治四十二）年より玩具研究を開始する。研究の過程では、心理学や教育学に基づく玩具理論を学んだ。また、玩具研究部賛助員への配布玩具やフレーベル館販売の玩具を購入するとともに、前述の大津幼稚園の研究報告を参考にしながら標準玩具を作成した(2)。松本幼稚園が研究成果としてまとめた「玩具の研究」より、各年齢の標準玩具を抜粋すれば、表2の通りである。

ここに見られる標準玩具は、日本在来の玩具、外国からの輸入玩具、フレーベル会玩具研究部の配布玩具（機関砲、大砲、駒木片、軍艦など）、フレーベル館販売の新案玩具（空中飛行器、電車、汽車、水ピストル、絵カルタなど）、積木、板排、全鐶《ぜんかん》（金輪）といった恩物類まで、玩具を幅広く収集し、批評・検討した上で、「子どもの発達」という観点から再構成されている。とりわけ、恩物の厳格な枠組みが取り払われ、子どもの発達段階に応じて一部の恩物が他の玩具と同列に扱われるようになったことは注目される。

表２　松本幼稚園作成の標準玩具

生後５ヶ月	風車、風鈴、ガラガラ、大ハリコ、デンデン太鼓
５ヶ月～12ヶ月	犬、ラッパ、ゴム人形、オシャブリ、小鈴、笛、オールゴール
１～３歳	太鼓、馬、牛、魚、手拍子、不倒翁、活動人形、兵隊、鳥籠、機械体操、万花鏡、負猿、舟
３～４歳	マリ、メン、竹馬、棒押鳥、パンパン、ラッパ、ランドセル、魚釣、空中飛行器、押コマ、福録寿
４～５歳	人形、家、ブランコ、マヽコト道具、電車、木琴、組立積木、組立人形、オキカザリ、スヰアゲ、舟、積木、板排、馬、サーベル、剣玉、動植物模型
５～７歳	羽子、オハジキ、アヤトリ、お手玉、ダルマ落シ、姉様、全鐶、凧、吸付弓、扇風機、独楽、福ワラヒ、ヴァイオリン、汽車、水ピストル、絵カルタ、大砲、機関砲、速射砲、軍艦、ポンプ、色独楽、バッタフレー、駒木片
７～10歳	空気銃、絵合、水筒、手工材料、コンクラベの類、七工板、机上玉突、ハーモニカ、手風琴、電話機、紐技、絵本

〈備考〉松本幼稚園「玩具の研究」より年齢ごとの標準玩具のみ抜粋。

成田幼稚園でも、保育用品として新案玩具が幅広く取り入れられている。同園の一九一四（大正三）年五月のものと思われる「玩具並ニ恩物類扣」には、種々の模型や標本、幼稚園恩物、掛図とともに、「フレーベル会玩具研究部製造玩具」「フレーベル館販売玩具」「みつこしおもちゃ会第二期配分玩具一ヶ年分」「日本玩具研究会玩具」が記載されている。このうち、「みつこしおもちゃ会第二期配分玩具」というのは一九一三（大正二）年十一月に寄贈されたものである。「フレーベル会玩具研究部製造玩具」として記載された玩具を挙げれば、「遊嬉的手工図形」「室内ブランコ」「空中飛行機」「折紙人形」「七巧板」「指頭練習器」「絵ガルタ」「スネルゲーム」「独楽」「鈴付皮紐」「卓上球突」「組立積木」「軍艦」「箱絵」である。このように、玩具研究や商品開発が進むにつれて、保育現場に幼稚園恩物や模型など以外に様々な玩具が入ってきていたことがわかる。

一九一四（大正三）年七月に開かれた大阪児童学会常会では、「我邦在来の玩具を幼稚園恩物として応用することに就て」と題する研究問題のもとで意見交換が行われた。出席した保姆たちからは幼稚園恩物の優れた点として多種多様に変化し、自由に工夫できるといった意見が出される一方で、幼稚園恩物に不足している点や課題などが指摘された。たとえば、本田幼稚園保姆の三宅トモ子は次のように述べている。

恩物の多くは抽象的のものでありまして、主として精神の比較的高尚なる作用の活動又は発達に資すべきものが多いやうに思ひます。又之を使用する上に於ても全然個人的のものであります。然るに幼稚園に於て保育上重要視する点は幼児の自由活動に依り身体養護及び発達を専とし、又遊戯に依りて共同一致の精神及び各種の感覚機関の練習をなし学齢に至り小学校教育を受け易からしむべき心身たらしむることであります。然らば従来の恩物のみでは身体の養護を主とす可き体育的玩具、共同的精神の養成に使用す可き共同遊戯の玩具等の不足が起つて来ます。故に幼児に恩物を使用なさしむる場合には、之を普通玩具と倣して在来の玩具と併用して恩物の抽象的なるものを具体的ならしめて使用なさしむれば保育上有益なる事と思ひます。

（『児童研究』第一八巻第三号、一九一四：一〇七―一〇八頁）

幼稚園恩物には抽象的で幼児には高尚なものが多く、また、身体の発達を図る玩具や共同的使用に適した玩具などが不足しており、それを補うために日本在来の玩具との併用が必要であるという。それは、「恩物」のみに囚われない保育観が保育者の間にも浸透しつつあったことを示唆している。

三　フレーベル館における「恩物」の再考

フレーベル館は、一九〇七（明治四十）年四月、麹町区飯田町に「白丸屋」という名で高市次郎によって創業され、翌年四月に九段中坂上に移転して「フレーベル館」と改称した。前述の玩具研究部はフレーベル館内に置かれた。玩具研究部の発足をきっかけに、フレーベル館は新案玩具の製造販売に精力的に取り組むようになるが、その一方でフレーベルの「恩物」についても研究を重ねていた。高市は『保育法便覧』（一九一一年）において、「恩物」の扱いについて次のように述べている。

従来日本に於ては所謂フレーベル氏の二十恩物と唱へて保育用品の主なるものを二十に分けて居りましたが、私は西洋の種々の書物も参考し、又諸先生にも伺つて恩物（Gift）と手芸品（Occupation）の二つに分けました。之は恩物は弄ぶべき已に出来上つた品で手芸品は是から製作発表しやうと云ふ材料でありますから確に区別があると思ひます。夫から恩物を十三に分けました。而して板連、組板は以前には第十五恩物、第十六恩物となつてゐましたけれども之は確に面と線との連絡となるべき出来上つた保育用品でありますから、恩物の内の板の次に入れました。夫れから十二恩物として紐を入れたのは自由の曲線がないからであります。実際幼稚園にては置紐は用ゐて居られたと思ひます。次に粒を入れたのは点に関する恩物がないからであります。之れ已に御用ゐになつて居られたことゝ思ひます。
手芸品の中では塗方と厚紙と云ふのがはいりました。之は小学校にても今度塗方がはいりましたが画の初歩としては是非必要と思ひます。又厚紙細工は体を組み立てる初歩として面白いと思ふからであります。（高市 一九一一：四五頁）

すなわち、高市は、「二十恩物」として一括して捉えられていたものを、恩物と手芸品の二つに区別した。また、従来の枠組みや内容に囚われず、恩物の順序を入れ替えたり、紐、粒（貝）、厚紙といった新しい素材を取り入れたりした。その結果、恩物は十三種、手芸品は十一種、計二十四種となった。そこには、「子どもに何を経験してほしいか」という高市なりの思いや研究成果を見出すことができる。

また、『保育法便覧』の附録では、フレーベル館特製品として十七種の玩具類が紹介されている。それらは「家庭ニ於テハ勿論幼稚園ニ於テモ其ノ使用久シキニ堪ヘ且ツ身心ノ発達ニ裨益アル最モ著シキモノ」であるという（高市 一九一一：六三頁）。その中には、昭和初期に至るまで長く製造販売が続けられたものも少なくない。たとえば、一九一〇（明治四十三）年に商品化された「ハリ絵」である。これに類似した商品に「貼紙用品」もあるが、「ハリ絵」の方が手が込んでいる。

ゴム糊を着けたる色紙を動植物の形に打ち抜きたる紙二十七八種あり。外に印刷したる台紙とピンセット、水皿、十二色蝋筆ありて、之を用ふるには先づ撰定したる形をピンセットにて挟み、皿の水を附し印刷したる該形の上に貼り、全部了りたる時色筆にて彩色すべし。（高市 一九一一：六五頁）

「ハリ絵」は動植物の形に打ち抜いた色紙の裏にゴム糊をつけており、水をつけて台紙に貼るようになっている。台紙には、種々考案した図形が印刷されているという。時代玩具コレクションの中にも「幼稚園保育材料」（年代不詳）、「教育切紙手工図」（一九三一年）など類似した玩具があり、「ハリ絵」（貼紙）は手技用品の延長上にある保育用品として定着していったといえよう。

四　幼稚園経営と保育用品の供給

若越保育会と早翠幼稚園

一九一六（大正五）年九月、福井県敦賀町（現在の敦賀市）に良覚寺住職の徳本達雄によって早翠幼稚園は創設された。開園当時は地元に教材を扱う会社がなく日々の保育に必要な教材・教具がほとんど手に入らなかったため、徳本は自らその研究と製造に着手することにした。こうして一九一七（大正六）年四月、若越保育会の名のもとで早翠幼稚園の保育教材を製造する個人経営の事業が開始されたのである。

一九二四（大正十三）年九月から一九三二（昭和七）年三月まで保姆として在職した渡辺志づ江氏の回想によれば、「教材は先生方の作ったものを基に、田中清助氏がみて改良し、若越保育会で量産していた」ようで、保育に使用する「教材はかなり豊富で、ヌリ絵、キリ絵、折紙類は若越保育会で製作供給された」（若越　一九八五：二六—二七頁）という。田中清助とは若越保育会で商品開発を担当した人物である。田中の尽力によって、越前和紙を染色した色紙や紙を材料とした各種の手技用品、大正末期頃に開発された「若越クレヨン」など、地域の特色や技術を生かした数々の教材が商品化された。

写真1は、時代玩具コレクションの中の貼紙と思われる玩具である。箱には「若越保育会」と記され、社章である犬張子のマークがある。(3)これは前述のフレーベル館で製造販売されていた「ハリ絵」と類似しており、同館の商品を参考に製造された可能性が考えられる。製造時期の詳細は不明であるが、大正期から昭和初期に製造されたものであろうと思われる。『若越創業七十年誌』には、その製造過程が次のように記されている。

車庫つづきの土蔵を改造した工場では、主には貼紙抜きを行っていた。直径五十センチ、厚み三十センチ位

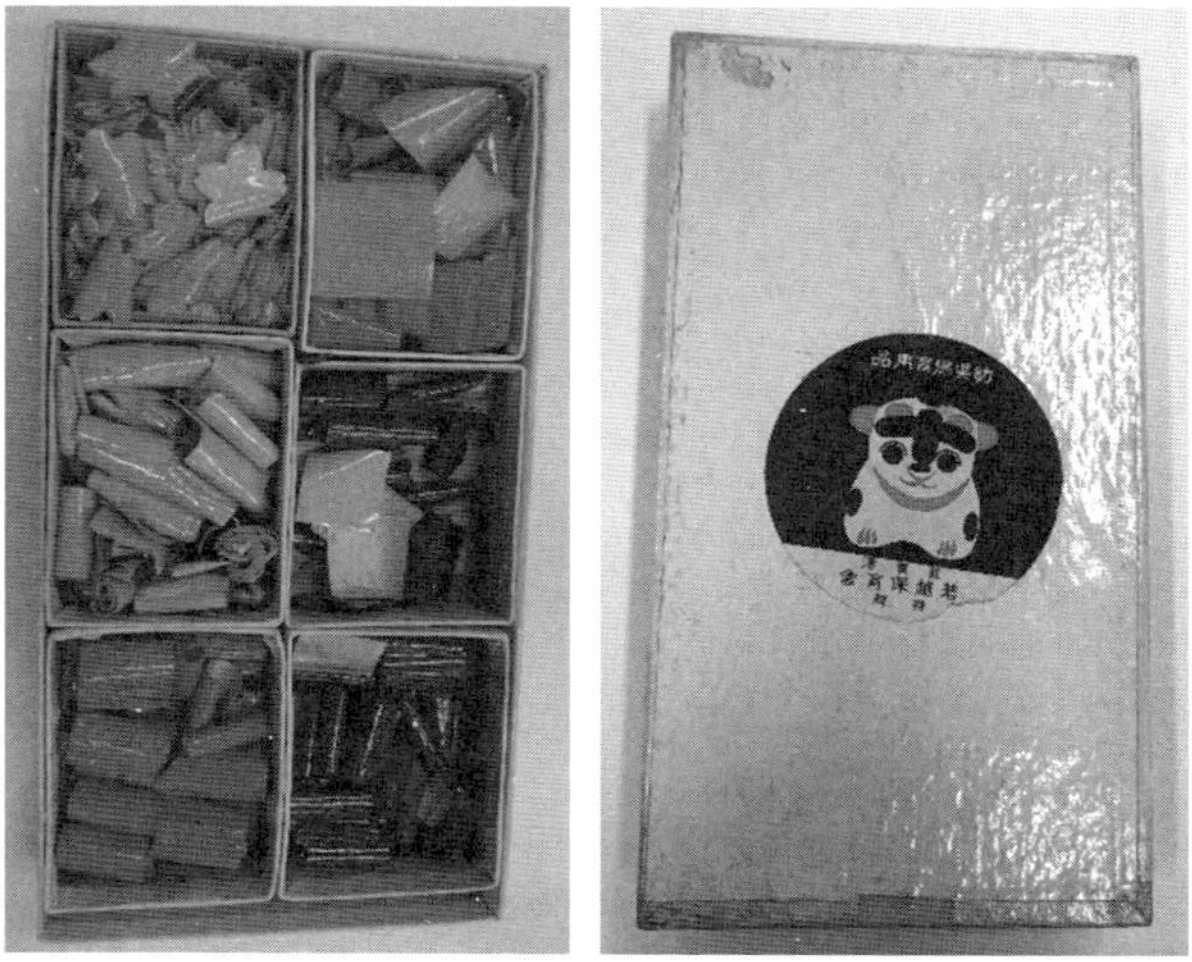

写真１　若越保育会「貼紙」（国立民族学博物館蔵）

の大きなケヤキの木を切った台を置き、その上にアラビヤ糊をはいた色紙数枚を重ねておき、その両端を大きなクリップではさんで、ズレないようにし、この上に花や蝶や小鳥などの形をした金型をおいて、上からケヤキの大きい木槌で力一杯たたき、型をぬき出す方法である。このように抜き出された貼紙が一定量に達すると、中を六つに小分けした紙箱に詰め、犬はりこ（張子―筆者注）のマークのレッテルを貼っていく。（若越　一九八五：一三一頁）

早翠幼稚園は若越保育会からの生産供給により、教材・教具に不自由したことはなかったという。昭和に入るとそれまでの実績が認められ、次第に県内外の幼稚園や保育園からも依頼を受けるようになり、他園への教材の販売が本格化した。

なお、若越保育会は戦争により一時的に休業を余儀なくなされるが、戦後は個人経営を法人組織とし、株式会社若越を設立して再出発している（現株式会社ジャクエツ）。

岸辺福雄と東洋幼稚園

岸辺福雄は、一八九五（明治二十八）年に兵庫県尋常師範学校を卒業し、同年四月から兵庫県豊岡小学校、一八九八（明治三十一）年六月からは兵庫県御影師範学校附属小学校に訓導として勤務した後、東京府青山師範学校講師を経て、一九〇三（明治三十六）年十月に東京牛込納戸町に東洋幼稚園を開園した。(4) 口演童話家として知られる岸辺であるが、小学校訓導時代には遊戯法について研究を行っており、遊戯の教育的価値を理解していたゆえに玩具への関心も高かったのではないかと考えられる。たとえば、岸辺が考案した「明治独楽」という教育的玩具が一九一一（明治四十四）年に「明治の家庭社」から販売されている。岸辺は、「明治独楽」の教育的価値を第一恩物の六球と比較して次のように述べている。

幼稚園恩物の六球を玩せて、色彩の観念を習はんとする、乾燥無味の旧式の保育法に比べると、色彩の範囲も広く、且つ子供と独楽、実に離る可からさる、密接の干係（関係—筆者注）ある玩具によりて遊ばせるのであるから、予は、六球を以て色彩観念を養はんとする迂遠なる保育法を排して、切に明治独楽をすゝめるのである。（岸辺　一九〇八：二〇頁）

その後も、東洋幼稚園は二インチの「大積木」や「室内ブランコ」（一九〇九年）など新案玩具をいち早く取り入れて実践を展開していく。また、岸辺は日本玩具研究会の幹事でもあり、「春駒」の創案（一九一五年）などフレーベル館の商品開発にも協力していたようである。(5)

一九一六（大正五）年以降、岸辺は数回にわたって欧米への幼児教育視察に行っている。欧米教育視察の際には、子どもの玩具等を見出して土産として持ち帰り、自分の園で使用したり、それを商品化に結びつけたりしていた。クレヨンやP・S・ヒルが考案した積木もまた、アメリカ訪問の際に見出したものであった。(6)

写真2は、時代玩具コレクションの中に見られる「キツコウツミキ」という名の積木である。商品名の右下に

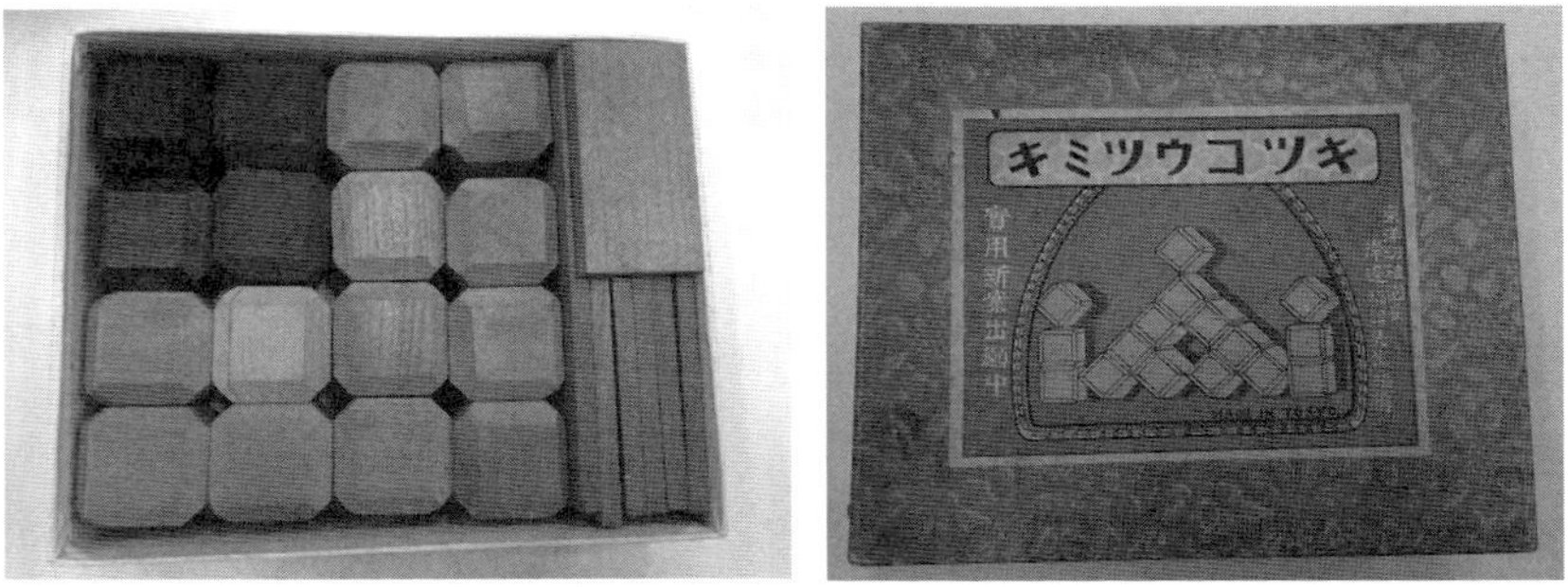

写真２　キツコウツミキ（国立民族学博物館蔵）

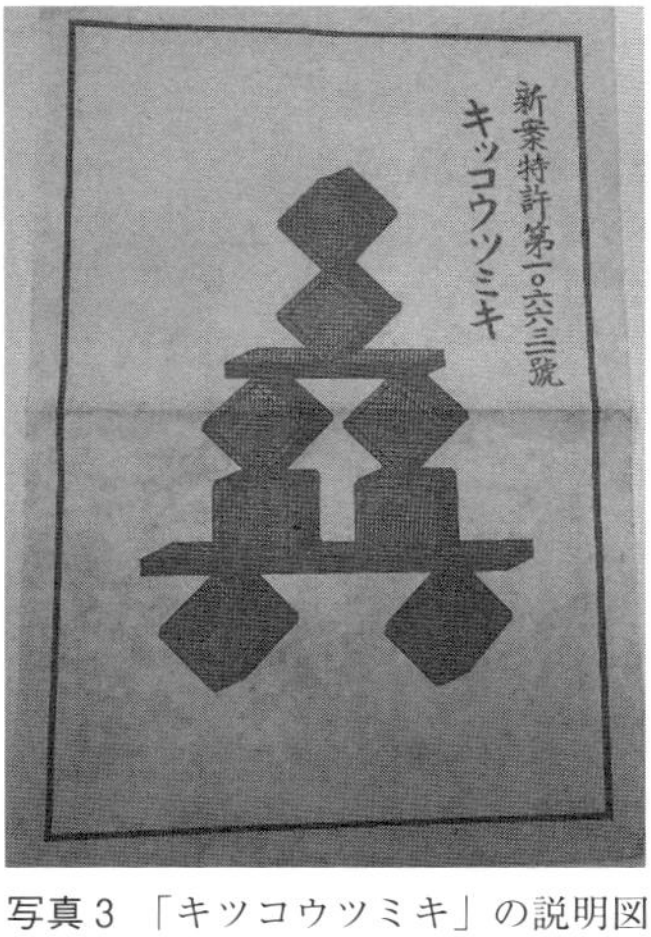

写真３「キツコウツミキ」の説明図

は、「東洋幼稚園長岸辺福雄先生指導」と記されている。管見の限りではその製造時期を示す資料は見当たらない。しかし、丸山は、関谷静子（岸辺の三女）への聞き取りをもとに、「大正十年にドイツで見つけた亀甲型の積み木は、帰国後大工に作らせ、長い間東洋幼稚園、岸辺幼稚園で教材とされた」と述べている（丸山　一九八二：一一八頁）。ここでいう「亀甲型の積み木」こそが「キッコウツミキ」であるとすれば、一九二一（大正十）年頃に製造されたものとみることができる。この「キッコウツミキ」は、立方体の角面を取った積木が十六個（そのうち青色と赤色が各二個）、長方形の板が五個、その半分の長さのものが三個から成る。遊び方の説明図も入っている（写真３）。「キッコウツミキ」は幼稚園で使用するためだけでなく、家庭向けの玩具として製造販売されたものではないかと推察される。また、時代玩具コレクションの中の「不思議なテーブル」（年代不詳、三越）という名の木製玩具にも「東洋幼稚園長岸辺福雄先生推奨」との記載があり、岸辺が商品化に関わっていた可能性がある。

岸辺は、その著書『若きママさんに』（一九三一年）において、「玩具の中で、早く《（ママ）》最も早く奨励し布及したいのは、木製積木である」として、次のように述べている。

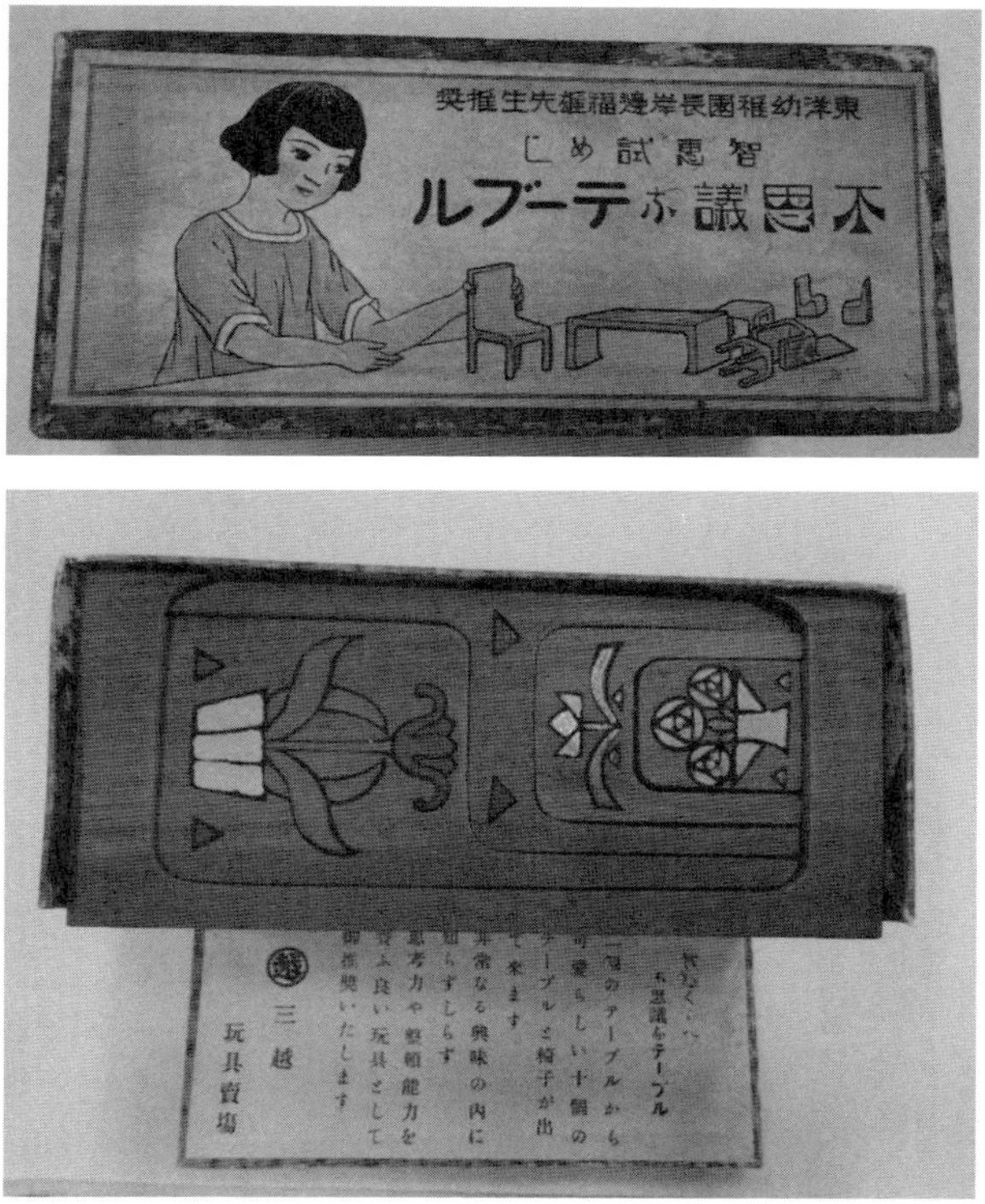

写真４「不思議なテーブル」（国立民族学博物館蔵）

積木は、子供の創造力を自由に発表させる事が出来る。それが、其の子供の発達の程度に応じて自由勝手である。少しも斯くせよと強ひる事がない。組立図の附録はあるが、あれは、ママさんへの参考で、始終あの説明図同様の通りに積み上げさせてゐては、積木の真の意義を没するものである。

子供の気の向ふがまゝに、何をどう積重ねようとも一向平気で放任しておくべきである。それが如何に変化し進歩するかゞ、

ママさんの研究であり楽しみである。（岸辺 一九三一：九八―九九頁）

岸辺は、積木によって子どもの創作力・工夫力を養成することができるとして、その教育的価値を認めていたが、それを子どもに強いるのではなく、子どもの自由を尊重すべきであると考えていた。また、家庭では完成品の玩具のみを与えたがる傾向があるが、子どもには自ら工夫する余地があるものを与えるべきであり、そうした岸辺の認識が木製積木の製作に結びついたのではないかと思われる。

五　保育用品に込められた教育的意図

昭和初期のフレーベル館の「保育用品目録」には、「フレーベル式恩物」「フレーベル式手技用品」に続いて、「弊社特製準恩物」「弊社特製準手技用品」という項目が設けられている。準恩物とは「恰もフレーベル氏の恩物に相当し、主としてフレーベル式以後に用ふる高程度のものである。唯恩物と異る点は、何れも玩具的の興味を有し、児童は自ら進んで之を用ひんとする様考案した」ところにあるという（フレーベル館 一九二七：一〇頁）。準手技用品も準恩物と同様で、フレーベルの手技用品の延長と捉えられている。つまり、新しい玩具や素材などは教育的価値や子どもの興味を吟味した上で、それに見合ったものが準恩物、準手技用品として位置づけられたと考えられる。以下では、特に準手技用品に注目し、保育用品に見られる教育的配慮やその意義について考えてみたい。

フレーベル館の「昭和二年度　保育用品目録」によれば、準手技用品として販売されているのは、①貼紙、②マンテン貼紙、③背景台紙、④貼紙用無地台紙、⑤連繫用品、⑥風車用紙、⑦手提袋用紙、⑧絵定規、⑨切り抜き、⑩簾編具、⑪畳表編具、⑫切抜活動の十二種である。なかでも注目したいのが⑨であり、ここには「切抜塗絵」「切抜鳥と昆虫」「切抜自由動物」「切抜立動物」「罫入五色厚紙」「着替」「起し絵」という六種の準手技用品が含まれている。この「切り抜き」は、子どもの遊びとして日本に古くからあった着せ替え人形などの名残を感じさせる。それと同時に、こうした紙製の組立玩具は当時のアメリカでもよく見られたものであり、日本の保育雑誌等でアメリカの遊びとして紹介されていた。岸辺も「米国辺りでは、紙に型を刷つたいろいろの組立て絵を、子供が熱心に仕上げてゐるのを見る」（岸辺 一九一七：二八六頁）と述べている。つまり、「切り抜き」自体は必ずしも新しいものではなく、むしろ類似した遊びは古くから行われていたが、アメリカの幼児教育の影響を受けて、保育用品としての価値が見直されたといえるのかもしれない。日本の着せ替え人形は大正中期になって厚手の洋紙（ボール紙）の色刷りになり、鋏で切り抜いて遊ぶ形式から、鋏を使わずにパーツを打ち抜いて遊ぶことができるようになったという（肥田 二〇一四）。それに対して、「切り抜き」は彩色されておらず、あえて子ども自らが切り抜き、色を塗り、切り目を入れ、糊で貼って玩具を作るように工夫されている。「保育用品目録」には、「児童は切り抜くと云ふことを非常に好む。而して亦教育的にも多大の意味がある」（フレーベル館 一九二七：二五頁）と記されている。それは完成品を提供して遊ぶことではなく、作る過程に教育的価値を見出しているからに他ならない。また、「切抜塗絵」や「切抜鳥と昆虫」には紐などを付けて作った物を動かして遊ぶ仕掛けもあり、「作る楽しさ」のみならず「作った物で遊ぶ楽しさ」も味わえるようになっている。ちなみに、大阪の戸部保育品製作所の「幼稚園用品目録」（一九三四年）にも「切り抜き用品」が紹介されており、フレーベル館のみならず、他店からも同じような製品が販売されていたことがわかる。

他方、フレーベル館の「保育用品目録」を見ると、一九一九（大正八）年から製造販売されたヒルの積木などの大型積木が準恩物に加わっている。恩物は本来、個別的な活動を中心とするが、こうした大型の積木が加わっ育効果にも変化が見られるようになった。

たことにより、玩具を通しての共同的な体験も可能となった。新たな玩具や素材が加わることで、期待される保

おわりに

戦前日本において、幼稚園恩物は保育内容の中で重要な位置を保ち、保育用品として製造販売され続けた。もちろん、明治初期に受容された「二十恩物」がそのまま使われ続けたわけではない。時代とともに新しい玩具や素材を取り入れ、幼稚園恩物は再構成されていった。心理学の受容を背景とする明治四十年代の玩具研究は、フレーベルの「恩物」、日本在来の玩具、外国の輸入玩具、フレーベル会玩具研究部の配布玩具、フレーベル館販売の新案玩具など、あらゆる玩具を「子どもの発達」という視点から捉え直す契機を与えた。また、新しい玩具類も次々に保育現場に取り入れられ、「恩物」のみに囚われない保育観が形成されていった。

フレーベル館を中心に、幼稚園恩物の製造販売の担い手も広がりを見せ、恩物や手技用品の研究を重ねるとともに、新案玩具の考案が精力的に行われた。各地の幼稚園関係者もまた保育用品の生産に携わり、保育用品供給の道を開いていった。時代玩具コレクションの中に見られる若越保育会の保育教材や岸辺が携わった玩具などの検討を通して、各地には保育用品の開発に取り組む組織や人々が存在していたことが確認できた。日本の幼稚園教育は東京女子（高等）師範学校附属幼稚園や関西の京阪神聯合保育会を中心にリードされてきたように思われるが、各地の幼稚園を支える組織や人々と、そのネットワークにより発展してきたのである。

「二十恩物」からスタートした保育用品であるが、新しい玩具類の導入により子どもの活動の幅が広がり、そこに付与される教育的価値も多様なものになった。そうした中で、様々な玩具や素材を取り入れてもなお幼稚園

恩物の製造販売が行われ、保育用品の中心に置かれたのは、それらが子どもにとって魅力あるものだったからであろう。幼稚園恩物は幼児期の子どもには高尚すぎるとの批判もあったが、既成の玩具のように完成品ではなく、素材を生かし、子ども自身の工夫の余地がある恩物や手技用品には既成の玩具とは異なる独特の良さがあった。それゆえ、改良を重ねながらも幼稚園恩物は保育用品として生き残ったのであろう。今日では保育現場で「恩物」の名が使われることはないが、積木、折り紙、粘土などは保育用品に欠かせないものとして生き続けている。

（1）教育玩具の誕生やその後の展開については、是澤博昭（二〇〇九）『教育玩具の近代——教育対象としての子どもの誕生』世織書房に詳しい。
（2）松本幼稚園の玩具研究については、松本市立松本幼稚園百年誌刊行会編（一九八七）『松本市立松本幼稚園百年誌』（松本市立松本幼稚園、三〇六—三〇七頁）、及び拙著『近代日本幼稚園教育実践史の研究』（五四—六〇頁）を参照。
（3）『若越創業七十年誌』によれば、早翠幼稚園を開園した当時、早蕨幼稚園長の久留島武彦が来園し、園児の健やかな発育と幸せを願って犬張子のマークを残していったという。なお、上笙一郎・山崎朋子『日本の幼稚園——幼児教育の歴史』（理論社、一九六五年）では、早蕨幼稚園の園章も犬張子であったことが紹介されている。
（4）岸辺福雄の経歴については、内山憲尚（一九七二）「岸辺福雄」（内山憲尚編『日本口演童話史』文化書房博文社、二八—三四頁）、丸山千里（一九八二）「岸辺福雄論——岸辺福雄の幼児教育観を中心に」（『史窓』第三九号）、冨田博之（一九九三）「岸辺福雄」（冨田博之・中野光・関口安義編『大正自由教育の光芒』久山社、六〇—七〇頁）、田中貴子（一九九九）「東洋幼稚園について——岸邊福雄の幼児教育観を探る」（『幼年児童教育研究』第十一号）を参照。これらの先行研究では、岸辺福雄の幼児教育観や東洋幼稚園での実践、口演童話家としての活動などについて明らかにされているが、玩具の考案・紹介については断片的に取り上げられているにすぎない。
（5）「玩具研究部賛助員への配布玩具説明」（『婦人と子ども』第九巻第七号、一九〇九年）では、配布玩具の説明とともに東洋幼稚園で大積木や空中ブランコが使用されていることが紹介されている。また、「春駒」は「フレーベル館の新製品」として『婦人と子ども』第一五巻第六号の巻末の広告に掲載されている。
（6）『フレーベル館七十年史』によれば、クレヨンを持ち帰り東洋幼稚園の園児に使わせたことが日本の幼稚園でクレヨンが使われた最初であるという。その後、フレーベル館でその製法が研究され、一九二一（大正十）年五月に彩色帖とともに発売されている。ヒルの積木も一九一九（大正八）年にフレーベル館が製造販売している。

参考文献

内山憲尚（一九七二）「岸辺福雄」内山憲尚（編）『日本口演童話史』文化書房博文社、二八―三四頁。

岸邊福雄（一九〇八）「新案明治ゴマはカクの如く有益也――明治独楽の批評の批評」『をさなご』第九号、一八―二〇頁。

――――（一九一七）『親のため子のため』実業之日本社。

――――（一九三一）『若きママさんに』実業之日本社。

清原みさ子（二〇一四）『手技の歴史――フレーベルの「恩物」と「作業」の受容とその後の理論的、実践的展開』新読書社。

小山みずえ（二〇一二）『近代日本幼稚園教育実践史の研究』学術出版会。

是澤博昭（二〇〇九）『教育玩具の近代――教育対象としての子どもの誕生』世織書房。

若越（一九八五）『若越創業七十年誌――幼な子と共に』若越。

関信三（一八七九）『幼稚園二十遊嬉』岡田正章監修（一九七七）『明治保育文献集』第二巻、日本らいぶらり。

高市次郎（編）（一九一二）『保育法便覧』フレーベル館。

高市次郎（一九三七）「我国の恩物に就いて」高市慶雄『実地踏査に基つくフレーベル全伝』フレーベル館、六五―六七頁。

田中貴子（一九九九）「東洋幼稚園について――岸邊福雄の幼児教育観を探る」『幼年児童教育研究』第一一号、八九―九八頁。

戸部保育品製作所（一九三四）「幼稚園用品目録」。

冨田博之（一九九三）「岸辺福雄」冨田博之・中野光・関口安義（編）『大正自由教育の光芒』久山社、六〇―七〇頁。

永田桂子（一九八七）『絵本観・玩具観の変遷』高文堂出版社。

肥田晧三（二〇一四）「大正時代の着せ替え人形（図版解説）」『人形玩具研究』第二五号、六三―六四頁。

日本保育学会（一九六八～一九七五）『日本幼児保育史』全六巻、フレーベル館。

フレーベル館（一九二七）「昭和二年度　保育用品目録」（フレーベル館蔵）。

『フレーベル館七十年史』（一九七七）フレーベル館。

松本市立松本幼稚園百年誌刊行会（編）（一九八七）『松本市立松本幼稚園百年誌』松本市立松本幼稚園。

丸山千里（一九八二）「岸辺福雄論――岸辺福雄の幼児教育観を中心に」『史窓』第三九号、一一五―一二四頁。

森上史朗（一九八四）『児童中心主義の保育――保育内容・方法改革の歩み』教育出版。

湯川嘉津美（一九九四）「教育玩具のパラドックス――近代日本における玩具への教育的まなざしをめぐって」加藤芳正、矢野智司

（編）『教育のパラドックス』東信堂、二二七―二五四頁。

――（二〇〇二）『日本幼稚園成立史の研究』風間書房。

和田実（一九〇九）「玩具研究に就て」『婦人と子ども』第九巻第五号、二八―二九頁。

国家行事と子どもの節句

山田慎也

はじめに

節句というのは、元来、季節の折目に神と人に食物を供する日であり[1]、とくに五節句といわれる一月七日の人日、三月三日の上巳、五月五日の端午、七月七日の七夕、九月九日の重陽が重視されたほか、八朔などさまざまな節句もあり、地域によっても多様であった（柳田編 一九七〇）。

しかし、近代以降、三月の上巳を雛祭りとして女の子の祝い、五月の端午を男の子の祝いとし、その両日のみを節句と称するようになり[2]、現在では子どもと密接に結びついた行事というのが通常の理解である。たとえば、冠婚葬祭のマニュアルとして地域の行事の差異を意識して編集している主婦と生活社『都道府県別冠婚葬祭大事典』（山村編 一九九二）では、年中行事の項目で「三月節句」、「五月節句」と「節句」を付けて項目が採録されているが、かつて五節句の一つであった七月の「七夕」は「節句」をつけていない。

その「三月節句」の項では、「雛祭りは、女の子の成長を祝う祭りです。雛人形を飾り、菱餅や草餅、白酒などを供え、ちらしずしや蛤の吸い物を作って祝います」と（同、五七六頁）、三月節句はほぼ雛祭りと同義として扱われている。そして女の子の祭りとして雛人形を飾り、菱餅や草餅、ちらしずしなど行事に所縁があるとされるものを作って祝うことと説明しているのである。「五月節句」では、「五月五日は「端午の節句」「こどもの日」

として親しまれていますが、この日は各地で勇壮な行事が行われます。（中略）都会ではあまり見られなくなりましたが、武家社会の慣習につながる鯉のぼりも、男の子の祭りにふさわしい風物といえます。家庭では武者人形を飾り、ちまきや柏餅をたべて祝います」と（同、五八〇頁）、古代の騎射や菖蒲打、また現代の凧揚げや長崎のペーロンなどの行事をあげたうえで、男の子の祭りとして、武者人形を飾り、ちまきや柏餅など所縁のものを食べて祝うものとしている。

それぞれの節句で雛人形や武者人形を飾ることに関しては、「初節句」の項目でも指摘されている。雛人形は本格的なものとして、七段飾りの十五人揃の人形が、写真入りで紹介されている。また、武者人形の飾りかたとして「正式に定まった飾り方はないが、ふつうには具足を中心とした三段飾り」と三段飾りが通常とされ、やはり写真入りで紹介されている（同、五二五頁）。

このように双方とも、子どもの節句として人形を飾り、特別の食べ物で祝うという認識は、他のマニュアル書も同様である。発売当初から大ベストセラーとなり、戦後最も普及したマニュアル本といえる塩月弥栄子『冠婚葬祭入門』[3]では、「赤ちゃんが初めて迎える節句を初節句といってお祝いをします。男の子なら五月五日の端午の節句、女の子なら三月三日の雛祭りが初節句にあたります」（塩月 一九七〇：一一二頁）とあり、この記述の小見出しは「初節句を祝う人形は、男児には武者人形、女児には内裏雛」となっており、人形を用意して祝うことが当然のこととして述べられている。そして同シリーズの『図解冠婚葬祭』の「雛人形の飾り方」では十五人揃の七段飾りが、「五月人形の飾り方」では鎧を中心とした三段飾りが図解とともに解説されている（塩月 一九七一）。

以上のように、節句とはおもに、三月、五月の節句を指し、それぞれ女の子と男の子の祝いとして、雛人形や五月人形を飾り、草餅、菱餅やちまき、柏餅といった特別の食べ物を食べるという認識になっていることがわかるのである。

このような子どもを中心とした節句行事が浸透していくことで、子どもを含めた家庭での重要な行事という認識があわせて形成されたと捉えることができよう。これを背景として、節句行事を模倣し子どもを対象とした新たな家庭行事を創設しようという試みもなされるようになる。特に昭和初期、ナショナリズムが高揚してゆく中で、国家意識を鼓舞し国民を動員するためさまざまな国家行事が行われていった。そのなかで家庭への浸透を図り、子どもを含めて国民を動員するために、節句行事が流用されていったのである。

本稿では、子どもの祝いとして行われていた節句が、どのように国家行事に流用されていったのか、その目的や状況を検討することで、ナショナリズムと昭和期の子どもを含めた家庭との関係を明らかにしていきたい。それは当時の節句に対する認識、また家庭と子どもの位置づけを照射することにもなると考える。

一　近代における節句

節句の復活

三月や五月の節句が、子どもの祝いとして、特に誕生に際して初節句として祝うようになるのが近世期であった。三月節句において、中世以前の雛あそびの展開についてはここではとりあげないが、三月三日に雛祭りと称して、雛人形を飾り女の子の誕生を祝う行事となるのは十八世紀中頃である。一方、五月節句は江戸時代初頭には男の子の誕生を祝って行われるようになり、当初は外飾りであった人形や幟が、江戸時代中期には次第に、内飾りとして精巧なものに変化していった。ただしその後も内飾りとともに幟や鯉のぼりなど外飾りも並行して飾られていたという（是澤　二〇一五）。

ところが、こうした三月や五月の節句も近代になり一旦衰退する。明治政府は近代化政策を実施していく中で、人々の間に浸透していたさまざまな生活慣習を廃止もしくは改変させていった。なかでも人々の生活を規律していた暦に関して、一八七三（明治六）年、古代以来の太陰太陽暦から太陽の運行に基づいたグレゴリオ暦を採択した(4)（岡田 一九九四）。そして古代から節目の日であり、近世期には幕府の式日で、民間においても重要な日であった五節句が廃止される。このように従来の慣習が次第に廃止されていく一方で、天皇制に基づいた新たな祝祭日が設定されていった(5)。

しかし廃止された五節句のなかで、明治後期になると子どもに関連した節句行事が復活していった。それが三月節句の雛祭りであり、五月の端午の節句であった。子どもに関する消費文化が創出されていくなかで、その資源の一つとして、人生儀礼が認識され、七五三とともに節句行事が注目されたからである。特に百貨店が成立し、都市の新中間層をターゲットとして、子どもに関する商品が積極的に開発され、雛人形や五月人形を含むさまざまな商品が流行を創出しつつ販売されるなど、消費文化の発達が節句行事の復活の大きな要因となったことが指摘されている（神野 二〇一一）。

三月節句の雛飾り

なかでも節句の中心となるのが、人形などの節句飾りであり、その形成過程を簡単に見ていきたい。先述のように、雛祭りが女の子の祝いとして定着するのは江戸時代である。雛人形にしても、雛道具にしても当初は簡素なものであったが、次第に人形は衣裳を着せた座り雛となり、雛道具も蒔絵を使った豪華なものになっていく（是澤 二〇一五）。

その際、京都大阪と江戸では人形の飾り方が異なっていた。『守貞謾稿』（喜田川 二〇〇一）によれば、京都大阪の雛は緋毛氈をかけて二段にし、上段には無屋根の御殿を置き、その中に夫婦一対の雛をかざり、階下左右に随身二人と桜橘の二樹をならべる。その下には箪笥や長持、庖厨道具を並べるという。近代になってもその飾り方はしばらく続いており、一九一八年生まれで京都裏千家の出身である塩月弥栄子は「京都の生家では上段に御殿を置き、内裏雛をその中に飾り、雛段は二段ほどのスッキリした飾り付けでした」と述べ、関東と関西の違いを認識している（塩月 一九七〇：二〇〇頁）。

一方で、江戸は段を組んで飾っていた。ふたたび『守貞謾稿』（喜田川 二〇〇一）をみてみると、江戸では段を七、八階とし、御殿の代わりに屏風を立て回し、前上には翠簾や幕を張って、その中に夫婦雛を置く。また官女のほか、江戸は五人囃子が必ず飾られるという。このほか、琴琵琶三絃、将棋碁双六の三盤、厨子棚、書棚、箪笥、長持、挟箱、鏡台など、黒漆塗りで牡丹唐草の蒔絵があるという。

以上のように江戸時代後期に江戸では雛段が発達し、最上段には屏風を背景に内裏雛を並べ、以下ほかの人形や雛道具を階段状に飾るようになっていたことがわかる。そして近代にかけて次第に段飾りが一般に広がり、並べる人形の種類も定まっていく。現在、七段飾りでは、内裏雛、三人官女、五人囃子、随身、仕丁の十五体の人形を「一五人揃い」「きまりもの」と称している（山田 一九八〇）。一九三五年刊行の『東京玩具卸商同業組合史』によれば、「最近一五人揃ひの一定式が生まれた」といい、『東京玩具人形問屋協同組合七十年史』によると、「かつて照宮内親王の初節句に際し、雛人形の標準的一飾りセットを謹製献上したことがあったが、この献上が新聞紙上で大きく全国に喧伝されたため、その型式が一層大きく標準化された。今日のいわゆる〝十五人揃〟ということばがあたらしく生まれたのもこの時からである」（七十周年記念事業委員会編 一九七〇：六八頁）という。照宮内親王(6)の初節句は一九二六（大正十五）年三月であり、その標準的一飾りとは(7)、木製の五段の雛段に、十五体の人形があり、雛道具は屏風、雪洞、高坏、膳、菱台、桜橘と限定的である。その後一般的となる七段飾りの場合には、さらに箪笥や長持、挟箱、鏡台などの雛道具が並べられ、次第にその種類も定められるようになり、冠婚葬祭のマニュアル本にもあるような七段飾りの形態となっていった。

五月節句の飾り

五月飾りは、その形成過程から、展開が多様であったため、雛人形のように定型化せず、さまざまな形態の飾りが併存して残っている。現在でも外飾りとしての鯉のぼりや武者絵幟がある一方で、内飾りとして鎧兜や武者人形などが飾られる。ただ戦後、先述のように内飾りは三段飾りが標準とされるようになるが、その萌芽は昭和初期と考えられる。

江戸時代初頭には幟や武具飾りとともに甲人形といわれる飾りがあった。甲人形とは作りものの甲の上に小さな人形が載っている外飾りである。しかし次第に甲と分離して人形だけが飾られ、大型化していった。一方、江戸時代の後半になると、座敷に飾ることができる小型で精巧な幟や武具、また武者人形などが使われるようになっていく（是澤　二〇一四）。

そして、雛人形の精巧化とともに、五月飾りもしだいに豪華になるが、その種類は多様であった。昭和初期の『三五乃志留辺』(8)をみると、「五月人形」の節では鍾馗、神功皇后、神武天皇の他、大将飾りや源義家などの武者人形、さらに「飾鎧や飾兜」の節では鎧や兜の解説などがある。「座敷幟」の節では、座敷幟は五月飾りの正面に置くもっとも主要なものであると説明している。「飾道具」の節では、菖蒲刀、太刀や弓矢、陣道具などをあげており（久月総本店編　一九三五）、様々な飾りがあったことがわかる。

そして飾り方について、「端午飾りは雛人形の十五人揃の如く決定的な飾り方はありませんが概略的の型はあります。唯三月飾りのやうに方式が一種の型に限定せられて居ず、各人の嗜好や趣味によつて自由なところがありますから多少の変化はあります」として、雛飾りほど定まっていないが、雛段のように段飾りを意識しているようであるが、その飾り方には議論があるようで（同、一〇〇頁）、この節の最後には、「我々の組合では飾方の一定を目下協議中であります」と括弧書きがつけられている（同、一〇六頁）。

ただし、すでに昭和初期には三段飾りを積極的に展開しており、『三五乃志留辺』では、「現今一般的な飾り方は、先ず三段位の飾段を設け（以前は飾段を用ひず平面に飾ったものですが、これは段がある方が引き立ちます）」と、平飾りから三段の段飾りに移行していることがわかる。また一九三六（昭和十一）年発行の人形問屋吉徳『五月節句飾りセット・カタログ』によれば、やはり三段飾りの商品を中心に紹介している。

こうして五月飾りが雛飾りのように一定の段飾りとなっていく動きは、一九三四（昭和九）年、当時の皇太子明仁親王（今上天皇）の初節句を記念して行われた「端午展覧会」（大阪こども研究会主催、大阪三越会場）にもあらわれている。ここでは、昭和新提唱の「端午節句飾標準型」として、鎧飾りを中心に神武天皇を添えた三段飾りが提示されるが[9]（大阪こども研究会編　一九三四）、これも当時の一連の動向を踏まえてのことであろう。そしてこれが戦後の三段飾りへとつながっていったと考えられる。

二　明治節とお飾掛図

明治節の成立

以上のように、三月節句にしても五月節句にしても、しだいに段飾りの節句人形が定型化し普及していく。このような節句人形を飾り、子どもの行事として家庭で祝うようになっていくと、節句を流用して国家行事を浸透させようとする動向が生じてくる。その一つが明治節であった。

明治節は、一九二七（昭和二）年に明治天皇を顕彰する日として設置された祝日である。太陽暦の改暦に関連して一八七三（明治六）年初には、「今般改暦ニ付人日上巳端午七夕重陽ノ五節ヲ廃シ神武天皇即位日天長節ノ両日ヲ以テ自今祝日ト被定候事」と規定された[10]。先述の通り従来の五節句を廃止し、そのかわりに神武天皇即位日と天長節を祝日とした。この神武天皇即位日がのちに紀元節となり、この紀元節と天長節、そして新年をあわせて三大節とよび（村上 一九七七）、国家の祝日として、官庁や学校では儀礼が行われてきた。

一方、大正時代になると、維新を迎え近代化を切り開いた明治天皇の顕彰が進められていった。大正期の時点では、天長節は大正天皇のものに変わったが、明治天皇崩御日の七月三十日が明治天皇祭として祭日になっていた。しかし、代替わりとなれば将来、明治天皇を記念する日がなくなるということで、その記念日を設けようとする動きが生まれ、結局、一九二七（昭和二）年に明治節が設置された。このときは大正天皇の諒闇中で祝賀行事は控えられたが、それでも祝祭のイメージは大きく（川口 二〇一六）、その後、三大節に明治節を加えて四大節となり国民の重要な祝日となる。

そして明治節制定の過程の中で、国家行事としてだけでなく、家庭の催しにもしたいという意向が明治神宮側から示されることとなる。初の明治節を迎える一九二七年七月に「家庭の催しにしたい明治節」という記事がある。

十一月三日の明治節を雛祭りや五月節句の如くやはらかな一般家庭的の《ママ》行事としてお祭りをしたいといふので明治神宮の一戸宮司や江見権宮司の諸氏がいろいろとその方法について講究の末大体の具体案が出来たと。

（『東京朝日新聞』一九二七年七月十六日付夕刊）

明治節を三月節句の雛祭りや五月節句のような一般家庭の行事として浸透させるために、明治神宮の宮司を中心に検討しているとの記事である。ここでわかるのは、家庭行事の典型が節句行事であるとの認識が準備当初からなされている点である。

そして、『読売新聞』（一九二七年十一月三日付朝刊）の第一回明治節当日の婦人欄でも「けふの明治節を国民の理想デーに」と教育者で三輪田女学校長の三輪田元道の見解があり、また「明治節に家庭祭り、明治神宮社務所の意見」として、権宮司江見清風が語っている。

今試みに案を立てると装飾は床その他、適当な所に注連縄を張り、「明治神宮」の四文字。又は御肖像御製歌、或は教育勅語等を謹書した軸を懸け栗赤飯に菊酒、御肴を供物とし飯（栗赤飯）菓子（菊花にちなみたるもの）果物（柿又はぶどうの類）等で家庭料理を作り一家団らんする事です。

明治神宮権宮司によれば明治神宮で考案した家庭でのお祭りは、節句といいながらも、その装飾は「明治神宮」と揮毫した墨書や天皇の歌を書いたもの、また「肖像」や「教育勅語」などの掛軸を主尊とし、床の間などにそれを掛け、注連縄を張って祀るなど、節句飾りというよりも基本的には祭礼の時の神酒所などと同じ神祇祭祀の方式である。

さらに供物も基本は神祇祭祀であり、栗赤飯、菊酒、肴を主尊である明治天皇の供物とし、家族は栗赤飯、菊に因んだ菓子、季節の果物である柿やぶどうの料理で一家団欒をすすめている。このときの供物は、酒、肴、飯と饗応料理であり、家族は飯、菓子、果物と酒は入っておらず、子どもを意識したものとなっている。菊酒や菊にちなんだ菓子などを提案しているのは、菊が皇室の紋であるとともに、明治節を行う十一月三日が菊の盛りの時期であることも大きいと考える。また季節の果物を取り上げているのも、子どもを対象とした祭りとして、節句時の旬を意識しているのであろう。

つまり、明治神宮の提案したものは、三月節句や五月節句といった子どもの節句を理想だといいながらも、実際には神祇祭祀の域に留まっており、子ども行事としての節句を流用するまでには至っておらず、ただ人形飾りに代替する神道式の祭壇と時節の食べ物を提案したに過ぎない。

ある宗教家の提案

ただし、実際には節句行事に至らないまでも、明治節を家庭行事として浸透させるため、さまざまな工夫が行われていく。明治神宮の提案に対し、『読売新聞』では、「明治節と家庭行事」という題で宗教家の神陵教主二宮愚真の意見記事を連載している（『読売新聞』一九二七年十一月二日付朝刊）。これは、大祭祝日における家庭行事の実施の必要性を述べており、今回の明治神宮の提案について、その代替案を出しているのである。二宮は基本的に「新しい家庭行事を極めますにはそれが時代適合と其祝祭日の意義に相当すると云う事に注意」したいという。「古来の行事は皆其時代と儀式の意味とがうみ出した」ものであるので、「唯々それを無意味に模擬し襲踏《（マヤ）》することは時代錯誤に陥る」としている。

そこで二宮は「飽く迄も其時代と其行事の精神を保存しなければなりませんが明治節の如く今日初めて此祝日の行事を定めますには大いに昭和の文化其のものを基礎」とすることで、「其処に時代適合意義相当の行事が出来る」として、明治節のような新しい行事には時代に合った行事を作ることが必要であり、明治神宮の提案は古く意義を見いだしにくいと主張する。

四回連載のあとの三回「祭式の新時代化」では、明治節の具体的なあり方を提案する。まず明治節の飾りについて、祭祀の対象となる主尊の掛軸は、明治神宮では「明治神宮」と揮毫したものを提案しているが、二宮は明治神宮の写真の方が時代に適合しているという。それは、「大正昭和に生れた人達には神宮の御写真の方が其御前に正座し拝観した時思わず襟を正し身を御境内に置き親しく神宮へ御参拝したやうな気分となり却って有難く感ずるでありませう」とし、当時の最新技術である写真の効果、つまりビジュアルの有効性を説いているのである（『読売新聞』一九二七年十一月四日付朝刊）。

当時の最新技術を取り入れようとする姿勢は、供物などにも反映している。明治神宮の意見は「お酒、榊、灯明を配し」としているが、各家庭においてはお酒の代わりに、アルコールを含まないソーダ水などを用意し、花は菊としたらいいという。アルコールというのは、戦前日本で制定が議論された禁酒法も意識しており（青木二〇一七）、未成年の飲酒を戒めている。また花に関しても、菊は香りや色において榊に勝るものであり、人に好感を与えるものとしてその利点を指摘する。

興味深いのが灯明についてである。「灯明も結構でありますが今日私達の家庭に道路に五十燭[11]、百燭の電灯を用ゆる時代に種油や蝋燭の灯明は考へもの」という。「百年以前の御祭神ならば兎に角明治大正以後の神様に種油や蝋燭の灯明は余りに時代遅れでは有りますまいか」として、意匠を凝らした花電灯を薦めている。花電灯とはイルミネーションのことであり、当時すでに祝祭空間に使われていたので、これが薦められたと考えられる[12]。つまり墨書の代わりに写真を、灯明の代わりに電気をと当時の最新技術を積極的に受け入れようとしている。

また、供物についても「赤飯」は「余りに千篇一律の失ではありますまいか」として、平凡で全く特徴がないとしている。そして最も有意義な供物として提案しているのが餡パンであり、これ以上のものはないと指摘するのであった。その理由を以下のようにいう。

何ぜならば明治維新の鴻業は政治に軍事に経済に文学に殆んど西洋の文化を取り入れまして能く之を団体に融和し国民性に同化し新日本を建設した所にありませう。丁度餡パンは中には昔から国粋と見做すべき餡が包まれ外に西洋よりの伝来のパンを着て全く日本の新菓子として仕舞ったのと同様でありましょう。（『読売新聞』一九二七年十一月五日付朝刊）

二宮によれば、明治維新という偉大な事業は、西洋文化を取り入れて日本文化に融和、同化させ新日本を建設したことだという。日本文化という基底のうえに西洋文化を採り入れ新たなものを生み出したのは、餡パンと同じだというのである。餡パンは、日本に古来からある餡を中心に、西洋で生まれたパンで包んでおり、明治になって日本で誕生した和洋折衷のものである。餡は日本固有の精神と見なすことができ、それを芯にパンという西洋文化のもので包み、新たなものを生み出していることは、維新の鴻業の象徴とすることができるというのである。まさに和魂洋才の様相を餡パンに見いだし、明治節を表象する供物にふさわしいものとしているのである（『読売新聞』一九二七年十一月五日付朝刊）。ただし、普通の丸い餡パンでは、「明治の盛代を表すべく未だ不足のところがある」とし、形を横木瓜のようにしたいというが、その理由についてまでは述べていない。横木瓜とは家紋の一種であり、地上に作られた鳥の巣を模様化し、古代以来、御簾の帽額（上部に張る横幕のこと）の模様となっている（丹羽 一九七二）。木瓜紋と明治節の直接的な因果関係を見て取ることはできないが、古代以来の御簾の模様という高貴で特殊な形に意味を認め明治節の供物としての形に付加価値をつけていったとも考えられる。また、菱形から雛祭りの菱餅との連想もあったかもしれない。

さらに供物に意味を与えることで節句に由緒のある供物を作り出そうとして、上記の餡パンと季節の果物であるカキとリンゴを二宮は取り上げる。まず餡パンに、明治節の意味を見いだし形を変えるだけでなく特別な呼称を与えている。それは「ちうこう（チュウコウ）のパン」であり、二つの熟語の音からとったものである。まず明治維新が日本の「中興（チュウコウ）」であること、また当時の国民道徳の根本が「忠孝（チュウコウ）」であることで、双方とも音が通じる呼称を餡パンに付して提案している（『読売新聞』一九二七年十一月五日付朝刊）。

あわせて、この時期の果物であるカキとリンゴも新たな意味を付け加えている。二宮によれば、「柿は日本種が各国に移植され名さへ日本語其儘のカキと称へられて居ります程我が国の名果であります」（『読売新聞』一九二七年十一月六日付朝刊）という。学名はたしかに *Diospyros kaki* であるが、原産については東アジアであり日本とは限らないという（果樹園芸大事典編集委員会 一九八六）。ただ二宮は我が国の名菓として、カキに「嘉喜」という文字を当てて呼び、めでたい、すばらしいという嘉と喜びで、カキに新たな意味を付加している。またリンゴは、二宮によれば、日本固有種もあるが、当時流通していたのは明治時代に西洋種を移植したものであり、「開国主義を実行し列国と親交を結び福利を共にした明治の昭代を記念するに最も適切」な果物であるという（『読売新聞』一九二七年十一月六日付朝刊）。ここで二宮が言う日本固有種は、江戸時代以前に「林檎」といった中国伝来の古来種のことと思われる。そして一九八五（明治八）年、アメリカから現在の栽培種を導入しており（果樹園芸大事典編集委員会 一九八六）、これが二宮のいう西洋種のことである。開国によって西洋から導入しその福利をともに享受した「明治の昭代」を象徴するものとして、リンゴを取り上げ、それに「隣合」と文字を当てる。つまり隣国と合致して福利を享受するとの当て字である。

こうして「中興（忠孝）のパン」とともに、「嘉喜（カキ）」と「隣合（リンゴ）」を桃の節句の菱餅、菖蒲の節句のちまき柏餅と同様、菊の祝日（明治節）のお祝い供物としていきたいと二宮は提案している。それぞれの節句に由緒のある食べ物を供物とし、それを共食するのは節句の基本的慣習であるので（柳田 一九七五）、節句を流用し子どもを含めた家庭の行事とするために、共食できる食物を設定しようとしたのであった。そこで行事に相応しい意味を当て字にして付加し、特定の食物に新たな価値を与えたのである。慶事の当て字は、例えば結納の場合に、昆布を「子生婦」、鯣を「寿留女」、柳樽を「家内喜多留」等でも見られることを思えばあり得ることであり、まさに明治節の由緒を持つ供物の創出であった。

さらに、五節句にそれぞれお祝い花があったように、明治節では菊の祝日にしたいという。明治節は日本の名花の一つである菊の季節であり、皇室にも関係がある点をあげ、その名称も「喜久」の花と呼んで祝いの花としたいと二宮は述べる（『読売新聞』一九二七年十一月五日付朝刊）。上巳の節句の桃、端午の節句の菖蒲のように、明治節を菊と定め、その呼称も「喜び久しい」意味の「喜久」と意味を付け加えている。

こうして明治節の飾りをして、「喜久（キク）」の花を供え、先述の「中興（忠孝）のパン」、「嘉喜（カキ）」、「隣合（リンゴ）」を供えまた共食することで、「明治聖帝の御遺徳を仰ぎ奉る真に適切なる行事」ではないかと提案するのである。

要するに二宮の提案は、明治神宮が提案した家庭行事を、より節句行事に近づけようとするものである。その際には、同時代性を強く意識することが、近代化を図った明治天皇を記念することになるという考えでもある。それでも、三月、五月の節句の中心的な存在である人形飾りまでは発想が及ばず、明治神宮の写真に留まっており、むしろ年中行事等で重視される供物等に焦点が当たっている。

雛飾りを模倣した掛図

こうした節句行事の中心となる飾りとして考案されたと思われるのが、「時代玩具コレクション」の『明治節お飾掛図』である。基本的には、雛飾り掛軸の形態をとっている。これは、当時すでに七段飾りが誕生していたことから、七段の構成となったと考えられる。

図１　明治節お飾掛図（国立民族学博物館蔵）

最上段には、屏風を背景にして、内裏雛に見立てた明治天皇と昭憲皇太后が配置されている。男雛は口髭と顎髭を伸ばし、正面を向いて、黄土色の桐竹鳳凰麒麟模様である黄櫨染の束帯と着ている。通常、雛人形は髭を生やしていないので、その容貌から明治天皇に擬せられていることがわかる。さらに女雛はいわゆる十二単であり、やや顔が右を向いている。女雛の位置からすれば、むしろ左を向いた方が男雛と寄り添う形になるため適していると思うが、あえて右を向いているのは昭憲皇太后の御真影がやや右を向いているためと思われる。屏風は鶴松竹梅図となり、雪洞と左近の桜、右近の橘を配置している。

その下の二段目は、赤い裳をつけた女官で、三人官女に擬せられているが、これは基本的に顔が同じであり誰か特定の人物を想定しているわけではなさそうである。

上から三段目、四段目は、当時の雛であれば、五人囃子や随身が並べられる場所である。掛図では、フロックコートや軍服、紋付羽織袴の明治の政治家と思われる人物が十人描かれている。三段目には四人が配され、向かって右から、カーキ色の軍服姿で白髭のあるのは乃木希典と思われる。その隣がフロックコートの西郷隆盛、さらに木戸孝允、そしてその隣が大久保利通と考えられる。

四段目には、六人が並び、紋付羽織袴姿一人と五人のフロックコート姿の男性がみられる。向かって右の和服姿は岩倉具視のようである。その左は眼鏡姿であり、中村正直のようでもあるが他のメンバーとの関係からすると判断が難しい。またその隣は髭の姿で若い頃の松方正義にも似ている。その隣の右から四番目の人物は白い髭であまり似ているとも言いがたいが伊藤博文のように思われる。さらにその隣は森有礼のようでもあるが、黒田清隆のようでもある。さらにこれも必ずしも断定できないが大隈重信にも似ている。

五段目には、戦艦や潜水艦、戦車など、軍事関連の装備がならび、また機関銃様のものが描かれている。六段目には、アイヌ、朝鮮半島、東南アジア、北方アジアの民族らしき人物と、機関車、電車、自動車、オート三輪など交通機関が描かれている。最下段には、信号、飛行機、木馬、家の模型などおもちゃと思われる器具が並んでいる。

内裏雛となっている明治天皇のわきには御製「いにしへのふみ見るたひに思ふかなおのかをさむる國はいかにと」が、昭憲皇太后の脇には御歌「みかかすは玉の光はいてさらむ人のこころもかくこしあるらし」とあり、明治神宮で提案のあった主尊のあり方、つまり御真影や御製歌を掛図に組み込んだものと思われる。つまり、近代化を果たした明治天皇・昭憲皇太后とそれを支えた明治の政治家達が雛人形に見立てられて描かれているのである。ただし、政治家を十人に限定しているのは、昭和初期に定型化されていった十五人揃を意識し、天皇皇后の内裏雛、官女を除くと十人に押さえる必要があったからだと考えられる。五段目以下は、雛道具の代わりに近代化を果たした富国強兵の道具である兵器や交通機関であり、また日本の植民地支配拡大の意欲を表現する同時代性をも描きこんでいる。

以上のように、明治節を家庭に定着させようとした時に、そのモデルとしたのが、三月節句、五月節句であり、子どもを中心とした行事であった。そこで、二宮愚真のような提案があるとともに、雛飾りを模倣した掛図が生まれるのも当然であると思われる。明治神宮から提案のあった、御真影もしくは御製歌という部分も含めている点で、より節句に近づきつつあるとともに、昭和初期の植民地支配の正当化という当時の国家意識を家庭へ浸透させようとの試みでもあったと考えられる。

三　梅の節供の創設

建国祭と梅の節句

大正時代は、民主主義や社会主義思想が社会に広まっていき、大正デモクラシーが浸透していくなかで、それに対抗する十五年戦争とファシズムの思想でもある「日本主義」がしだいに勃興していく時期でもあった（尾川一九八八）。こうしたなかで、神武天皇が即位した日とされた二月十一日の紀元節を、国民運動に展開しようとして建国祭が計画されたのであった。そして第一回建国祭が一九二六（大正十五）年に実施された。紀元節に建国祭を行った背景は以下のような状況であったからである。紀元節は天皇親祭の宮中の大祭でありその儀式は定式化していた。そして官庁や学校でも厳格な式次第によって厳粛に行われており、それは画一的でもあった。よって国民が自主的に祝うものではなかったため、家庭的祝日として祝う国民的なイベントとして行おうとしたのが建国祭であった（尾川一九八八）。そのために、集会やデモ行進などさまざまなイベントが行われたのである。

そして建国祭が毎年実施されていく中で、さらに家庭に浸透させるため、一九三一（昭和六）年の第六回建国祭において、「梅の節句」と称してイベントを行うようになった。その趣旨については、「紀元節建国祭家庭まつり」として建国祭を主催している建国祭委員会の趣意書が作られており、石田伝吉『梅のもつ興国性』（一九三一年、文書堂）に掲載されている。そして梅の節句のモデルとなったのが三月節句と五月節句であった。少し長いが見ていきたい。

桃の節句、菖蒲の節句と子供中心の楽しい行事が古くから行われてゐるが国の誕生日、国のお正月たる紀元節は官公衙学校の挙式だけに止つて国民一般の家庭に於ては単に国旗を掲揚するだけで赤飯の一つも焚《ママ》いてお祝ひをするといふことが尠いのは遺憾である。日本国に生を享けこの皇土に生活する者として国の誕生日をお祝ひするということは当然過ぎる程自明の理である。家庭は何といつても子供中心の生活が主体となつてゐる幼い子供が建国に因んだ飾り物をし季節の梅の花常磐に色変わらぬ松などを生け甘酒、赤飯、お餅、水菓子などを供へて紀元節を中心に家庭祭り（梅の節句）をすれば不識不知の間に建国の精神を涵養されることと思ふ。（同、二一二頁）

これによると、三月節句や五月節句は子ども中心の楽しい行事であるが、家庭における国の誕生日、国の正月である紀元節が簡単に済まされてしまうのは遺憾であり、国民として国の誕生日を祝うことは当然であるという。家庭は子供中心の生活となっており、小さい子どもが建国に因んだ節句飾りをして供物などを供え、家庭での祭りをすれば、知らず知らずのうちに建国の精神を育成することになるとして梅の節句の実施を推奨する。

これは建国祭委員会から各町村への依頼文中にもあり、「本年よりは単なる式典に止めず、家庭に於ては一家団欒の中に子弟をして国の誕生日たる喜びを従来の御節句祭りの如く行ふやふ致し度き念願に御座候」と、「家庭に於て」から「喜びを従来」まで、二重丸をつけて強調している。（同、二一三―二一四頁）

図２　梅の節句掛け軸（石田伝吉『梅のもつ興国性』文書堂、1931）

当初の梅の節句飾り

梅の節句の実施に当たり、建国祭委員会が前述の趣意書「紀元節建国祭家庭祭り」の趣旨にひきつづき、梅の節句の飾りの掛図をつくってその内容を説明している。趣旨につづく文は以下の通りである。

> 建国祭本部では本年この趣旨に鑑み写真の如き掛図を作成参考に供することになった。それは一つの掛図の中に飾物の大部を網羅したものであるが、これは標準を示したもので、必ずしもこれに拘泥するものではなく、家庭思い〱に五月人形或は三月人形の中から建国に因んだ人形を選び出し、紀元節に相応しい飾りを子供に考案させるのも意義あることである。（同、二一二頁）

これを見ると、建国祭本部は各家庭に行事を浸透させるためのモデル的な節句飾りを示したことがわかる。しかしこれはあくまでも標準的飾り方としての提示であり、実際には子どもに考えさせて、三月、五月の節句飾りから選択することも意義があるとし、従来の節句行事を積極的に流用しようとする意図がうかがえる。そして標準的飾り方の内容は箇条書きとしてあげられている。

御簾几帳を張った中に
一、中央の掛軸は天祖天照皇大神の御神勅に日本精神の表徴である日章を配したものである。
一、其の前に第一代神武天皇の御像を飾りその両側に雪洞を置き
一、其の下段には神武天皇に縁りある久米舞の人形（舞人四人、楽師七人）を配し
一、万歳旛に模した建国祭記章入の紀元節、建国祭の旗を左右に配し
一、栄木に松、季節花の梅を左右に飾ったものである。尚之に季節の水菓子（ミカン、リンゴ等）菓子、餅、甘酒、赤飯の実物を配するを可とす。（同、二一三頁）

図３　梅の節句飾り（『三五乃志留辺』久月総本店、1935）

標準的飾り方の内容をみるとその基本は雛飾りや五月飾りを流用しつつ神武天皇即位の故事をモティーフとしている。中心となる人形は神武天皇であり、これはすでに五月節句の人形として当時用いられている。その下の段に人形を並べようとするのは、雛飾りの連想であり、四人の舞人に七人の楽師を配している。これは雛段の三人官女と五人囃子をイメージしているものと思われる。

また人形以外の道具については、神武天皇の人形の両脇

に雪洞を配している。これは内裏雛の雪洞を意識したものであろう。さらに下段には、雛飾りの場合には左近の桜、右近の橘があるが、梅の節句では常磐木の松と梅の木をそれぞれ両側に配している。また万歳旛を模倣した紀元節、建国祭の旗は、五月飾りの幟をイメージしたものと思われる。

特徴的なのは、御簾と几帳を配した奥に、天照大神の「天壌無窮」の神勅と日の丸を描いた掛軸が中央にある点である。こうした御簾と几帳をさげた奥に掛軸を飾る形態は、神祇祭祀の祭壇を意識しており、先述の明治節の飾りとして、明治神宮が提案したものに通じるところがある。

さらに、建国祭の催しが行われた施設の一つである日本青年館には、祭壇が設けられ、梅の節句の人形飾りが用意されている（『読売新聞』昭和六年二月十一日付）。写真によれば、周囲には几帳が張られ、正面には御簾があり、その奥には「天壌無窮」の掛軸と、最上段中央に神武天皇の人形がある。かなり大きな人形のようである。上から二段目には、雪洞ではなく小型の短檠《たんけい》と、中央には剣や鏡のようなものがあり、皇位を象徴する三種の神器の可能性がある。また小型の旗と矛もある。三段目は、久米舞の四人の舞人であり、四段目には三方と大型の旗が一対ずつあり、大型の旗は、前述の掛軸の紀元節、建国祭の旗と考えられる。また五段目には足つきの折敷に餅のようなものが盛られている。その上には細かな花のついた枝が立てられており、梅と思われる。

雛飾りに近づく梅の節句

こうして、初の「梅の節句」である第六回建国祭は、「天壌無窮」の掛軸を提げ、神武天皇の人形を中心に、久米舞の人形を飾るものであった。しかし、翌一九三二（昭和七）年に実施された建国祭の報告書である『昭和七年建国祭記録』によると、口絵の「本部ニ飾付ケタル建国人形」においても「梅ノ節句掛図」においても、その内容が変化しているのである。

その内容は「建国祭家庭まつり」という節で「梅の節句の提唱」とともに掲載されている。ただし本文自体は前年度と変わらない。建国祭掛図解説では、内容が一部差し替わっている。

一、背景　杉の森亭々として茂つてゐる上に暁の光彩が漂つてゐます。
日本古来の神殿＝日本古来の建築伊勢神宮に擬へて茅葺の屋根に千木、鰹木に金を配した白木造り欄干には諸々の宝珠が光つてゐます。

二、神器　三種の神器の中勾玉は天皇親しく玉体につけさせられてゐますので神鏡と神剣を真榊に配して飾つてあります。

三、人物　神武天皇
姫蹈韛五十鈴媛皇后
神渟名川耳命（皇子後に綏靖天皇）
道臣命（武官）
天種子命（文官）
可美真手命（文官）
久米舞
旛

上記の飾りを見ると、まず「天壌無窮」の神勅の掛軸がなくなり、その代わりに杉の森を背景に白木の伊勢神宮様の屏風となっている。その前には鏡と剣を提げた真榊が置かれている。さらに人形が五体増えているのである。神武天皇の皇后媛蹈鞴五十鈴媛命、皇太子でのちの綏靖天皇、また文官の天種子命と武官二人、道臣命と可美真手命である。

最上段の神武天皇自体は変わらないが、第二段目には、皇后の媛蹈鞴五十鈴媛を向かって右に、左に皇太子の綏靖天皇を配し、これについて「日本で始めての皇后であり、皇太子であらせられるのであります。特にかく選んだのは人倫の三大綱たる君臣、夫婦、父子を表現したものです」と、夫婦、父子の概念の象徴としている。そして君臣としては文官、武官の双方をあげ、文官には天種子命を選んでいる。これは「この他猫天富命（斎部氏祖）もあるが、御即位の時天神寿詞を奏した今の総理大臣の役目を果たした天種子命（中臣氏祖）を以て代表とした」という。大正天皇以降、即位礼の際には国民の代表として総理大臣が寿詞を奏上することから、天種子命によってその趣旨を示したのであろう。さらに武官二人は、雛飾りの一方で五月飾りを意識しているものと思われる。

この梅の節句飾りは、人形問屋久月が製作しており、神道史家の山本信哉が考証した。さらに一九三四（昭和九）年には、梅の節句飾りのセットを、建国祭委員会の依頼によって製作し、建国祭委員会から当時の皇太子（明仁親王）の初の梅の節句として献納したという（久月総本店編　一九三五）。これも男の子が誕生した際に行われる初節句を意識した行動といえる。こうして建国の精神を、家庭を通して子どもに浸透させるためには、節句行事が有効であり、それには人形飾りが必要という認識が当時強かったことがうかがえる。そのために、雛飾りを意識しながらも、武者人形の一つであった神武天皇を据えるなど、節句行事のさまざまな要素を多分に流用し、伝統的な装いを持たせた梅の節句飾りが、人形問屋や研究者も関与しつつ創造されていったのである。

おわりに

近代社会になり、国家は、戸籍制度などを通して家族を社会の基礎的単位として直接的に把握していくようになった。そして従来の封建的な家族ではなく、近代家族が都市を中心に誕生する。そこでは、性別役割分業がなされ、一家団欒が重視され、子どもが特別な存在と見なされるようになっていった（小山 一九九九）。そして子どもに対する関心が高まり、子どもを対象とした商品が開発され、それに関する市場が拡大していった。そこでは百貨店が大きな役割を果たすようになる。明治維新後、一旦衰退した節句行事が、明治時代後期になると、子どもを中心とした行事として復活していく。雛人形や五月人形などが百貨店で売られるようになり、節句は重要な消費イベントとなったことが、復活の大きな要因であった（神野 二〇一一）。

そのため、従来の人形問屋も積極的に百貨店との関係を深めていった。人形問屋吉徳の山田徳兵衛は、明治末期、百貨店が節句用品を催事として扱い積極的に宣伝したことについて、「三越は節句品業者にとって恩人ともいうべきだと思う」と述べており（山田 一九八〇）、両者の利害が一致していることがわかる。このように節句行事が子どもをターゲットとして、家庭の団欒にとって重要なものという認識が明治末期から形成されていくことで、子どもと節句との関係はより密接になっていった。

家庭の中で重視される子どもは、一方では天皇の臣民として近代国家を支える一員となるために教育を受け「少国民」としても位置づけていった（是澤 二〇一八）。昭和初期、日本主義が台頭していく中で、ナショナリズムを浸透させていくためには、将来を担う子どもに、家庭を通して認識させてゆくことが必要と考えられたのである。その時に注目されたのが三月と五月の節句行事であり、明治節にしても建国祭にしても、節句を流用して、掛図や人形飾りなど儀礼の対象物を創造し、それに対して食物や花を供え共食するという慣習を作り出そうとしたのである。そのために供物や花にも新たな国家行事の意味を、さまざまな要素から見いだし付加していくことで、ナショナリズムを認識、浸透させようとしたのである。

つまり、近代家族における家庭の団欒が注目され、子どもを対象とした消費文化によって節句行事が展開していく中で、節句の教育的要素が主張されることとなり、昭和初期に展開していったのである。

（1）かつて節供と表記していたが、江戸時代には節句と表記されるようになる（是澤 二〇一五）。本稿では近代の一般的な節句の認識を扱うため、節句と表記する。
（2）民俗的にも三月と五月のこの二つだけはセックとして通用していたという（柳田 一九九九）。
（3）シリーズ累計七〇〇万部ともいわれる大ベストセラーであった（『産経ニュース』追悼「あの家にはお茶がある」）（http://www.sankei.com/life/news/150318/lif1503180012-n2.html 二〇一八年十月二十九日最終閲覧）
（4）明治五年太政官達第三百三十七号（『法令全書』明治五年、内閣官報局、一八八九年）
（5）明治六年太政官布告第一号（『法令全書』明治六年、内閣官報局、一八八九年）
（6）照宮内親王とは、昭和天皇の第一皇女子で、後の東久邇成子氏である。
（7）キャプションでは「東京雛形卸商親和会より献上」となっているが（久月総本店編 一九三五）、東京雛人形卸商親和会の脱字とおもわれる。この会は、一九二三年十月に関東大震災の復興のために雛人形関連の卸商業者の作った団体である（七十周年記念事業委員会編 一九五六）。
（8）『三五乃志留辺』は節句人形問屋久月総本店が顧客となる小売店向けに、人形の種類や歴史的経緯、専門用語についての解説書で、口絵二六頁、本文一四四頁の私家版である。はしがきによると『三五乃志留辺』は、同店が一九二五（大正一四）年に発行した約七〇頁の『三五之栞』を増補改訂したもので、「業界最初の企てで節句物の辞典と云ふべき重宝な参考書」と賛辞をもらったという（久月総本店編 一九三五）。
（9）「端午の節句に関する座談会」の標準型考案の議論の中で、「飾る場合には子供は段を好むものであるから二、三段の段を作つてやつてはどうであろう」と京都帝国大学教授野上俊夫より発言があり、段飾りが子供の好みとされている（大阪こども研究会編 一九三四）。
（10）明治六年太政官布告第一号（『法令全書』明治六年、内閣官報局、一八八九年）

(11) しょくと読み、光度の単位。
(12) 花電灯とは、イルミネーションだけでなく、シャンデリアをいうこともあるが(『日本国語大辞典』小学館)、写真前の灯明の代わりなのでイルミネーションと思われる。

参考文献

青木隆浩(二〇一七)「近代日本の禁酒運動と禁酒法案からみた儀礼の中の酒」『国立歴史民俗博物館研究報告』(二〇五)七―三五頁。

石田伝吉(一九三一)『梅のもつ興国性』文書堂。

大阪こども研究会(編)(一九三四)『端午』大阪こども研究会。

尾川昌法(一九八八)「建国祭の成立―日本主義と民衆・ノート」『立命館文学』五〇九、三八八―四一五頁。

果樹園芸大事典編集委員会(一九八六)『果樹園芸大事典』養賢堂。

川口暁弘(二〇一六)「諒闇を忘れた帝国臣民と、初めての明治節の年」『日本歴史』八一八、三一―三三頁。

是澤博昭(二〇一四)「五月飾りの変遷に関する研究―人形と幟を中心として」『造り物の文化史―歴史・民俗・多様性』勉誠出版、三七一―三九六頁。

――(二〇一五)『子供を祝う端午の節句と雛祭』淡交社。

――(二〇一八)『軍国少年・少女の誕生とメディア―子ども達の日満親善交流』世織書房。

岡田芳朗(一九九四)『明治改暦―「時」の文明開化』大修館書店。

喜田川守貞(二〇〇一)『近世風俗志(守貞謾稿)』四、岩波書店。

久月総本店(編)(一九三五)『三五乃志留辺』久月総本店。

小山静子(一九九九)『家庭の生成と女性の国民化』勁草書房。

塩月弥栄子(一九七〇)『冠婚葬祭入門―いざというとき恥をかかないために』光文社。

――(一九七一)『図解冠婚葬祭―一目でわかるしきたりの基本』光文社。

神野由紀(二〇一一)『子どもをめぐるデザインと近代―拡大する商品世界』世界思想社。

東京玩具卸商同業組合(編)(一九三五)『東京玩具卸商同業組合史』東京玩具卸商同業組合。

七十周年記念事業委員会(編)(一九五六)『東京玩具人形問屋協同組合七十年史』東京玩具人形問屋協同組合。

丹羽基二(一九七一)『家紋大図鑑』秋田書店。

村上重良（一九七七）『天皇の祭祀』岩波書店。
柳田国男（編）（一九七五）『歳時習俗語彙』国書刊行会。
柳田国男（一九九九）「年中行事覚書」『柳田国男全集』（十八）筑摩書房。
山田徳兵衛（一九八〇）『吉徳人形ばなし』湖北社。
山村浩（編）（一九九二）『都道府県別冠婚葬祭大事典』主婦と生活社。

玩具と工芸性

――「伝統」と「用」、そして、うつわのある玩具から――

濱田琢司

はじめに

マンガ家・伊藤理沙の子育てマンガ『お母さんの扉』(1)にもしばしば描かれているように、多くの子どもは、うつわ様のものが好きである。例えば、調味料のフタであったり、ペットボトルであったり、あるいは、大人用の食器類であったりと、玩具としてつくられたものではないものの方がより子どもの興味を惹く場合もあるようである。もちろん、子ども用のうつわの玩具も多くつくられてきたし、おもちゃ売り場に行けば、現在でも様々なうつわの玩具を見ることができる。ただし、うつわ単品で玩具となることはあまりないようで、多くは、ままごと遊びのための台所セットなどとしてつくられてきたというのも一つの特徴であろうか。

ところで、「用」を持つうつわは、基本的に工芸の一つということになる。一方、玩具に含まれるものとしてのうつわについては、それが「工芸」としての「うつわ」として捉えられることは多くないようである。このことは半ば当然であるようにも感じるが、本稿では、これを始点としつつ、玩具と工芸性という問題について、その関係を検討するためのポイントをいくつか考えてみることとしたい。玩具としてのうつわは、なぜ「工芸的」と思われないのか、玩具は、そもそも「工芸性」とは無縁なのか、そんなことを含めて、考えを巡らせてみたい。

その際、個別のポイントについて深く掘り下げていくことはあまり目指していない。それよりもむしろ、玩具と工芸の間や工芸としての玩具というあり方について、今後の検討に繋がるような視点を提示することを中心的な目的としている。以下、まずは「伝統」と「用」という二つの観点から玩具と工芸性について検討したうえで、さらに、「時代玩具コレクション」に含まれるものを踏まえつつ、上述の「うつわ」のある玩具についてもみていきたい。

一　玩具と工芸性――「伝統」と「用」

まず、玩具と工芸性という問題について、考えておきたい。先述の通り、現在において玩具は、工芸的な側面を有していたとしても、一般的にそのような対象として認識されることは多くはないようである。ここでの「工芸的」という形容については、それほど厳密な定義を以て使用しているわけではないが、例えば、北澤（一九八九）や佐藤（一九九六、一九九九）、森（二〇〇九）、平光（二〇一七）などが詳細に検討してきたように、この言葉・概念は「工業」や「デザイン」「美術」などという概念と交錯しながら展開してきたものでもある。そうしたなかで、木田拓也が検討するように、とくに戦後の工芸は、文化財保護行政などとも関係しつつ、「伝統工芸」という言葉の発生・定着とともに、「伝統的」な意味合いを重要な要素の一つとしてまとうようになっていく（木田二〇一四）。工芸において「伝統性」の比重が増していくと、量産であることを基本とする商品でもある玩具という対象との関係が疎なものとなっていくのであろうことは容易に想像できる。例えば、伝統的な工芸を顕彰する制度の一つである重要無形文化財（工芸技術）に玩具の類は（一部の人形を除いて）基本的に含まれていないし、経済産業省による伝統的工芸品産業においても、およそそれは同様である。こうしたところに、玩具が工芸として認識されていないという傾向の一端をみることができる。

他方、玩具が工芸として捉えられにくいことには、「用」との問題もあるのかもしれない。もちろん、玩具には玩具としての有用性があるが、一方で、もともと別の用途のものをミニチュア化したり、それらを用いて何かを体験したりすることも、玩具の重要な特徴の一つでもある。例えば、ミニカーやドールハウス、一部の人形やぬいぐるみ、そしてままごとのための玩具などがそうしたものの典型であろう。これらは、その用途が基本的に「擬似的」であるところに特色がある。そうした特色は、例えば、民芸運動を主導し、「用」に基づいたモノの形に美しさを見いだした柳宗悦の工芸観などとは相容れないものでもあろう。柳は、自身が価値づけていった「民芸」という対象の特色の一つとして、「美が用途と結合してゐる」ことををあげているように（柳　一九八〇a：二六八頁）、特定の「用」を充たすために作り出されたモノの形を称揚するわけであるから(2)。

その柳は、日本の「民芸品」をガイドした『手仕事の日本』の「後記」において、「数へ挙げた品はもとより漏れなく凡てに行き渡ってゐるのではありません。［中略］郷土的な実用品を主に取扱ひましたから、玩具の如き類は僅かの例に止めてあります」（柳　一九八一：一七九頁）と述べ、玩具を「実用品」に対峙させている(3)。また、後述もする農民美術運動による作品を評するなかで、玩具について次のように述べている。

日本の所謂「農民美術」には、趣味品が多く、実用品が少ない。農民美術といへばすぐ玩具が連想されるほど「おもちゃ」が多いのはその展覧会の一特色である。この現象は必然な結果なのであって、元来都会の美術家の嗜好から眺められた趣味品である。それには実用品より玩具品の方が遥かに気持ちに合ふ。是は何も農民美術の傾向ばかりではない。近時副業奨励で各地から出来て来るものを見ると、大部分が玩具である。それは同じように指導者が都会で教育を受けた者が多く、而も都会人の嗜好に基いて製作したものが多いか

らである。副業奨励で趣味品を避けた場合を殆ど見たことがない。(4)（柳　一九八〇b：五九頁）

ここで柳は、玩具を実用品ではないものとして扱っている。それは、「美術家の嗜好から眺められた趣味品」に近いもので、実際の「用」を満たすものではないというのである。この引用において具体的に批判の対象となっているのは、大正後期から昭和にかけて、農民美術運動の実践において多くつくられた人形類のことであろうと思われるが、こうした視点に立てば、ミニチュア化されているものや擬似的な体験のためのものは、モノ本来の機能からはズレたものとなるだろう。もちろん、それらが評価されることもある。とりわけ、ミニチュア化することについては、その精巧な技術に注目があつまることはしばしばある。しかし、多くの場合それは、好奇なものとしての扱いであるようにもみえる。

このようにみてみると、玩具においてその工芸性が注目されにくいことの背景には、玩具が持つ、その性質が関わっているらしいことがわかる。このことは同時に、ここでみた二つの点、すなわち「伝統性」を有しているか、直接的な「用」を備えているかするならば、それらは「工芸」として認識される可能性があるということも示しているだろう。実際に、例えば、前者としてはこけしや将棋（の駒）などが、伝統工芸の対象として扱われているし、後者については、工芸家や工芸に関わるプロデューサーが、玩具のデザインや生産に深く関わったというような事例がある。そこで、次節では、こうした工芸としての玩具のあり方についてそれぞれ簡単に振り返ってみようと思う。

二　工芸としての玩具

「伝統性」を有する工芸としての玩具

伝統的な玩具としてまず思い浮かぶのは、竹とんぼや紙ふうせん、お手玉などだろうか。こうした全国のどこでもみられるような玩具の他に、よりローカルな生産や流通を持った伝統的な玩具があり、それらは、一般に「郷土玩具」などと呼ばれる。こうした伝統玩具への注目は、明治前半に発生し、大正～昭和初期にかけて盛り上がりつつ定着していったものである。

「郷土玩具」という言葉自体は、一九二三（大正十二）年に雑誌『郷土趣味』などを発行した人物である田中緑紅が初めて用いたものだとされ（川越 一九九九）、その後、雑誌『旅と伝説』で複数回なされた「郷土玩具特集」や装丁家としても著名な武井武雄による『日本郷土玩具』（武井 一九三四）などによって、広く定着していった。このうち、例えば、『旅と伝説』は、次のような理念をもって創刊された雑誌である。

余りに、泰西物質文明に陶酔した揚句誇るべき我大和民族固有の面目が刻々と失はれんとしつつあるのであります。それにつれて吾々の祖先が残して呉れた尊い芸術や伝説も次第に滅亡に瀕してゐるのを真に遺憾に思ふ次第であります。これがために一部の識者は伝説保存のために奔走されつつありますが、各地の人々が相集まって保存しようとする、民衆的なものはありませんでした。それで本誌はその意味に於て全誌面を開放し、読者と共にその支持と隠れたる伝説の研究に努めたいと思ひます。その方法として読者諸君に伝説（広い意味解釈して、民謡、風俗、名物、名所旧跡記事やそれに関した写真等）を募集します。（『旅と伝説』編輯部、一九二八）

同誌では、一九二八（昭和三）年に最初の「郷土玩具特集」（一巻六号）を組み、その後、複数回にわたり郷土玩具を特集している。その雑誌の創刊の主旨として、「泰西物質文明に陶酔した揚句誇るべき我大和民族固有の面目が刻々と失はれんとしつゝあ」り、「吾々の祖先が残して呉れた尊い芸術や伝説も次第に滅亡に瀕してゐるのを真に遺憾に思ふ次第」と掲げられているということは、郷土玩具という対象が、近代化のアンチテーゼとしてその注目を集めていったのだということを物語っている。

一方、民俗学者の加藤幸治は、こうした郷土玩具への注目の基盤を踏まえた上で、別の論理の存在を指摘する。それが、玩具趣味のパイオニアの一人である清水清風が、『うなゐの友』に寄せた創刊の言のなかにみられるという。清水は、一八八〇（明治十三）年にその愛好の会である「竹馬会」を結成し、一八九一（明治二十四）年に、それまで自身が蒐集した玩具を自ら図化した図集『うなゐの友』一編を刊行した。(5) 加藤は、清水がここに寄せた「今世の中美術と称するは絵画彫刻物をはじめ数々ありといへども皆これ高尚にすぎて予が如きもの愛しえられべきにあられねば此手遊品に至りておのづから天然の古雅をそなへ土もて造るあり木にて刻めるあり其国々の風土情体を見るにたるべしと感ずるあまり諸国の手遊び品を集めることをおひたち」（清水 一八九一）という部分に注目しつつ、清水の関心が、明治期に日本に導入された「美術」という概念に対抗するものとしてあったことを指摘しているのである（加藤 二〇〇八）。

「美術」概念が西洋から導入されたことで、それまでの日本にあった書画や調度が、美術や工芸、工業といった枠組みに分類され、「美術」を頂点とするヒエラルキーのもとに体系化されていったことは、上述もした北澤や佐藤による諸論に詳しいが（北澤 一九八九、佐藤 一九九六・一九九九）、清水は、「美術」に分類される「絵画彫刻物」は、「高尚にすぎて予が如きもの愛しえられべきにあられねば」とし、代わりに、「諸国の手遊び品」を自らが「愛すことができるもの」として捉えていく。そして、この「諸国の手遊び品」が、その後、「郷土玩具」

として人々に受容されていくものに繋がっていくわけである。その意味において「郷土玩具」とは、しごく「工芸的」な状況において発生してきたものであるともいえる。

こうした出自との関係もあり、郷土玩具は、美術と工芸、近代と伝統といった幾つかの対比軸と関わりつつ、工芸の周辺部にその位置を形成していく。その結果、張り子人形や土人形、凧、こけし、笹野彫りのような木彫り製品などは、例えば、郷土玩具の代表的なものとして『郷土玩具辞典』といった類の書籍（例えば、西沢 一九六四、斎藤 一九九七など）の定番となるのと同時に、柳宗悦の『手仕事の日本』にも取り上げられるなど（柳 一九八二）、「玩具」でありながら、「工芸」としても扱われるような、両者にまたがる存在となる。さらに一部のこけしのように一定の産額を持つものは、「伝統的工芸品産業」として、蒐集／発見という文脈ではなく、生産の文脈においても工芸の一つとして位置づけられるようになる（例えば、酒井 二〇〇四、守谷 二〇一七）。

もっとも、生産という側面は、産業としては成立しないまでも郷土玩具趣味の発生当初から存在し、そこでも玩具と工芸が交差することになる。大正から昭和初期にかけての郷土玩具愛好の牽引者の一人でもあった有坂與太郎は、自身が考案した新たな郷土玩具を「創作玩具」として構想したように、新たに創られる郷土玩具が登場していく。例えば、加藤は、一九三〇（昭和五）年の『郷土秘玩』に掲載された次のような記述を紹介している（加藤 二〇一一）。

> 旧郷土玩具が歳月とともに沈潜してゆくのに反比例して新郷土玩具とも唱ふべき、地方的、土俗的の意味を帯びたあるひは帯ぶるが如く見える創生玩具が頭を擡げてきた傾向は著しい。（松下 一九三〇：一頁）

また、同時期には、形態上はよく似た創作の人形や玩具類を創作する別の動きもあった。その一つが、先にも少し触れた山本鼎らによる農民美術運動である。山本鼎は、中央でも活躍した版画家・美術家であり、自身の創作活動のかたわら、社会活動も活発に展開したことで知られる人物である。大正から昭和初期、当日の初等美術教育において主流となっていた、特定のお手本を模写させる「臨画教育」を批判し、子どもたちに自由な作画を推奨させる自由画教育運動はその代表である（上田市山本鼎記念館 二〇〇九）。その山本が自由画の運動とほぼ平行して実践したのが、農民美術運動であった。これは、文字通り、「農民」に「美術」を作らせ、農閑期の副収入などとしようとしたもので、一九一九（大正八）年に、長野県の神川（現上田市）においてスタートした（上田市山本鼎記念館 二〇〇九）。

この運動は、山本が、大正時代初期にロシアでみた「ペザント・アート」を一つの手本としたもので、「汎く農民をして農務の餘暇を好む處の美術的手工に投ぜしめて、各種の手工品を穫、是れを販賣流布しつゝ、終に民族と時代とを代表するに足るPEASANT ART IN JAPANを完成し、以て美術趣味と國力とに稗益せんと」（山本 一九一九）しようとしたものであった。このような意図のもと、皿や盆といった日用品から木片人形や土人形といった飾り物まで様々な製品が生産された。大正中期には、日本橋三越などで展示即売会も開催され、非常な好評であったという。さらにそれは全国的にも展開し、各地でそれぞれの農民美術が生産された。そうした運動のなかで農民美術として生産されたものの一部は、「創生玩具」の一類とみられることもあったようで、郷土玩具の愛好家らは、それに対して不快感を隠さなかった（加藤 二〇一一、香川 二〇〇三）。例えば、武井武雄は次のように述べる。

現在各地に新興し普遍してゐる農民美術系の木彫人形の如きは、其土地の人によって作られ、且つ其郷土の伝説風俗等に取材しながら、東北も九州も感覚的成果に於ては全くの同一であって、作品より推して産地を識別する事は殆ど困難である。即ちこの種のものは理屈に於てのみあまりに郷土的であって、感覚に於ては全国共通で、すでにこれを新作する程の近代人は厳密に言へば郷土的の感覚を離れている証拠であり、時代玩具への方向性を示してゐる証拠でもある。（武井　一九三二：二七―二八頁）

この事例は、両者の差別化が強調されるようなものではあったが[6]、それぞれが工芸的なものとしても扱われており、伝統性（や郷土性）が何らかの形で加味されることで、玩具にある種の工芸性が付与されることがあることを示してもいるだろう。

「用」の工芸としての玩具

他方、郷土玩具やそれに先行する玩具趣味を支えていたのは、例えば、上述の清水らが「大きな子供」を含意する「大共会」という愛好会をつくっていたように、大人たちであった。それらは、「近代化の中でつまらないもの、古臭いものとして周縁に押しやられて、廃絶の途にあった伝統的な玩具が、百貨店という近代の都市文化の中で再発見され、新たに大人の鑑賞物・愛玩物としての価値を付与された」（香川　一九九八：一四二頁）ようなものであったのである。その意味においては、これらは、子どものための「用」を満たすものではなかった。

対して、近代以降の工芸のなかには、子どもの「用」を直接に満たそうとして生産されたものもあった。現代では、前項の議論とも関連するような、各地の伝統工芸とコラボレーションして子どものためのうつわをプロデュースするという動きなどもある。例えば、矢島里香による「和える（aeru）」などは、その代表的な取り組みの一つだろう[7]。子どもが持ちやすいように下部を細くした小石原焼の湯呑みや同形の琉球ガラスのコップ、底面が広くひっくり返しにくい形状をした山中漆器や益子焼の重ねのうつわといった商品が、そこで扱われている。

ここには、愛媛県の伊勢崎和紙による紙風船や同じ愛媛県の手漉き和紙のボールといった玩具類も含まれている。後者のボールは、「日本の伝統的な和紙から生まれたこのボールが、子どもたちの五感と想像力を刺激し、豊かな感性や審美眼を磨くお手伝いができますように」といった言葉とともに紹介されているように、伝統工芸的な要素の、子どもへの好影響を売り文句とするような形となっている。

このように伝統工芸が直接的に子どもや玩具に結びつくのは近年の事象であるかもしれないが、工芸家が子どもの商品に関わることは近代期より見られた。神野由紀は、明治中後期から大正にかけて子どもの「もの」が大きな消費対象となっていくことを示したうえで、木檜恕一や森谷延雄といった工芸家・デザイナーらが、子どもの家具や玩具のデザインに深く関わったことを詳細に明らかにしている（神野 二〇一一）。彼らのような「大正期の生活デザインに関わった家具デザイナーたちは、家庭生活という私的領域に自らの活動の場を見出した結果、必然的に家庭内での子どもに注目することにな」り（同、二五六頁）、いくつもの子ども部屋のデザインなどを手がけたりすることになる。神野はまた、こうしたモダンデザインにかかわった工芸家らが玩具趣味に傾倒する面も持っていたことを指摘しつつ、彼らが多くの玩具デザインを手がけたことについても詳細に紹介している。そうしたことは、工芸家個人としてだけでなく、戦前期の日本のモダンデザインにおいて重要な役割を担った工芸指導所のような組織においても、盛んになされていたという。実際に、同指導所が発行していた機関誌『工芸ニュース』を見ると、輸出工芸として玩具を位置付けることが重視されていたことがわかる。これには、玩具が輸出品として大きな位置を占めるようになっていた昭和戦前期の時代状況が背景にあるが、そうしたなかで、子どものための玩具の「用」が多様に検討されていたりもしたわけである（神野 二〇一一）。

三　「時代玩具コレクション」にみる工芸と玩具

表1は、このような点を踏まえつつ、「時代玩具コレクション」から、「工芸としての玩具」に類するように考えられるものを抽出したものである。「工芸的」という言葉を、技術上の事柄として受け取れば、「時代玩具」のかなりの数が、「工芸的」に見るべき点を持つものである。例えば、立版古や人形類などには、単品としてみても非常に高い工芸性を有しているものも含まれている（多田　一九九二a、一九九二b参照）。ただし、ここでは前節の議論にそって、なかば恣意的に「工芸的」なものを選択している。

その上で、表1を確認してみると、例えば、千代紙やまり（図1）などは、前節で主にみた郷土玩具とは、ややベクトルを異にはするものの、「伝統玩具」の類に含むことができるだろうか。糸巻きのまりは、いわゆる「民芸品」としてもよく扱われるものでもあるので、そうした面からも工芸的なイメージをまとったものと言えるだろう。

また、碁盤や将棋盤、その駒なども、伝統的な工芸の一類としてみることができよう。将棋駒は、「天童将棋駒」として伝統的工芸品産業に指定されているものもあるように、玩具においては比較的わかりやすく「伝統的工芸」として認知されうるものである。これら以外にも、貝合わせの貝や投扇興のマトや扇なども、やはり郷土玩具とは方向性を異にするものではあるが、伝統的な工芸性を有する玩具として捉えることができる。とはいえ、全体としてみてみると、このコレクションにおいて

表1　「時代玩具コレクション」における工芸的玩具の事例

玩具	年代	素材・備考	
千代紙	明治初期	紙	
貝合わせ遊具	江戸	貝・漆器	
投扇興の扇	江戸	木・布	
碁盤	明治	木	
伊万里焼の将棋盤・将棋駒	江戸	陶磁器	
京焼将棋盤	江戸～明治	陶磁器	
将棋の駒	大正	木	
糸巻きまり	大正～昭和	糸ほか	図1
陶器人形	不明	陶器	
土人形	不明	土	

注）複数あるものを項目としてまとめているものもある。

図1　糸巻きまり（国立民族学博物館蔵）

「工芸的」なものが、思いのほか少ないこともわかる。とりわけ、前節でみたような形の玩具は、管見の限りにおいては、ほぼ見当たらないようである。これには、コレクションの性格も多分に影響しているのだろう。他方、決して多数というわけではないが、工芸という視点から、やや興味を惹かれるものとして、冒頭でみた「うつわ」のある玩具の類がある。そこで、次節では、二節での議論も部分的に踏まえつつ、このうつわのある玩具についてみてみたい。

四　もう一つの工芸としての玩具——うつわのある玩具

「ままごと」の玩具

「うつわ」が含まれる玩具は、ままごとの玩具だけではもちろんないが、その代表的なものではあろう。ままごとに繋がるような、飯事の道具（玩具）は、平安時代にはすでに明確に誕生しており、『紫式部日記』にも雛遊びの道具の一つとして見られるのだという（多田編　一九九二c）。このままごと遊びは、かならずしも飯事のみに限定されたものではない。例えば、一九四八（昭和二十三）年に出版された絵本『おままごと』においては、未就学であろう女の子が、子守りや洗濯、掃除など、家事全般の「まねごと」が描かれている（古屋　一九四八）。同書の裏表紙には、「お母さま方へ」として以下のようなメッセージもある。

　女の子のままごとは、決して大人の生活の単なる模倣ではない。おままごとをしている子どもたちには《ママ》、子どもたち自身の生活を、そこにきずいているのです。それだけに、親として、おろそかには考えられない「おままごと」です。（古屋 一九四八）

ここでは、「生活」全般が、「ままごと」として捉えられていることがわかる。その一方、同書の表紙では、おかっぱ頭の女の子が、ミニチュアの包丁・まな板などを自分の前に置きつつ、これまたミニチュアのお茶セットで、急須から番茶碗へお茶を注いでいる絵柄が用いられている（図2）。このように、ままごとが、生活・家事全般のまねごとを含むとはいえ、その中心をなすのは、やはり台所での家事、すなわち飯事にかかわるものであろう。

こうしたままごとの遊び方の平安期からの変遷については、不勉強にして知らないが、すくなくとも近代期には、ミニチュアの道具や食器を使った形態が定着していた。国会図書館のデジタルライブラリーに含まれている資料などを確認してみれば、近代期のそうした情報をすぐに見つけることができる。例えば、巌谷小波が編集した『子宝』では、まな板を前にした少女が描かれているし（巌谷 一九〇九）、一八九六（明治二十九）年の宮川春汀の画による「小供風俗　まゝごと」では、二人の少女がミニチュアのまな板やうつわ、かまど、お盆などで遊んでいる様子が描かれている（宮川 一八九六）。

図２　古屋白羊『おままごと』表紙（国立国会図書館蔵）

そうした図像では、少女が描かれることが普通であり、ままごとは、その意味では、古くより、女の子の遊びの代表の一つであったのであろう。また、先に引用した『おままごと』にも、子どもたちが、ままごとを通して、「自身の生活を、そこにきずいている」とされているように、「子供の想像活動を豊かにする」（加藤 一九四〇：一八頁）ものとして、とくに四歳から六歳くらいの子どもの遊びに推奨されてきた（大阪児童愛護連盟 一九二九）。ただし、これには必ずしも専用の玩具が必要とされるわけではない。一九三二（昭和七）年に刊行された『日本精神の教育』においては、「創造能力の養成」の一項として「ままごと遊び」が位置づけられており、このままごと遊びには、「立派な、高貴な、複雑した《（ママ）》、完成した道具は必ずしも必要ない」とある（田嶋 一九三二：四九頁）。とはいえ、ままごとのための「立派な、高貴な、複雑した、完成した道具」というのも、当然、多く存在したし、現在もそれは同様である。このようなことを踏まえながら、次項では、「時代玩具コレクション」に含まれる、ままごとにかかる玩具をいくつかみてみることとしよう。

「時代玩具コレクション」におけるままごと玩具

表2は、時代玩具コレクションに含まれる、ままごと遊びの玩具の主なものを一覧としたものである。これについても必ずしも多くの対象があるわけでは

表2 「時代玩具コレクション」における主なままごと玩具

玩具	年代	素材・備考	
酒注ぎ	明治	ブリキ	
茶筒	明治	ブリキ	
かまど	明治	土	
食器セット	明治	木・陶磁器	
お茶セット	明治	木・陶磁器	
ちゃぶ台セット	明治（後期？）	木・陶磁器	
食器棚	1910s	木・陶磁器	
台所セット	1910s	木・陶磁器・銅	図3
お勝手道具	大正	木・陶磁器	図4
お寿司セット	1920s	木・陶磁器	
台所セット	昭和戦前	陶磁器	
コーヒーセット	1930s	陶磁器	
ままごとあそび①	1930s	木・プラスチック	
ままごとあそび②	1940s	ブリキ	
ままごとセット	1940s	陶磁器	
カゴ入りままごと	1950s	プラスチック・ブリキ	
ままごとあそび③	1950s	プラスチック	図5
七輪セット	昭和戦後	ブリキ	

注）複数あるものを項目としてまとめているものもある。

ないが、なかには、「立派な、高貴な、複雑した、完成した道具」も含まれる。図3は、大正期に制作された台所セットである。雛道具の一部として作られたもので、ままごと遊びにも用いられたものであるという。設《しつら》え全体は、木製であり、それに陶製の甕や瓶、竹製のカゴ、そして冷蔵庫やかまどなどの部分には銅や真鍮などの金属も用いられている。台所というよりも勝手口や井戸も含めた、水場全体を含むものとなっている。図4も、大正期のままごとセットである。やはり設えは木製で、ほかに陶や金属が使われている。全体にコンパクトではあるが、オーブン・ガスコンロが見られる。

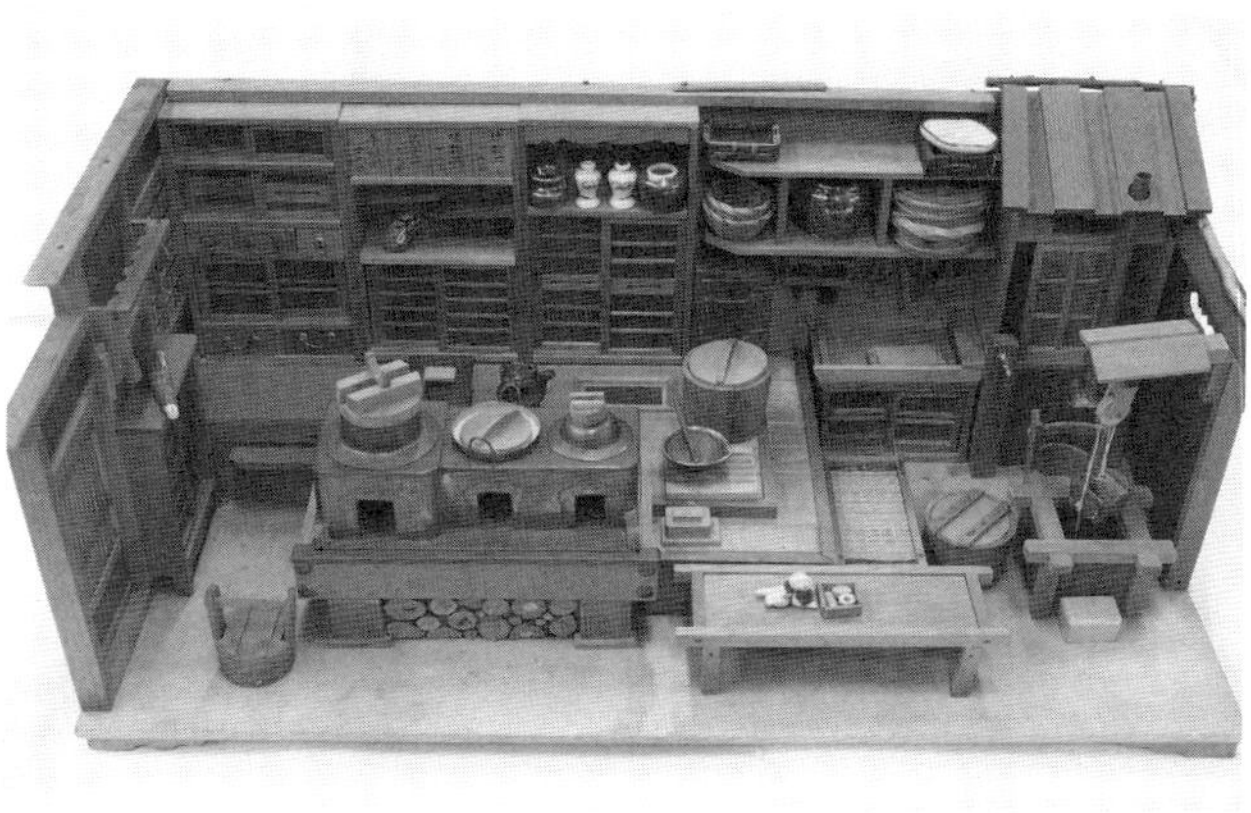

図3　台所セット（1910s、国立民族学博物館蔵）

図4　「お勝手道具」（大正時代、国立民族学博物館蔵）

　また、コレクションには、明治期のものとして、土製のかまどもある。江戸期のままごと玩具は、高級なものには金属や塗りを含むものがあり、一般には土や紙によるものが流通していたという（多田編　一九九二c）。このかまどが土製であるように、明治期にもそうした流れは引き継がれていたようである。その

図５　ままごとあそび玩具（1950s、国立民族学博物館蔵）

後、ブリキが徐々に普及し、大正の末になると「完全にブリキのままごと玩具時代を迎え」たのだという（日本金属玩具編纂委員会 一九九七：二七四頁）。また、この時期には、「上物はアルミニウム製に変わってい」（同、二七四頁）き、さらに、昭和、とくに戦後になると、その多くはプラスチック製のもの（図５）へと変化していく（多田編 一九九二ｃ）。プラスチック製が主流であるのは、現在でも同様であるが、近年では、木製や段ボール製のままごと玩具も多く見られる。図３や図４のままごとセットは、こうした変化のなかで、土・紙製からブリキへの移行期につくられたものと位置づけることができるだろうか。

ところで、「時代玩具コレクション」におけるままごと玩具では、ブリキ製やプラスチック製のものについては、図５のように、うつわや調理器具がセットとなったもののみとなっているが、もちろん、こうしたものについても、図３のような台所セットのものもある（日本金属玩具編纂委員会 一九九七）。その意味では、コレクションに含まれるものは、ままごと玩具の全体を示しているわけではないし、おそらく典型を示しているわけでもないだろう。そのうえで、本節では、ひとまずこの限定性を踏まえつつ、ここから読み取れる事柄について考えてみようと思う。

ままごと玩具にみる台所

例えば、図3や図4の台所セットをやや詳細にみてみよう。図3の台所セットは、上述のように勝手口から井戸などを含み、水場のスペースを広く扱ったものである。含まれるパーツは非常に多く、それぞれの作り込みも細かい。お櫃や水桶、醤油樽などは、曲げ物に近い作り方がされているし、カゴ類も通常通り編み込んだもののようである。背後には、食器等用であろう収納が設えられ、「焼物皿廿人前」「吸物碗廿人前」「菓子碗十人前」「手塩皿廿人前」といった記述も見える。そうした什器の分量からしても、上流層家庭の台所を想定したものであろう。冷蔵庫の存在などもそうしたモデルを反映しているだろうか。

一方、大正期から昭和初期にかけての時代は、台所の「改良」が盛んに叫ばれた時代でもあった。一九二八年に発行された『新しい台所と台所道具』（平井編 一九二八）に含まれる「吾が家の台所」という文章には、当時の台所をめぐる状況として次のような記述がある。

近頃郊外に盛んに建てられた文化住宅に行って見ても、金にあかして作った模範的な台所設備は別として、多くは皆申し合した様に在来の借屋式台所で満足されて居る方が多い、［中略］台所となると水が出て洗ひ流しが出来ればよいと云ったのが沢山あります。［中略］然し最近ではこの在来の借家式台所に対して主婦の不平の声がいづこの家庭にも頻々として持ち上がって居る状況を見ると近代家庭主婦が生活改善の第一歩に踏入り覚醒して来たのでは無いでしょうか、之は確かに喜ばしい傾向と云はねばなりません。（紺田 一九二八：一一―一二頁）

台所の「改良」「改善」の兆候は、明治後期からみられたようである。この引用の表現でいえば、「金にあかして作った模範的な台所設備」のようなものが作られるようになる。一九〇二（明治三十五）に建てられた大隈重信邸がその先駆けであるという。大隈邸では、台所からの出火によって火災被害を受けたことをきっかけとして、安全で近代的な台所をいち早く整えた。イギリスから輸入したガスクッキングストーブやガス竈《がま》などが採用され、それは、当時の上流層が配する台所の模範となったのだという（山田監 一九八六）。それが、大正期を通して、徐々に裾野を広げていき、昭和初期には先の引用のような状況にあった。『新しい台所と台所道具』には、様々な台所のモデル図が示されているが、多くはガスコンロやガス竈が配置され、電化している様子もうかがえる（平井編 一九二八）。また同じころ、同書の発行元であり、この時期の「生活改善運動」を牽引した生活改善同盟のメンバーでもある木檜恕一は、和風の自邸に洋風の要素を取り入れた実践を示した『我が家を改良して』を公開し、ここでスムーズな動線、効果的な分担などを重視した合理的な台所のあり方を提案している（木檜 一九三〇、柏木 二〇〇〇も参照）。

そのような状況を考えると、図3の台所セットは、一昔前の上流層の台所を具体的なモチーフとしたものとしてみることができるかもしれない。対して、図4の台所セットには、おそらくガスによるコンロとオーブンがみられる。箱に描かれている絵をみると、和室にちゃぶ台が置かれ、その上に洋食器のティーセットがみられる。一方で、背後にはお櫃やかまどが置かれるなどしており、木檜が見せたような和洋を取り混ぜた生活様式が表現されているといえようか。このような形で、時代の状況とのズレや整合性をみつつ、玩具を通して、それがどのように表象されているのかを考えるというのは、こうした対象を考察する視点の一つであろう。

ままごと玩具にみるうつわ

他方、ここでもう一つふれてみたいのが、図3および図4の台所セットにみられる陶製のパーツ（おもにうつわ）である。これらには、陶製の甕、すり鉢、箸たて、片口などのうつわ類が複数含まれる。玩具に陶器が用いられるのは珍しいことではなく、「時代玩具コレクション」においても一九五〇年代くらいまでの玩具には、陶製玩具を一定数確認することができる。そしてそれは、ままごと道具について上述したようにその後、ブリキ、そしてプラスチックへと変化していく。ただし、陶器で、玩具に用いられるような、非食器類の製品が全く消えるかというとそうではない。そうしたものの量産は、ノベルティの生産のようにその後も長く続けられていく。実際に、瀬戸におけるノベルティ生産に繋がる「原点」として、金魚の浮き玩具などがあったとされる（十名 二〇〇五）。そして、このノベルティ生産は、主に輸出を中心として、円高の進行によってその生産が海外に移転する一九八〇年代の後半から九〇年代の初頭ころまで盛んになされた。そうした中で、陶製の玩具がより早期に少なくなっていったことには、破損のしやすさといった陶磁器の特色が関係していたのかもしれない。実際、プラスチック製の図5のままごとセットには、「われない　もえない　好い子のおもちゃ」と書かれた紙が付されており、「われない」ことが売り文句の一つとなっていることを確認できる。

他方、そのスタートはいつごろと考えられるだろうか。「時代玩具コレクション」にみられる明治期のかまどの玩具は、陶製ではあるが、低火度焼成による素焼き状のものに着色したものであり、初期の陶製のままごと玩具は、こうした素焼きあるいは楽焼のようなものに、事後（焼成後）の着色を施したものが多かったのではないかと思われる。

こうした塗装については、その有害性が指摘されることがある。例えば、次のような記述がある。

（不衛生な玩具として：引用者注）その最も注意を要するものは塗料の問題です、鉛、燐、銅、水銀等を含む塗料を使ったものや、アニリン塗装を使ったものは、なめたりしゃぶったりすると中毒することがあります。

かういふ有毒染料を使ふことは当局が厳重に取締ってゐますから市場には出てゐない筈ですが、絶無とはいへませんからはげやすいと思はれる塗料で彩色したケバ〳〵しいものは避けた方が無難です。そして陶器の玩具で釉薬が不完全なため着色部分がはっきりと手指に触れるものも避けた方が安全です。（大阪児童愛護連盟　一九三七：七二頁）

後半部にある「陶器の玩具で釉薬が不完全なため着色部分がはっきりと手指に触れるもの」というのは、おそらくは、低火度焼成後に着色した玩具類を指しているのであろうと思われる。(8) 玩具における塗料に関しては、明治二十年代より問題化し、規制が強化されたことがあったが、こうしたことを受け、陶製のままごと玩具について、「楽焼に塗る顔料が悪いと批判を受けたので、ほとんど瀬戸焼に変わった」（日本金属玩具編纂委員会　一九九七：一七七頁）という指摘もある。実際に、大正期に生産された図3や図4の台所セットでは、施釉された焼成陶磁器が使われていることがわかる。光沢のある肌面からも分かるように、「着色部分」が直接に「手指に触れる」ものではなくなっている。

他方、成形面からみてみると、これらは、鋳込み成形によるものであると推測できる。陶磁器の成形には、ロクロをつかった紐づくりや水引き成形、石膏型に板状にした粘土を貼り付けていく型成形などがある。このうち、紐づくりと型成形によってままごと用のミニチュアのうつわをつくるのは、なかなか難しく手間であろう。例えば、水引き成形では、可能ではあるが（ミニチュア生産に特化した）技術が必要であることと、形成できるうつわの形がある程度限定もされてくる。対して、泥状にした粘土を石膏型に流し込んで成形する鋳込み成形によるものであれば、量産も可能となり、形の自由度も高くなる。のちにノベルティがこの鋳込み成形によって多量に生産されたように、採算も含めて、現実的なものであろうと思う。この鋳込み生成は、明治期に日本に導入され明治三十年代後半ころから徐々に普及していった技法であった（陶器全集刊行会編 一九八〇）。

その意味では、ままごと玩具における施釉焼成の陶製パーツは、有害塗料の問題という社会的側面と鋳込み生成の導入という技術的側面とがほぼ同時的に関連しつつつくられていったのであろうと推測できる。この陶製パーツは、ほどなく無くなっていくようではあるが、先に瀬戸の事例において、これがノベルティの「原点」として指摘されていたように、そうした後の展開を拓くという役割において重要なものであったかもしれない。本稿においては、こうした点についての実際を検討するゆとりはないが、このような点からも、玩具と工芸性について検討する可能性があることを指摘しておきたい。

おわりに

ここまで、玩具と工芸性という観点について、（一）伝統的手工としての玩具、（二）子どものための「デザイン」としての玩具、そして、（三）うつわのある玩具（ままごと玩具）としての玩具という三つの側面との関わりについて紹介をしてきた。このうち、前二者については、一定の先行研究もあり、本稿でもそれらを参照しつつ、記述してきた。対して、ままごと玩具などに用いられるうつわやそれを含む台所セットについては、こうした視点での考察はあまりなされてこなかった。本稿においても、それを十分に行ったわけではないが、ひとまず、二つのポイントからこれを検討する視点を示してみた。一つは、ままごと玩具としてつくられた台所の様相に社会的な表象の一つをみるということ、もう一つは、そこに含まれるうつわパーツからの検討である。いずれも今後の可能性を示した程度に過ぎないが、検討のポイントを見いだし得ることが分かることにも一定の意義がある。

二〇一六年に岐阜県現代陶芸美術館ほかで開催された「セラミックス・ジャパン　陶磁器でたどる日本のモダ

ン」展は、明治から昭和初期にかけての日本の陶磁器について、その歩みを多様な実作からみる企画展であった。このなかでは、ノベルティや子供の飯茶碗などについては取り上げられているものの、ままごと玩具についての言及はみられない（森監 二〇一六）。ノベルティが扱われているならば、ままごと玩具が対象とならない理由は、二章でみた「用」の問題のほかにあるのだろう。おそらくそれは、生産された時期や量が少なかったこと、あるいは、生産されたものの質などに要因があったのであろう。これは陶磁器についての事例であるが、工芸としての玩具はやはり重視はされていない。一方で、前節でみたように、その生産は、後のノベルティに繋がっていくようなものでもあった。また、その後、ブリキ・プラスチックへと展開していく流れも含めて、その形態や時代状況との関連という点についても考察を進めることができるかもしれない。今後、より具体的な事例を踏まえつつ、検討を加えていきたいところである。

付記

本稿の調査にあたっては、科学研究費補助金基盤研究（C）（一般）「ファッション・デザインとの交差からみる地域文化の現代的消費と新たな地域表象」（課題番号：18K01157、研究代表者：濱田琢司）、および、同基盤研究（B）（一般）「現代社会におけるツーリズム・モビリティの新展開と地域」（課題番号：17H02251、研究代表者：神田孝治）の一部をそれぞれ使用した。

（1）『オレンジページ』（オレンジページ）に二〇一〇年より連載。二〇一二年にオレンジページより単行本第一巻が発売され、二〇一九年二月現在、第八巻までが既刊。

（2）ただし、柳をはじめとする民芸運動同人は、使いやすさとしての「用の美」を愛でていたのではない。彼らが注目したのは、ある「用」を満たすために洗練されてきた「モノの形」それ自体であった。そのため、例えば囲炉裏で鍋などをつるす際に使用された自在鉤をオブジェとして享受するなど、モノ本来の「用」とは別な形でそれらを受容するということをしばしば行っていた。この点については、濱田（二〇一四）参照。

（3）しかし、このような記述の一方で、同書には、後述もするように、郷土玩具に含まれるような対象も複数含まれてもいる。この点については、横山（二〇一五）も参照。

（4）引用に際しては、読みやすさを考えて、旧字体や送り仮名等の旧表記の大半を、新字体等に変更している。

（5）『うなゐの友』は、一九一三（大正二）年までの間に清水の手によって六編まで刊行され、その後は西沢笛畝に引き継がれ、一九二一（大正十）年刊行の十編で完結した。多くの知識人から注目され、明治後期から大正期にかけての「（郷土）玩具」愛好熱を牽引した。

（6）上述したように、農民美術については、柳も民芸運動との違いを強調しながら、これを否定している（藤田 二〇〇八）。柳は、一九二二年に竣工した山本による農民美術研究所の建物について、「農民美術といふからには、その土地土地の農民の手から生れる地方的な土くさい作物なのだと思ってゐたのである。所が連想したものとは違って、建物が馬鹿にきどった洋風の形である」とし、その作品についてもこの研究所の建築を引き合いに、「出来た品を見ると純日本のもの、純農民のものは殆ど見当たらない。仕事場が信州の田舎に有り乍ら、佐久群の農家とは縁のない洋風に作られてゐるのは、仕事の性質をよく現してゐるのだと思った」（柳 一九八〇b）などと評している。

（7）和える（aeru）についておよび、和える（aeru）に関する引用などは、すべて、和える（aeru）の公式ｗｅｂページによる（https://a-eru.co.jp/story/、二〇一八年九月一日最終閲覧）。

（8）ただし、色絵の陶磁器の場合は、塗料（顔料）に直接触れることにもなる。通常、陶磁器の焼成・施釉の工程では、成形後乾燥させたものを、七〇〇～八〇〇度で焼成（素焼き）したものに、釉薬を施し、一三〇〇度程度で再度焼成（本焼き）し、完成させる。ガラス質を含んだ釉薬が本焼きによって溶けることで、光沢のあるガラス質の表面が形成され、「着色部分がはっきりと手指に触れる」ことがなくなる。しかし、赤・緑・黄などによる色絵（磁器が多い）の場合は、このガラス質の表面に絵の具をのせ、もう一度、七〇〇～八〇〇度で焼成し、焼き付ける。そのため、その絵の具部分は最外部となり、「着色部分」に直接触れることになる。かつては、この絵の具に鉛が含まれることが多く、日常の使用においてこれが剥がれる（剥げる）ことで体内に取り込まれることが問題となったりもした。

参考文献

上田市山本鼎記念館（編）（二〇〇九）『山本鼎 AN ESSAY ON KANAE YAMAMOTO 第二版』上田市山本鼎記念館。

大阪児童愛護連盟（一九二九）「『一歳から十歳まで』玩具の選び方（文部省発表）」『子供の世紀』七―三、二九―三〇頁。

――――（一九三七）「良くない玩具　不衛生で危ういものなど　氏家壽子女子談」『子供の世紀』一五―一二、七二頁。

香川雅信（一九九八）「坪井正五郎の玩具研究――趣味と人類学的知」『比較日本文化研究』五、一二六―一六二頁。

――――（二〇〇三）「郷土玩具のまなざし――趣味家たちの「郷土」」『日本民俗学』二三六、一一九―一二六頁。

柏木博（二〇〇〇）『家事の政治学　新装版』青土社。

加藤幸治（二〇〇八）「郷土玩具概念再考――物質文化へのまなざしと様々なコンセプト」『日本民俗学』二五六、一―二六頁。

――――（二〇一一）『郷土玩具の新解釈　無意識の〝郷愁〟はなぜ生まれたか』社会評論社。

加藤弘（一九四〇）「幼児の玩具の選び方」『子供の世紀』一八―四、一六―一九頁。

川越仁恵（一九九九）「郷土玩具」、福田アジオ他編『日本民俗大辞典　上』四九五頁、吉川弘文館。

木田拓也（二〇一四）『工芸とナショナリズムの近代――「日本的なもの」の創出』吉川弘文館。

北澤憲昭（一九八九）『眼の神殿――「美術」受容史ノート』美術出版社。

木檜恕一（一九三〇）『我が家を改良して』博文館（森仁史(監)（二〇一四）『叢書・近代日本のデザイン五七　『我が家を改良して』木檜恕一』ゆまに書房）。

紺田修一（一九二八）「吾が家の台所」、平井八重(編)『新しい台所と台所道具』一―六頁、生活改善同盟会（森仁史(監)（二〇〇九）『叢書・近代日本のデザイン二〇　『住宅家具の改善』生活改善同盟　『生活改善の栞』生活改善同盟　『新しい台所と台所道具』生活改善同盟』ゆまに書房）。

斎藤良輔(編)（一九九七）『郷土玩具辞典　新装普及版』東京堂出版。

酒井宣昭（二〇〇四）「宮城県伝統こけし産地の存続基盤：鳴子・遠刈田・弥治郎産地を事例として」『季刊　地理学』五六―一、一九―二九頁。

佐藤道信（一九九六）『〈日本美術〉誕生――近代日本の「ことば」と戦略』講談社。

――――（一九九九）『明治国家と近代美術――美の政治学』吉川弘文館。

清水清風（一八九一）『うなゐの友　一編』芸艸堂。

神野由紀（二〇一一）『子どもをめぐるデザインと近代　拡大する商品世界』世界思想社。

武井武雄（一九三二）「郷土玩具」『郷土史研究講座』四、一―二八頁。

――――（一九三四）『日本郷土玩具』金星堂。

多田敏捷(編)（一九九二a）『おもちゃ博物館七　おもちゃ絵・立版古』京都書院。

――――（一九九二b）『おもちゃ博物館一五　人形［江戸から現代まで］』京都書院。

――（一九九二c）『おもちゃ博物館一六　ままごと遊びと水物玩具』京都書院。

田嶋真治（一九三二）『日本精神の教育』六文館。

『旅と伝説』編輯部（一九二八）「伝説民謡並びに写真募集」『旅と伝説』創刊号。

陶器全集刊行会(編)（一九八〇［一九三四］）『陶器大辞典　巻二』（覆刻版）五月書房。

十名直喜（二〇〇五）「瀬戸ノベルティのパイオニア・丸山陶器㈱論――経営・技術の沿革とその評価を中心にして」『名古屋学院大学論集　社会科学篇』四一、五七―九〇頁。

西沢笛畝（一九六四）『日本郷土玩具事典』岩崎美術社。

日本金属玩具編纂委員会（一九九七）『日本〈子どもの歴史〉叢書一八　日本金属玩具史』久山社。

濱田琢司（二〇一四）「民具と民芸とモノの機能」『人類学研究所研究論集』一、五六―六八頁。

平井八重(編)（一九二八）『新しい台所と台所道具』生活改善同盟会（森仁史(監)（二〇〇九）『叢書・近代日本のデザイン二〇　『住宅家具の改善』生活改善同盟　『生活改善の栞』生活改善同盟　『新しい台所と台所道具』生活改善同盟』ゆまに書房）。

平光睦子（二〇一七）『「工芸」と「美術」のあいだ――明治中期の京都の産業美術』晃洋書房。

藤田治彦（二〇〇八）「柳宗悦と山本鼎」、デザイン史フォーラム(編)（藤田治彦責任編集）『近代工芸運動とデザイン史』二四三―二五〇頁、思文閣出版。

古屋白羊（一九四八）『おままごと』ひばり書房。

松下正影（一九三〇）「創作的郷土玩具所感」『郷土秘玩』一―五、一―四頁。

宮川春汀（一八九六）「子供風俗　まゝごと」、宮川春汀『子供風俗』秋山武右衛門。

森仁史（二〇〇九）『日本〈工芸〉の近代――美術とデザインの母胎として』吉川弘文館。

森仁史(監)（二〇一六）『セラミックス・ジャパン　陶磁器でたどる日本のモダン』岐阜県現代陶芸美術館。

守谷英一（二〇一七）「「こけし工人」と「木地師」について――生業研究の視点からの民俗技術調査の観点」『日本民俗学』二九一、八九―一〇四頁。

柳宗悦（一九八〇a［一九四〇］）「民芸の性質」『柳宗悦全集　第九巻』二六二―二七一頁、筑摩書房。

――（一九八〇b［一九三五］）「民芸と農民美術」『柳宗悦全集　第九巻』五七―六三頁、筑摩書房。

――（一九八一［一九四八］）「手仕事の日本」『柳宗悦全集　第一一巻』五―一八〇頁、筑摩書房。

山田幸一(監)、高橋昭子・馬場昌子(著)（一九八六）『物語ものの建築史　台所のはなし』鹿島出版会。

山本鼎（一九一九）「農民美術建業之趣意書」上田市山本鼎記念館、http://museum.umic.jp/kanae/noubi/noubi.html（二〇一八年九月一日最終閲覧）。

横山千晶（二〇一五）「ウィリアム・モリスと柳宗悦の玩具論」『アーツ・アンド・クラフツと民芸――ウィリアム・モリスと柳宗悦を中心とした比較研究』（科学研究費調査研究最終報告書）二五―四〇頁。

第三部　くらしのなかの玩具
――縁日・駄菓子・遊びの工夫

江戸東京の縁日商人と玩具

亀川泰照

はじめに

本稿は、歴史学の立場から縁日について考えてみようとするものである。

縁日とは、神仏の所縁のある日で、その日に寺社を参詣して神仏と縁を結ぶと御利益があるとされる日のことである。中世以降は、参詣者相手の商売も盛んになったといわれる。参詣者相手の商売がいわゆる露店であり、縁日の構成要素の一つである。その露店について、かつて佐藤健二が、歴史的動態の研究課題として次の三つを掲げている（佐藤　一九八七：八二〇―八二一頁）。

第一：サブカルチャーとしての露店商人の集団の構造分析

第二：露店の舞台である道路や露天をめぐる都市空間の規制＝権力のありかた

第三：顧客であり観客である都市民の心性のありかた

江戸東京というエリアで括れば、ほとんど毎日のようにどこかで縁日は行われており、明治二十年代以降は、新聞に毎週のように縁日情報が載った。非常に盛んだった縁日であるが、歴史研究の方は、それほど行われてこなかった。当該地域における縁日研究の特徴は、①対象時期が昭和以降に偏っていること、②縁日を構成するテキヤ集団に注目していること、である。[1] 明治期東京の縁日については、加藤理の研究が唯一であり（加藤 二〇〇四）、子どもにとっての縁日の楽しみについて、「①金銭の使用、②お菓子や玩具などの購入、③喧噪・猥雑な空間、④妖艶で不思議な見世物、⑤非日常的な時間と空間、というところに集約されそうである」とまとめている。縁日は一面で消費文化と深く結びついており、[2] したがってその分析には、それぞれの商品と商品を提供する商人、そしてこれらに対する経験の質に目を向ける必要がある。

本稿では以上を手掛かりに、近世後期〜明治期の江戸・東京における縁日について、縁日を構成する諸要素のうち、玩具に焦点を合わせ考えていきたい。

一　縁日の玩具

縁日ではどのような玩具が売られていたのだろうか。本稿の対象期には、そもそものような調査が存在せず、よって何が売られていたのか自明ではない。まず近世について、町触に登場した玩具を表1にまとめた。町触という性質上、これらは奢侈か賭け事であるということで規制の対象となったため、文献史料に残されたものである。とはいえ、高価なものも売られていたことは注目に値する。賭銭を要するものは、いわゆる当て物であろう。

次いで明治以降の縁日に売られた玩具について。縁日の玩具は、しばしば回想の対象となって現れる。表2はこれらに新聞や雑誌の記事を加えまとめたものである（この表では、大正期まで掲載）。

なお、自伝・回顧録は再構成された〝歴史〟であり、ただちに歴史的事実とすることはできない。そもそも記述当時の規範や想定されている読者によってバイアスがかかっている。思い違いを含む可能性も否定できない。

表1　近世後期の縁日で売られていた玩具

年	名称	玩具の説明	出典
文化元年（1804）	手遊びを包候煎餅	—	11306
弘化2年（1845）	手造りの箱庭	—	14309
弘化2年（1845）	歌舞伎役者紋付手遊提灯	—	
弘化4年（1847）	毛持渡りトンドロ（かんしゃく玉）	—	14547
弘化4年（1847）	どっこい	「往来人江賭銭為致鬮を振、或は角力役者名前、大当り中当り小当り抔と、丸之内ニ筋を引、目安を認、ふん廻しを仕かけ差出置、右江かけ銭致候ものふん廻し相廻させ、当り候もの江品物又は銭等相渡」	14569
嘉永元年（1848）	玉子吹	「賭銭為致、鬮を振中り之もの江品物等相渡候者之類」	1471
嘉永元年（1848）	玉子吹水出し（どっこい）	「大当り中当り小当りと認メ、右江分ン廻し仕掛ケ候類、竹之鬮を引かせ」	14808、14823
	〔真鍮製貨幣〕	—	
	〔土製貨幣〕	—	
	トントロス（疳癪玉）	—	
	好色絵	—	
	キヅ	「大人小供打交」	

出典の数字は、『江戸町触集成』11・15（塙書房、1999・2001年）の史料番号

当然裏付けは必要であり、個々に検討する必要があるが、記述時の自己認識を反映したものと捉えることもできる（太田二〇〇六、小山・太田二〇〇八）。

一方、一覧化できるだけの素材があるということは、多くの人びとが幼少期の思い出を語る際、縁日が多数の自伝・回顧録の中で話題にしているということである。且つ、縁日を語る時、見世物や食べ物とともに、しばしば玩具も採りあげられている。つまり、玩具は縁日の構成要素の一つとして捉えられているということである。また、玩具にまつわる記憶を縁日における経験として捉えると、自伝・回顧録における縁日の玩具は、人びとにどのような意味を与えた

表2　明治～大正の縁日で売られていた玩具

該当年代	記事	場	出典
明治9年(1876)	○近ごろ東京で評判の隊長鳥を売る（是ハ子供の手遊にて鳥類を小さく通知にて拵らへ此鶴ハ頼朝公を助けた鳩にて放された鶴この鳩ハ石橋山にて頼朝公を助けた鳩などといひ立る）男ハとんと形りが兵隊さんの様で夜る等ハ見ちがへるほど彼様な紛はしい形りハ止たらどうで有ましやう夫とハ少し違ふが此せつ烏帽子を冠り装束をつけて顔へ白粉をぬり能狂言をして東京市中を袖乞をして歩行く越中産れの宇吉ハ見咎められて早速やめました万事紛はしいといふ事ハ宜しく有ません	—	「読売新聞」明治9年5月23日号
明治18年(1885)	はや暮れはてし暗の夜も、街を照らす露店の、星をあざむく燈火に、あたりまばゆき夜の市、一山二銭の翫具店には、悟り顔の達磨、今戸焼のおいらんと膝相摩し、二本八厘の簪釵店には、馬爪なまいきに鼈甲を気取って、象牙の芳町形、本名鹿の角と肩をならぶ。カンテラの油や烟にくすぶりては、菊も隠逸の名空しく、打水の露にうるほうては、石榴の紅玉を包めるに似たらん。七艸も既に時過ぎたれば、華ある艸どもいと稀れにて、同じさまにて趣なき、秋蘭、蘇鉄など鉢植にして、ここにもかしこにも据ゑならべたる、中には根のなきものあるぞと聞きにき》	—	坪内逍遙『当世書生気質』（岩波文庫、1999年）
〔明治20年(1887)〕	縁日のおもちゃ屋では「器械」の亀の子…これは小さい硝子箱の中へ紙製の亀の子、箱を動かすと亀の首や手足がブルブル動く粗末なものだが、大流行	—	山本笑月『明治世相百話』（中公文庫、1983年）
明治25年(1892)	●神田祭礼の景気　いよいよ昨今の両日ハ神田明神の祭礼なるが前号に記す如く氏子一統罹災者への配慮の為め諸事質素たるべしとの事にていづれを見るもたゞ軒提灯をぶらつかすのみ一向神田の祭礼らしき処なし本社の神田明神ハさすがに美服着かざりたる参詣人群聚し随神門の内ハ例の如く両側におもちや屋小間物見世或ひハ風船売氷見世など出並び又境内の左右へハ種々の見世物面白さうにドンチヤンと囃し立見晴しの掛茶屋にハ白粉くさき姉さんの客待顔に贅煙草を吹いて居るも時候寒いせいか皆式涼み客も見えず又鳥居前通り湯島二丁目辺ハ両側に多くの縁日商人見世を張りて参詣のこぼれを待ちたる此辺だけハ如何やら祭礼らしけれど萬世橋外即ち外神田の如きハホンの提灯のみ商売を休みて御酒いたゞける家さへ稀なる位内神田各町とてもまツその如く鍛冶町の三条小鍛治ハ山車の迷子らしく大通りの角へ飾りてあり何処を歩いても踊家台の囃子聞えねバいづれの家にも底抜騒ぎする声聞えず是でハまさか女房を七ツ屋へ殺して後腹を病む神田ツ子もあるまじ天下泰平神田安全	神田明神	「東京朝日新聞」明治25年5月15日号
〔明治25年	今は彼処がどんな風に変っているか知らないが、昔は表通りか	人	谷崎潤一郎『幼

(1892)〕	らちょっと奥へ入り込んでいて、石甃の道の両側に、浅草の仲見世を小さくしたような玩具屋の店が並んでいたので、私は必ずその前を通ると何かしら玩具をねだって帰った。一度私は一軒の店でサアベルを見付けて責んだが、値段が高いのでばあやはなかなか買ってくれなかった。 「潤ちゃん、それは今度おッ母さんに買ってお戴きなさい。何かもっと外の物を買って上げましょう」 「いやだいいやだい」 と、私は暴れた。 「潤ちゃん、分からないことをいうんじゃありません、ばあやはそんな高い物は買えませんよ」 「いやだいいやだい」 　私が大声を挙げて喚いていると、店の奥から猫が一匹駆けて来て、どうした弾みか私の顔に跳びついて頬っぺたに爪を立てた。大して痛くはなかったのだが、眼の縁に蚯蚓脹れが出来たので、私は一層火がつくように泣いた。すると玩具屋のお婆さんは気の毒がって、とうとうサアベルを安く負けて売ってくれた。	形町の大観音	少時代』（岩波文庫、1998年）
明治27年（1894）	●戌の水天宮　昨五日ハ戌の日に当り殊に正五九の三大縁日の一なりとて蛎殻町の水天宮ハ払暁より参詣おびたゞしく尤も戌の五日に水天宮の神符を頂く時ハ産の紐を軽く解くとの云習はしにて人々競ふて頂きに来るものなりとぞされバ此の参詣を当込み水天宮界隈ハ寸地を残さず鎧橋通りの左右人道までも種々の小商人を以て見世を張り詰めしが中に紙製の軍旗の手遊ハ時節柄直安のため盛んに売れたりといふ	水天宮	「東京朝日新聞」明治27年9月6日号
明治28年（1895）	●転写絵の割青　転写絵を以て割青に擬したる翫弄具ハ近頃何処の縁日にも売つてをり府下一般子供仲間の流行物に成つて居る事なるが其好奇心ハ延いて遊び女社会に及び品川の遊び女連ハ孰れも競ふて之を施し腕又ハ脛に九紋龍や弁慶の跳ね廻つて居るのを見て頻りに嬉しがつてゐるとの事此の調子でハ追々起請誓詞にも転写墨を用ひる様になるかも知れず世の好男子を以て居るもの努め油断すべからず	—	「東京朝日新聞」明治28年8月21日号
〔明治30年（1897）頃〕	「日本橋の南茅町に薬師様の縁日があつた。そこで頭に残つてる露店は、吹き矢の当物、紙切り、ドツコイドツコイ、ウツシ絵、智慧の輪、木刀、竹反し、紙面子、モンジヤキ屋、オデン屋、カルメラ焼、大学の先生等だつた	茅場町薬師	横井弘三『露店研究』（出版タイムス、1931年）
〔明治31年（1898）頃〕	縁日商人が紙風船を売っていたことを憶えている」。「その神風船というのは半球型に和紙を糊付けして、その囲周に幾重にも波型の線を彩色し、そのふちに緑色の糸を何本も垂らして、その要に鉛をおもしにつけた。ただそれだけのもので、要の個所をもって左右に動かすと、紙風船は飄々と飛び、上ったかと思うと落下傘のように徐々にふんわりと地上に下りてくる。これ	靖国神社・上野山下	仲田定之助『続明治商売往来』（ちくま学芸文庫、2004年）

	はおそらく風船乗りのスペンサーの評判から生まれた子供のおもちゃに相違ない。結構それを買ってやる親達があった。それから細くそいだ竹を骨とした紙の蝶々があった。左右に触覚の出ている頭部をぐるぐる廻すと、スプリングになっているゴム紐が捻転して緊張する。ころあいを見て、それを手放すと中空高く飛び立って、航空時間幾秒、そのゴムの張りが緩むと、円を描いて舞い戻ってくる。この蝶の動くおもちゃも子供の興味をそそったのでよく売れた。これは夜の銀座の雑踏する中でも見た。また小さな木組みの屋台にゴム風船をたくさん風になぶらせながら売っている男もあった。一升瓶の中に入っている硫酸に、鉛を鋏で切っては投入して、その瓶の栓口に萎びたゴム風船をあてがっては、瓶中で発生する瓦斯を注入し、適度の大きさにふくらむと、白木綿糸で結んでは細い葭の棒につけて、がんぜない子供の客に渡している。時おりは折角手にしたゴム風船の結び目が緩かったのか、棒を離れて空高く上昇して行く、あれよあれよと見守るうちに逃げられてしまう。風船売りはまた新らしいのをサーヴィスするという微笑ましい情景もあった。両手を肩の上にあげた相撲の小さな人形の下に、強い獣毛を植えつけた今戸焼があった。これを二つ盆の上にのせて、とんとんと叩くと、相撲の人形は思わぬところに動きまわる。それが離れたり接触したりしているうちに、片一方の盆のはじから落ちて倒れる。「残った残った」と面白可笑しく言っていた夜店の香具師は「勝負あった」という。そんなたわいもないおもちゃを私も買って貰って楽しんだこともある。		
明治33年(1900)	玩具店の店頭に佇立める大丸髷の吾妻コートが、手を引ける七八ツばかりの、頬の肉のいと秀でたる愛らしき男の子が、希望を満たさんとにや、車台の上に乗れる馬を買はんとて、其対価を問いぬ、答へて五十五銭と云ふ、十銭十五銭ぐらゐは減価るべしとはいふものゝ、之れにして四十銭は出さゞるべからずとてか、立留まつて動かざる子供の手を無理に引いて、拉れ去れるは、玩具に四十銭も出せぬとの意なるべし。…花車は、太く逞き竹に、麦藁を結びつけ、赤紙、青紙、黄紙、金銀紙などもて作れる風車を群がるばかりに刺し列ね、坊ちやんや、嬢ちやん方のお慰、対価は五銭より一銭までと呼びつ、此処彼処に担ぎまはるも、風流の商売なるがかし。…綿もて作れる鼠や、鳥や、犬や、猫や、いと小さきものなるが、其の下部に螺旋状の針線を付し、手に持てる板の上に載せ、ホイホイ踊らせて売るあり、さても世はさまざまのものよ…大学の先生が、生徒と運動するところなりとて、売れるものあり、群がり集れる童子の後より、背伸びして見れば、銅色人種が怪しげなる帽子を被り、竹にて作れる弾器にて、弾き飛ばす玩具なり、大学の先生とは、さても大仰の言分よ。	上野摩利支天	晛世散史『社会灯』(富田熊次等、1900年)
明治34-35	ゴムといへばゴム風船を売ってゐる店がありました。今のやう	水	石田幹之助「水

年（1901-02）	に束にして空へ都バスのとはわけが違ひ、ビール瓶の底に簡素に水素を発生さす薬品を詰めこみ、コロップを厳重に締めてその真ん中に中空のガラスのパイプを挿しこみ、之を風船の一端に当てて脹らませ、元を固く括って二〜三尺の糸をくっつけて子供に渡します。うっかり糸を離すと、スルスルと手を脱け出しフワフワ飛上って電線に絡みついてしまひます。それでなければ乾柿の萎びたやうなやつの一方の少し突き出した吹き口から息を吹き込んでプーッと脹らますと、いい加減脹れたところでパチーンと破れてしまふ、そんなものをおもちゃにしてゐたかと思ふと単純至極なものでしたね。この風船屋の隣り編りだかに、役者や芸者の写真を並べて客を呼んでゐる店がありました…この辺にチョンキナ、チョンキナといひながら物を売る玩具屋がありました。それは小さい曲物の柄杓の下ゴムの紐で鞠を吊り下げ、それを自分は畳一畳ぐらゐの茣蓙を広げた真ン中にあぐらをかいて、五銭十銭の細々したものを子供の指さす方角に、この柄杓を突き出して目にも止らぬ早業で、右に左に註文の品を掬ひ取って渡します。と同時に対価をそれに入れて「へえ毎度有り難うございい」と釣銭があればまたそれに入れてお客に返すといふ調子です。下にぶら下げた小さな鞠はどういふことか分かりませんが、多少拍子を取るためのものでせう。さうして節面白く「チョンキナ、チョンキナ、チョンチョンキナキナ、チョンが菜の葉でチョンがよいサ」と唄ふのが、七十の坂を越えた今日でもはっきりこの耳に残ってゐます。	天宮	天宮様の御縁日」（明治文化研究会編『明治文化研究』２、日本評論社、1968年）
〔明治35年（1902）〕	一番奥の店はどこの縁日でも同じ、ゴム風船を売る店とほおずき屋だった。酸素を詰めたゴム風船と、ふくらませるとひィと笛がなる玩具は英国かどこかの輸入品で、日本で製造したのはその頃より五、六年もあとのことだと聞いている…雑貨屋とか玩具屋なぞが雑然と並ぶなかに、周囲の店より一段と大きい露除けを張りだして、大きな看板に「どれも一品二銭」と大きく書いて、安物玩具を売っていた店があった。品物はゼンマイ仕掛けのブリキの汽車、コルク玉の鉄砲、刀、弾人形なぞのほかに、表六玉と云って、小指の先ぐらいの小さくて柔らかい玉で、燃やすと明るくなって懐中電灯のような役割を果たし、それでいて手の上で燃やしても熱くなかった。また、硫黄を溶かして大福餅のような平丸にしたもので、これを布で擦ると、かすかに静電気が起こり、紙なぞを吸い上げる妙なものまであり、それをごちゃごちゃに拡げて売っていた。赭ら顔のおやじが手拭で向う鉢巻をして、奥に坐って「どれをとっても二銭だよッ」と大声で続けざまに怒鳴喚鳴っていた。この店には子供がたくさん集まっていて、チョックラチョイと買うことも、また群がった人の輪から出ることも出来ない程の大繁昌だった。おやじは売り上げの銭を受け取るのに、手水鉢の柄杓のような長い柄の付いたものを突き出して銭を受け取っていた。二銭で	銀座地蔵尊	野口孝一編著『明治の銀座職人話』（青蛙房、1983年）

	選り取り好きな物を蛙のだから、子供が喜ぶのも当然だった		
明治 36 年 (1903)	玩具屋の前は殊に賑はひつ。これはやすく作れる鎗刀の類も、愛に満ちたる親の心には、あるが上にも猶買ひゆくべく、一筋引き渡しゝ紐に、あまた結びさげられたる天鵞絨の銅貨入は、誰が手にか持てゆかるらむ。赤と紫との風船玉は、風にひるがへれり。衣着たる人形、衣着ざる人形、机、文庫、針箱、さてはまゝごとの膳、椀、真魚板手桶の勝手道具など数しらず。	金比羅神社	佐々木信綱「縁日」（佐々木信綱・印東昌綱『磯馴松　美文韻文』、博文館、1903 年）
明治 41 年 (1908)	近来は細長いゴム風船も稍々頽れ気味なので三銭売りを二銭位に下げて売つて居る者が大分であるやうになつたので今度は鍍金の指輪か乃至油煙止めのホヤなどに転んだ者が多くある此様な具合で転屋は今日金指輪屋でも明日は何者になるか自分にも解らないのである	—	「読売新聞」明治 41 年（1908）5 月 19 日
明治 41 年 (1908)	其八　玩具呼売業…玩具呼売業の営業は、前節の露店の玩具商よりも尚一層の小商業で、上野の広小路や浅草の仲見世等の辻に立つて、紙風船や弾力人形などを売るのである。…若し此業に依つて成功しやうとする者あらば、未だ他の思付ぬ新案物を、新案の方法に依つて売る工夫をせねばならぬのである。	仲見世他	原巷隠（池田憲之助）『各種営業小資本成功法』（博信館、1908 年）
明治 42 年 (1909)	●米人の浅草研究（1）　日本大通のスタール教授　仲見世で色々な玩具を見る　（中略）先づ第一に店先に辰て煎餅とは何んなもの、紅梅焼とは何、はじけ豆とは何と畳みかけて問ひまくられるので訳語に窮してまごまごしてゐると一件の店賃は一月幾何だと聞く多分二十円位だらうと云ふと「フヽン」と気のない返事、玩具やの前に立つてスタール教授が小首を傾け人形やら、張子の犬やら、でんでん太鼓やらを一々取り上げて、「何れも面白いがこれが一番面白い」と指さしたのは玩具の纏、目を据て静と眺め「これは彼の消防夫の持つてゐるものだらう、フヽン纏と云ひますか畢竟軍人の連隊旗のやうなものですね江」と来る記者は先づその日本通なのに驚く此間ゴンレス氏は人形を手に持つてギヤアギヤアと泣かして見て笑ひ度いやうな泣き度いやうな変梃な顔をするスタール教授はズンズン進んで仁王門の方へ行き玩具の舟、ちりとりの家などを見て「ハヽ此れも人類額の材料に成る此処へは又後で買ひに参ります」と歩き出すもう日はトツプリ暮れて四辺が暗くなつた店の火がチラチラとするのを見て教授曰く「ラフカチオ、ハーンさんの本に夜店のことが書いてあつたが成る程これは美しい一寸他国では見られぬ好景色です」	仲見世	「読売新聞」明治 42 年 10 月 8 日号
明治 42 年 (1909)	玩具を美しく飾つてある店頭を、年頃三十四五の丸髷の奥様が、六つばかりの愛らしい男の子の手を引いて、そろそろと通つて行くと、玩具屋の主人は、ピー、ピー、ピーッと笛を吹いた。すると男の子は顧返つて店を見て、『母ちゃん』と云ふ。母ちゃんは、初めて玩具屋に気がついて、につこりとして立ち止まると、玩具屋は透かさず、手招して『坊ちやん、御覧なさ	—	桜雲生「縁日商人は如何なる策略にて客を吸収する乎」（『商業界』11-4、1909 年）

	い、こんな玩具つ』と云つて、鶏の啼く真似の出来る笛を吹いて見せる。さあ、かうなると坊ちやん動きません。で、母さんの手を引ッ張つて『母ちゃん、母ちやん。』つて、母の顔を見る。で、母ちやんは、黙つて打ち首肯く。それから、坊ちやんの気に入つたのを買つて、母ちやんは、玩具屋に向ひ『坊を連れて出ると直ぐ是で困る。』と云へば、玩具屋につこりとして釣銭を出しながら『結構でございます。』とやつてゐる。突然、笛を吹いて注意を引き、手招きする手際に至つては、甚く敬服した。丁度、本郷の赤門の前、一人の八字髯の男が、赤毛氈をかけた机に向ひ、ランプを二つばかり景気よくつけ、そして、その机上には、妙な銅色人種が帽子を冠つた人形を十ばかり並べてゐて、そして、往来をきよろよろ見て居り、やがて二三人の少年が話しながら通るを呼び止め、『あ、坊ちやん、大学校の先生の生徒と運動する玩具を見せませう。』と云つて、その一つを机の真ん中へ持つて来て、やツとの掛声で、フーイと宙に二尺ばかり飛ばした。少年は嬉々として笑つてゐた。これは、竹で作つた弾器の変手古な玩具であつたが、大学の先生とはさても奮つたことを云つて、少年の好奇心を引いたもの哉、成程商売道に由て賢しだと思つたのであつた。		
〔大正3年(1914)頃〕	例によって、多くの露店に混って、あてもの屋が出ていて、子供達を大勢引きつけている。戸板一枚ほどの大きさの台の上には、懐中電灯だの、蟇口だの、玩具の時計だの、小刀だの、子供の心をひきつけるようなものばかりを仰山に並べたて、それ等の品物に囲まれながら中に一人の男が入っていて、小さく四角に切った厚紙を、薄い紙で包んだ籤を沢山小箱の中に入れて、前に出してある。	三河島観音寺	片岡筑翠『遠花火』、私家版、1964年
大正6年(1917)	パチンコ式飛行機…風貌風采は挿図に就いて御承知の通り、一銭凧の関羽の如し、銀髯を撫して徐ろに諸君！と叫ぶ。諸君、今や欧州の大戦は延して我日本の飛行界に一代革命を起さしめました、曩に飛行家ナイルス。次いでスミスの来朝、近くは婦人飛行家としてスチンソン来つて、中返り其他の光明なる冒険的技術に、我児童玩具用に至つても時代の趨勢と共に最早旧式の模型飛行機にては甘んじて居られなくたつたのです、爰に至つてパチンコ式飛行機は製作されたのだります、従来の紙張りでは滑走を重とし、多くの空中を飛ぶ力に乏しかつたのです、此パチンコ式は斯くの如く弾きゴムを右の手に持ち機の先端を引ツカケ高く一ぱいに張り、而して此機を放せば中天高く飛行し、降る時一回中返りをば演じて波状飛行をなし緩やかに着陸をいたすのであります対価は僅かの八銭で（今諸方に売小出るに及んで六銭となる此方は理化学応用最新式模型飛行機、牛込市ヶ谷町一〇後藤商会と云へり）お需めに応じます…まづ斯様な具合に…」と弾きゴムに尖端をかけた模型飛行器は、キリキリツと引絞られた、故宮を斗つて兵と放せば、空中遙に飛翔し	—	長松・三太郎「縁日ある記」6（『風俗』2-1、1917年）

	たが落ちて来る時ゆるやかに一つ中返りをして斜めに、おでんやの屋台の上をかすつてバサリと着陸した。		
大正6年(1917)	活動写真…今年四月頃から見え始めた、厚紙の中央を切抜いてこれに経木を貼り、それへ紙で人形を作つたものを貼りつけ手足の所を折り曲げて置く、左手にこれを持ち、右手にゴム管のアセチリン瓦斯の先を持つて、上下廻転させれば人形は、光線の作用に依つて自然と跳り出す、一枚一銭で売出したが、今は売子がふへて七枚一組五銭になつた」。「エ最初御覧に入れるのが、ハイカラ踊り……ちりちりんと出て来るは、自転車乗りの時間借り、ハイカラ姿の生意気な両手を放した曲乗りに、彼方行つちやアヒヨロヒヨロ此方へ曲ッちヤフラフラ、それ危ない、落こつた、おーこつた」、「エお次は剣舞で、おやりになるときはちよいと曲げて頂けばいゝのです、ころもー肝に至リイ、袖腕に至るウー、腰間の秋水、鉄ー断可しイチエスト、人一触ればア人を斬りイー、馬あ触れば馬を斬るウー、ヤツ、エイツ、十ハイー、交りヲー、結ぶウー…熱ツヽヽツ」と先生あんまり身が這入り機勢に乗つて振廻した瓦斯の口で左手の生毛を焼いた。	—	長松・三太郎「縁日ある記」9（『風俗』2-4、1917年）
大正6年(1917)	茲に一例として有馬の水天宮（日本橋区人形町）の納めの縁日に就き、豊国銀行角から水天宮前までの片側約二丁の間の露店商人種類を記して置く。 　煎豆屋、切餅屋、袋物商、活動玩具、栗菓子（大阪栗ホール）、握り鮨、今戸焼、饅頭、五本一銭大阪菓子、草履、竹細工、懐中電灯、栗飴、七味糖、亜鉛の蒸籠、漬物、絵草紙屋、陶器、油揚饅頭、金物、莫大小、饂飩粉焼、水彩絵具、古本、豆板、箸、楊枝、繰物細工、智慧の輪、花緒、足袋、小間物、口取り（三銭の折詰、足袋形絲瓜、紙人形、金鍔焼、筆、果物、神棚、絵葉書、貴金属商と看板を出した指輪屋、護謨枕、貝細工、簪、黄楊櫛、玩具舟、蝋石細工、位牌形に南無妙法蓮華経、南無阿弥陀仏、天照皇太神宮等金文字で書く）白蝋、棒菓子、麦藁細工、飴細工（貝に入れたもの）、リボン、大阪岩おこし、焼鯊、河豚提灯、認印護謨印、風船、飛行機、古着屋 　即ち五十四種類であるが、之れは水天宮縁日の先づ十分の一に過ぎない。而して以上は何れもカブリ無しに属し、位置のナガレに属してゐるのである。一方ダチは水天宮から東へ土州橋に至る間で、易者、其数三十四人、練羊羹の切り売り、幾何製図新発明定規、競売、書生の唄本売、その他鰹節削売、煙管羅宇通器売等である。以上の外水天宮表門には二十数軒の供餅売、裏門から一帯には植木屋がカンテラの焔をあげてずらりと並んでゐるのである。	水天宮	長谷川濤涯『東京の解剖』（研文堂、1917年）
大正7年(1918)頃	鳥居の前の石畳の両側には、お馴染みの飴細工、しんこ細工に綿あめ、風船屋から「金ちゃん甘いよ」の豆屋まで、ぎっしり	被官稲	沢村貞子『私の浅草』（新潮文

	小さい屋台をならべている。	荷	庫、1987年）
〔大正7年(1918)頃カ〕	ゴザの上に、そこだけ、もう一枚、黒い木綿の布を敷いていた。正面を切らないで、始終、うつむいていたが、そいつが、ふしぎな術を遣うのである。岩波新書をタテに、二つに切ったぐらいの画用紙みたいな地を、まっ黒に塗りつぶして、白で、骸骨や女の幽霊なんかが描いてある。その細長い〈家族あわせ〉のような紙を黒い布の上に置いておくと、ぴょんと立ち上がり、ゆらゆらと動き、ダンスをし、また、ぱたりとたおれるのである。きたない膝かくしの中で、あぐらをかいているその男は、たいへん、陰気な男で、なにか、口の中で、ぶつぶつ、いっている感じだが、それが、一層、奇怪なムードをつくっていた。そのくせ骸骨を立たせたり、寝かせたりする時に、おや、ちょい、ちょい、などと、いったりするのである。あれ、いったい、なんというものだったのか。買うと、お灸のもぐさの袋のようなたたみかたをした紙の包みをわたして、その時、きまって、うちへ帰ってからあけなさい、と、いわれた。包むの表紙にも、大きな字で、うちへ帰ってからあけよ、と、書いてある。そういうことでまた、こどもは、一層、神秘めいた気分をかりたてて、それをそっと、ふところに入れると、飛ぶようにしてうちへ帰った。なんのことはない、馬のしっぽかなんかの黒い毛が一本と、骸骨や幽霊の絵が入っていて、毛のはじの方を、着物の襟と、下へ敷く黒い布にくっつけて、その毛の動きで、ぴょんと、立たせたり、寝かせたりするという、そういう仕組みのものなのである。しばらくしてから、包みは、うちへ帰ってからあけなさい、という意味がわかったけれど、なんだか、だまされたというような気がした。	—	安藤鶴夫「縁日」（『安藤鶴夫作品集Ⅵ 随筆』、朝日新聞社、1971年）
〔大正9年(1920)頃カ〕	そうです。当時のあの人形町の縁日露店の盛況の風景は、今何処へ行って仕舞ったのでしょう。四季それぞれの夢をも売った露天商。山雀のおみ籤引き、ガマの油、気合術、つめ将棋、<u>ぬり絵</u>、絵草紙、<u>山吹鉄砲</u>、<u>樟脳の船</u>、十徳ナイフ、<u>針金細工</u>、射的、バナナ売、虫売、金魚屋、鯣の付焼、飴細工、新粉細工、ベッコ飴、弾け豆、文字焼、薬草、植木類、 「買って初めて種あかし」と手品の種売り 「傍目八目三四で五目」と碁目屋の客寄せ 「ええ面倒だ持ってけ」と古着の叩き売り 「親子が助かります」とひよこ屋の泣き売	水天宮	猿田泰助「下町慕情＝人形町」（『東京に生きる第10回語りつぐふるさと東京入選作品集』、東京都社会福祉総合センター、1994年）
〔大正11年(1922)頃カ〕	十三日、二十六日は隣町の弁天さま、二十八日は薬研堀のお不動さまの縁日だった。夕食を済ますと待ち兼ねたように出かけた。 　アセチレン瓦斯灯や裸電球に照らされた露店には、子どもを楽しませる数々の品がある。 　バナナの叩き売り・ガマの油売り・<u>手品の種</u>・気合い術・万	薬研堀不動	森瀬茂「新・柳橋物語 ―大川端周辺の思い出―」（『東京に生きる 第四回語りつぐふるさと

	年筆の安売りなど、香具師が口上巧みに客をさそう。ゴム風船、小脳で走る小舟などといった玩具類や、綿アメ・とうもろこし・カルメ焼き・ベッコウ飴・焼き栗などの食べ物類、植木・盆栽・金魚すくい・射的と実に様々の露店が並んでいた。		東京入選作品集』、東京都社会福祉総合センター、1987年）
大正13年(1924)	銀座の色傘売り　青、紫、紅、春霞のやうな感じのする薄色の小さな紙傘を列べて、兎もすれば殺風景になりがちな昼の銀座の露店街をやはらかく彩つてゐる、本来は輸出の玩具だが、在庫品（ストック）が殖江る毎に町々の露店に出る、色美しさに子供等や大人までを惹きつける	銀座夜店	「東京朝日新聞」大正13年4月3日号
大正13年(1924)	セルロイド製豆自動車一台、十銭。計量換算器、十銭。将棋の駒一組、二十五銭。 　豆自動車は図の様に、中に隠された、ラムネの壜の首に入つてるガラス玉の、転がるにつれて動く仕掛で、莫迦らしいといへば莫迦らしいものですが、持つて帰つたら幼い甥が大喜びでした。…最後の将棋の駒は自分の玩具で、友人でも訪ねて来た折に持出す考へです。	大塚天祖神社	A記者「縁日でこそ得られる買物」（『婦女界』30-6、1924年）
〔大正13-15年(1924-26)頃カ〕	その頃の縁日で思い出すのは、針金細工のおじさんが小さなヤットコ（ペンチ）一本で針金を折り曲げながら自転車やピストルを作って売っていた。鉄製や寄せ木の知恵の輪を売っている前には、子供も大人もしゃがんで、いじくり廻していた。	―	北園孝吉『大正・日本橋本町』（青蛙房、1978年）
〔大正〕	縁日の夜店は、尾張町の交叉点から両側を三原橋まで、橋の手前で左右に別れて、左の方に行くと植木屋が並んでいて、春から夏にかけてなど特に賑やかだった。朝顔の鉢を買ってもらって得意になって下げて帰ったことなど昨日のことのようである。右に曲がると消防署のあたりまで、いろんな店が出ていた。そのはずれの少し暗くなったあたりで、いつも演歌師がバイオリンを弾きながら唄をうたっていた。また蓄音機がまだ蝋管のころで、細い管を耳にはさんで聞かせる仕組みになっている蓄音機屋も出ていた。「坊や、聞いてみるか。」と、誰か知り合いだったのだろう、貸してくれたので聞いてみたら浪花節だった。それと、小さな黒い布をかぶってのぞく、覗きからくりもよく出ていた。巴里大博覧会というのを見た記憶があるが、双方とも小さい私にはあまり興味がなかった。それよりも関心の的は、ぶどう餅、密パン、しんこ細工、金太郎あめ、いりたて豆など、ふだん買うことの出来ない食べ物や、メンコ、シオリなど子供たちの間で流行している紙製品の玩具だった。	三十間堀出世地蔵	多賀義勝『大正の銀座赤坂』（青蛙房、1977年）

＊同時代史料はゴチック体、回顧録類太文字、その他は明朝体で表した。また、中略部分は「…」で示した。
表象年が不明なものの内、筆者の生誕年が分かっているものについては、仮に10歳のころのものとし、〔　〕内に記した。

のかを考える素材となるのではないだろうか。

そこで改めて表2をみると、自伝・回顧録の中では、全体として、①親が買い与えてくれたか、②小遣いを貫い、悩んだ末、自ら買ったか、③結局買わなかったかの三パターンとなる。とはいえ、いずれにせよ射倖心《しゃこうしん》を煽られている様子は共通している。その多くは大人が買い与えてくれるものではなく、自らの願望に添って入手するという経験であり、この点に縁日の玩具の質的価値があるといえるのではないだろうか。

玩具そのものに目を向けると、思い違いの可能性がある回顧録を除いたとしても、だるま、今戸焼、紙風船、ゴム風船、サーベル、知恵の輪、木刀、紙メンコ、紙の蝶々、風車、綿の動物、人形、刀剣、ままごと道具などが売られていたことが確認できる。こうしたものが口上（口頭での説明）とともに売られ、子どもたちは群がった。明治期には紙製の玩具が多いが、大正期になると、セルロイド製豆自動車など、工業製品と思われる玩具も売られるようになったらしい。

二　縁日における玩具販売の様子と朱色の長柄傘

次に縁日という場と子どもたちを媒介する者、つまり縁日の玩具を販売していた者について考えてみたい。絵画資料より確認してみよう。図1は、東京で著名な縁日の一つ、神楽坂の善国寺毘沙門堂の縁日を描いたものである。この図には三種類の玩具売りが描かれている。手前には、台を置き、商品（七福神の人形カ）を並べ、子どもたちに何やら話をしている。こちらには屋根はないが、中央には、露店のように仮設の屋根を設けた店もみえ、台の上に春駒などが置かれている。店の主人は客にデンデン太鼓を手渡そうとしており、軒からおもちゃの太鼓や獅子、三味線、お面などを吊っている。また、画面中央に、何が売られているか人の影になってわからないが、朱色の長柄傘を立てている店もある。

朱色の長柄傘に関しては、岩井弘融が紹介した「爰ニ下谷縁日商始記」に見える。岩井によるとこの資料は、「明らかに三寸系統であり、明治十八年の三寸十講睦会に関する下谷三寸組合記録と思われる」というものである。

図1　善国寺毘沙門堂縁日の図（『風俗画報 282　新撰東京名所図会 41 牛込区』、1904 年〈国立国会図書館蔵〉）

> 宝永二年池之端弁財天御堂造営ノ際、寛永寺ノ宮様御出座ノ諸人参詣ス、其時谷村《(谷中カ)》ニ住植木屋市五郎ナル者、飴菓子ヲ路上ニナラベテ営業ス折俄ニ大雨在之、市五郎ナル者大イニ困苦ス、恐多モ宮様ノ御目ニ止リ何者ナルヤト御尋有之、御庭掃除出入町人市五郎ト申上ニ不便ト御思召、長柄傘ヲ拝預仰付ラレタリ、宜至極ト頂戴致シ、露店営業ノ節ハ相用ヒル事今傘是ナリ、宝永酉年ヨリ明治十七年迄百八十年ノ間相続ス（岩井 一九六三：七五頁）

長柄傘は輪王寺宮由来のものであり、由緒の〝証拠物〟として、「下谷三寸組合」に相続されてきたという。つまり「下谷三寸組合」は、輪王寺宮に連なる独自の由緒をもっていた。もっとも、この由緒がどのように機能していたのかはわからない。しかし、明治以降もしばしば語られていたことは「縁日商人（一）」という新聞記事からもわかる。「以前ハ一口にも『傘ハ麁末にするな、これでも元ハ宮様のだ』と云つて、縁日道具のうちでハ唯一のものになつて居たのだそうで、今の若い商人などで斯んな理屈を知つてゐるものハ一人もいないとのことである」としている。(3)

そして、「東京朝日新聞」明治三十四年八月二十七日号には、「玩具屋とか小間物屋とか云ふものハ就れも此の三寸の組である」としている通り(4)、この三寸こそが、縁日で玩具を売る人びとだった。

三　縁日商人とその組合

「三寸」とは、香具師・縁日商人（露店商）の分類の一つであり、一尺三寸の間口の露店で、絵草紙売りなども含まれるとされている。

まず近世後期における同様の存在についてみていきたい。次の資料は、一八一六（文化十三）年、神田雉子町名主から町年寄へ差し出された報告である。

松下町三丁目南側代地
大三郎地借
東潮院

一、不動明王
右は寛政三亥年五月中、市中神仏旅宿等差置候ハヽ、寺社御奉行所え御訴可申上旨町触有之候ニ付、同年

六月中牧野備前守様寺社御奉行御勤役之節御訴申上置候由。尤毎月二十七日縁日ニ植木其外出商人出候儀ハ御願済、御訴申上候義も無之仕来と申迄ニて、別段心得方も無之趣ニ御坐候

神田鍛冶町壱丁目
治兵衛地借
教学院

一、薬師如来
右は久来右地面ニ罷在、縁日之儀は毎月八日、十二日、外ニ、正、五、九月廿日は、縁日商人共出候得共、数年来之儀故、御願御訴等之義も相知不申、仕来と申迄ニて、別段心得方無之趣ニ御座候

神田鍛冶町弐丁目
藤兵衛地借
実応院

一、不動明王
右は廿六日縁日ニて、夏之内手遊ひ類出商人出候得共、御願御訴等仕候儀も無之、仕来同様ニて別ニ心得方も無之趣、尤右ニ付喧嘩口論等有之候得は、町法を以取計候由ニ御座候

子九月
雉子町
名主　市左衛門

右之通喜多村彦右衛門殿御調ニ付五日差出候事。(5)

これによると、各所の縁日に、「縁日商人」・「植木其外出商人」・「手遊類出商人」などが出ていたことがわか

る。「手遊類出商人」は、神田鍛冶町二丁目の不動明王の縁日に、夏だけ現れたようだ。

ところでここでは、「縁日商人」と植木及び手遊類の出商人が、それぞれ異なる言葉で表されており、別々の集団であることを示唆している。そもそも「縁日商人」は、縁日の時に露店や屋台を出して商売をする人のことであるが、一八四〇（天保十一）年十月十四日付の町触には次のような一節がある。

植木屋惣代（朱書）
駒込富士前町家持久八、小石川七軒町家持権兵衛、同所宮下町家持権左衛門、巣鴨町家持紋太郎、小石川春日町名主長左衛門、小石川白山前町房次郎
右之者共縁日商人、先日舘市右衛門殿江相願候処、古跡地之分御免ニ相成、除地之分御聞済無之趣被申渡候由(6)

これによれば、植木屋は「縁日商人」というカテゴリーに括られている(7)。また、有名な十三香具師の名目の中に、「縁日出商人」ともある(8)。一八八三（明治十六）年、四谷の漆原万吉に、東京府に出した縁日商人の組合「親縁社」の設立願の中で、自身を香具師出身としている(9)。つまり、江戸・東京においては、「縁日商人」というカテゴリーには少なくとも植木屋や香具師、そして先の手遊を商う商人といった集団が含まれていたことが窺える。

こうした縁日で商売する商人について、竹ノ内雅人は、次のことを指摘している（竹ノ内 二〇一六）。
①縁日には植木屋を中心とした小商人が出商いを行っていた。植木屋には江戸を東西に分かつ二つの植木屋仲間が形成されていた。
②商人の縁日への出入りは「仕来」として特に寺社奉行所へ届け出ることなく行われていた。

②については、浅草寺の例を考えると、基本的には、各寺社が認可権を握っていたと思われる（吉田 二〇〇三）。明治に入っても当初は新たに縁日を開くなどがない限り、特段、東京府への届出はなかった。[10] もっともその後、取締規則の施行にともない、「縁日商人の総代」から出願し、許可を得るようになったらしい。[11]

天保改革期、武家地や町方に勧請された神仏の取り払いが議論される中で、諸商人の商売の停止もセットで議論された。天保十二年に町奉行・遠山左衛門尉から老中・水野忠邦へ出された書付の中に、縁日商人というのは、「元手薄之もの共」とか、「先は困窮之もの」とされており、[12] 零細な人びとが始めることのできる商売の一つと考えられていた。そのため遠山は直ちに差し止めれば彼らの生活が立ちゆかなくなると主張し、神仏の取り払いまで、諸商人の制止は待ってよいのではないかと具申している。[13] 都市下層の商売であったことは明治以降と同様であった（大岡 一九九七）。

また、近世後期の縁日商人の動きとして、集金を行っている様子が窺える。集まりを催し、集金するなど動きに関する取り締まりの中で、「縁日商人其外むれ立候者抔、紛敷集銭等致候向も有之趣如何ニ付」とある。この集金は、「師弟之間柄ニ而稽古浚等催候義は、全相対之事故不苦」とあるので、必ずしも無尽とは限らず、むしろ場代などの集金だったかもしれない。[14]

集金は明治の縁日商人にも認められる。縁日商人たちの組合、「縁日商会組合」の規定には次のようにある。

縁日商会組合申合規則書

一、御布告・御布達之趣キ厚ク遵奉可申候事

一、毎区或ハ合区ニ取締、副取締、世話人キ《(ママ)》置キ、組合中取締可致候事

一、世話人ハ二冊ヲ製シ、一冊ヲ取締へ出シ、一冊ヲ扣へ置キ、此組へ入リ此業ヲ営マントスル者ノ住所・

姓名ヲ記シ置キ、不都合毎之様可致事
一、組合中ノ者、所々神仏大小祭・縁日并ニ市場及ヒ人寄セ場抔ニ於テ喧嘩口論之所為致間敷、不都合之廉出来候ハヽ、速ニ世話方可申出事
一、道路往来人之妨害ニ不相成候様可致、閉店之後、其場所ヲ丁寧ニ掃除可致候事
一、客人ニ対シ悪口抔決シテ不致事
一、是迄毎□ニ種々ノ名儀ヲ唱へ、商人中ヨリ出銭抔取集メ候者も有之趣不都合ニ付、向来毎名儀ニテ金銭抔決而取集不致事
一、取締・副取締・世話人、組合之中廃業或は他府県へ転住致シ候節は、其頭取り取締方申出、鑑札返却可致事
一、世話方、掃除方入費トシテ壱店ニ付金八厘宛取集方可申事
一、営業ハ何品売買ヒニ不拘、総テ各自之商業ヲ其世話方迄被可申出事
右之件々堅ク相守可申事(15)

これによれば、七条目で集金を禁止しているが、九条目で「世話方・掃除方入費」という名目で、一店につき八厘ずつ集めるとしている。

ところで、この規則書を作った組合は、「縁日商会組合」という。一八八三（明治十六）年、東京府の公認になったこの組合は、前年の「露店商人取締規則」に対応して願い出され、一八八四（明治十七）年一月の東京府への届出によれば、縁日商会組合に属する戸数と人数は、それぞれ戸数五五三戸、人数五七七名いるという。先の規則書によれば、縁日商会が鑑札を発行しており、頭取が管理していた（八条目）。ちなみに、鑑札の雛形による

表3　縁日商会組合頭取比較表

明治17年（1884）		明治41年（1809）		昭和4年（1929）	
組名	頭取	縄張り	親分	組	親分
芝組	原己之吉、森田鉄之助	芝、麻布	原巳之助	麻布三寸	原長一
中橋組	長谷川島吉	京橋、日本橋	味岡健二郎	日京三寸	古市弥太郎
東神田組	荒井儀兵衛	東神田一円	上田吉之助	東神田三寸	角田清右衛門
西神田組	小栗伊之助	西神田一円	富山竹造	西神田三寸	土方五三郎
浅草組	風間豊吉	浅草一円	中川鉄之助	浅草三寸	東条倉蔵
八丁堀組	飯泉大治郎	—			
下谷組	爪坂半兵衛	外神田、下谷追分以南	齊藤規雄郎	下谷三寸	倉橋六太郎、勝田佐太郎
本深組	市川吉蔵	本所、深川	鈴木音蔵	江東三寸	宇田川辰次郎
四ッ谷組	松永銀八郎	四谷、赤坂、麹町	稲垣吉之助	四谷三寸	高田藤四郎
谷中組	高橋勝太郎	谷中、追分以北	秋元瀧次郎	谷中三寸	小川万蔵
牛込組	村松丹蔵	牛込、小石川	吉安又三郎	牛込三寸箸家	横井剛平
				牛込三寸川口家	高橋常太郎

明治17年は、「回議録　商買組合」（東京都公文書館蔵614.C2.07）、明治41年は、「縁日商人の生活」（『読売新聞』明治41年5月19日号）、昭和4年は、岩井弘融『病理集団の構造』（誠信書房、1963年）より作成。

と、竪二寸・幅二寸三分の大きさで、上部に小さい穴が開いており、「縁日商会」という印が押されていた。

この縁日商会組合は、十一組に分かれており、それぞれの組には頭取がいた。一八八三（明治十六）年、組合設置にあたって出された願書に記された主立ちの連名をみていくと、各組には、頭取―（副頭取）―取締―世話人という階梯があり、さらに、頭取の上に全体を束ねる「組合総代取締」二名が置かれていた。住所に注目すると、それぞれ、芝区と麻布区と京橋区、本所区と深川区、牛込区と麹町区と小石川区、日本橋区と京橋区、神田区、浅草区と神田区と本所区、本郷区と小石川区、神田区と小石川区と下谷区、京橋区と日本橋区と神田区、赤坂区と四谷区と麹町区、日本橋区と下谷区と神田区と本郷区と浅草区、浅草区のみ、

表4　縁日商人の一日の売り上げ

	明治21・22年	明治23年
小間物屋	1～3円	1、2円
玩具屋	50銭～1円70、80銭	50～70、80銭
その他	20銭～2円	

「縁日商人の現況」（「読売新聞」1890年5月26日号）より作成。

というように地域的まとまりが確認できる。また、本間吉蔵の組合の取締高田鉄五郎と世話人鈴木音松、中村惣七の組の中村と世話人神山由次郎、松永銀八郎の組の取締遠藤直次郎と世話人藤本金蔵、岩城長兵衛の組の取締今井安次郎と世話人岡田竹次郎とはそれぞれ同じ所在地であり、各組の内部には、さらに小さい集団があったことが窺える。

なお、縁日商会組合は、その後も存続した。表3は各時代の頭取をまとめたものである。ここで注目されるのは、原巳之助、鈴木音蔵、秋元瀧次郎の三名である。秋元瀧次郎は、設立時に頭取として存在している。原己之助は、設立時にいる原己之吉の縁者か子息であろう。[16]鈴木音蔵は、設立時は世話人であった。彼らの存在が、「縁日商会」内部の集団的まとまりが、少なくとも一九二九（昭和四）年まで存続していることを物語っている[17]と同時に、世話人から取締、そして頭取へと階梯を登っていることもわかる。

さて、一九〇九（明治四十二）年の新聞記事によれば、「東京市内の縁日商人の組合は十一組に別れ各組共に帳元・世話人ありて奉納と称して出店者一人に付金二銭宛を徴収なす規定にて出店商人には三寸、小店、植木、コロビ、古物の五種の名称に別れ居りしが帳元、世話人は店割、商人喧嘩仲裁、掃除代の手数料と称して月々応分の金をも徴収し」とされている。[18]この新聞記事に拠るならば、帳元・世話人は、店割・けんか仲裁・掃除を取り仕切っている。各露店商人は、それぞれの組に属し、組合、具体的には帳元・世話人に対し、「奉納」と称する金銭と、店割・けんか仲裁・掃除の手数料という名目金を支払い出店し、二節でみたような商売を実際の寺社境内でおこなっていた。もっとも、明治三十年代には、渡りを付けずに商売を始める者もいたらしい。

「東京朝日新聞」明治三十四年八月二十八日号の記事によると、近来のこととして勝手気ままに店を開く者がでてきたとしている。渡りをつけない場合、端の方に店を出すとか、場合によっては、店を出すことすらできない場合もあったようである。(19)

「縁日商人の現況」によると、小間物屋、玩弄物屋、飴屋、袋物屋、絵草紙屋、植木屋等、煎豆屋などの縁日商人の、一八八八―一八八九（明治二十一～二十二）年の米価下落時と一八九〇（明治二十三）年の米価高騰時の一日の売り上げを比較している（表4）。需要が減少した理由として、①米価が上がると、縁日への人出はあっても需要が減る、②雨天になると人出が減る、③不景気となると縁日商人の仲間へ入り生計を立てる者が殖えるため、供給過多となるとしている。

四　玩具の仕入れと縁日の玩具――結びにかえて

以上、玩具を扱う商人が、組合を組織し、縁日で実際に商売をする末端の人びとを束ねており、その商人が参詣人――子どもたち――に玩具を提供していたことがわかった。最後に、玩具を扱う縁日商人がどのように商品を仕入れていたのかを紹介し、玩具概念を再考して結びにかえたい。

当時刊行されていた、いくつかの創業マニュアルより、スタンダードなやり方として紹介されていた仕入れ方法をみてみよう（句読点は筆者が補った）。

①資本は三円でも出来五円でも出来る、東京では茅町の吉徳と云ふのが一番の大問屋だけれど其他は茅町通り河原町通りは上物の問屋で多町から出掛けて東松下町辺は安物と問屋がある、利益は上物で七十銭が一円と云ふ売上げだから三割の利益、其うちでも足の早いものは二割から二割半止り、安物俗に駄菓子で商ふもの

は五割になると極まつている（石垣 一九〇八：四四―四五頁）

②安玩具のみ置く小売を対手《あいて》にしてゐるものは、神田龍閑町などに散在してゐる玩具問屋がそれで、学校前などの極く小額な資金で以て、文房具を商ふ傍々《かたがた》メンコ紙風船、行軍床机、青写真くらいの処を並べて置く店や駄菓子屋兼業の民背などの仕入元である。製作工場としては深川の長友、浅草の山崎、萬虎、三ヶ原、本所では原田、津田の日本玩具会社、小石川の細野などが主なるもので、鉽力印刷を主としてゐるものには本所の広瀬といふのがある（金々 一九一六：二四六頁）

③仕入れ問屋は、浅草蔵前一丁目から三丁目の電車通りに面して沢山ある（読売新聞社便利部編 一九三六：一五五頁）

これらから窺えるのは、仕入れは問屋から行われていたこと、その問屋はよく知られるように、神田龍閑町に散在していたこと、昭和に入ると蔵前の問屋が紹介されていることなどである。とりわけ注目できるのは、縁日の玩具も駄菓子屋の玩具も仕入れ先は一緒だったことである。さらに、縁日での「浮いて来い」という玩具の商い方を紹介する文章の中で、「総ての人は縁日ものと云って軽蔑する傾きがあるが新しいもの、売拡めは大抵縁日で修業して、後には三越白木に上品な顔して納まるものが多い。これなども其口だ」とされている（山本 一九二六：八〇頁）。つまり、客からすれば、モノとしては一緒だが、入手する経験が異なるということである。

また玩具の呼称に注目すると、同一の呼称でも価格・品質に幅があったことも見逃せない。縁日の玩具といえば、「安物玩具」とされることが多く[20]、ゴム風船などは、「稍々頽れ気味なので三銭売りを二銭位に下げて売つて居る者が大分であるやうになつた」[21]などとされている。一九〇一（明治三十四）年の『風俗画報』所収の記事には、「中流以上の過程に育てらるゝ坊ちやん方のお娯み、高尚を旨とする玩具の種類と其相場」が載っている（画報生 一九〇七：一五頁）。

①模型軍艦　切断模型なれば全く実物と異ならず　7円以上12円まで
②魔術箱　磁石仕掛けにて、人形が自働する珍奇の物　1円50銭から4円50銭まで
③自働反射花車　中央の華が車の全体に映り、其美しさ得も云はれざるもの　並製5円／特性10円位
④汽船　アルコールに火を点じて、池などを自在に運転せしめ得るもの　大型5円以上／小型1円50銭～
⑤汽車　同じくアルコールを燃料としてレールを進行するもの　軌道附12円～20円／軌道なし1円～5円
／ゼンマイ仕掛けレールなし2円以内／同レール附6円～10円位
⑥軽便玉突台　並製5円／特製トンネル付10円位
⑦新式空気銃　2円～2円50銭
⑧幼稚風琴　5円～8円

この内、汽船などは縁日で売られていた（表2）。また、銀座の露店で汽車や自動車が売られていたこともわかる。

一口に玩具といつてもピンからキリまであつて、一文駄菓子屋でも売つてゐる五厘に十枚二十枚のメンコや、一個五厘の紙風船から、銀座の大通りに同道と店を構へた玩具屋には停車場からプラットホームから軌道、頓年まで附いて、酒精（アルコール）さへ焚けばドン〳〵汽車が駆け出すといふ、一組四五十円のものに至るまで等しく玩具である。それに汽車の玩具が四五十円して五割の利があると言つた処で、そんなものは滅多に売れる気づかひはない。十四五円の汽車や自動車でさへ、東京市内で一年間に二三十個しか売れないといふ事である。二三円台のゼンマイ仕掛のものは可成捌けるさうだが、それは皆中流以上の贈答品であつて、小児相手ではない。其処へ行くと小物は売口が早いだけに利益が遙かに多く資金も多額を要しない（金々　一

九一六・二四二―二四三頁)。

以上より、当時の玩具は、呼び表される玩具の名称は同じでも、金額に幅があったということである。つまり、製造元が違っても文献上は同一の名称で表現されているということである。同一の名称の玩具でも、どこで入手したかによって、手にした者の経験が異なるのであり、自ずと価値・認識が違ってくることが予想されよう。

(1) 厚香苗は、明治・大正期の研究は比較的薄いと指摘している（厚 二〇一二）。なお、昭和前期については、史学の手法を用いて昭和初年の露店商と社会の関係を分析した、大岡聡（一九九七）がある。大岡は、「一九二〇年代後半から昭和恐慌にかけて露店商は、都市下層の生業として、また都市民衆の消費や娯楽を提供する者としてその重要性を増していた」。「昭和恐慌下における露店商は失業者の受け皿としての機能に着目した行政は、露店商への金融的な支援ち打ち出したが、それは平日商人に限定されたもので、「テキヤ」系露店商は「親分―子分」的な組織を解体しない限り、そうした政策から排除されたままだった」とする。また、フィールドワークという方法で今日の縁日や露店商の存在形態を明らかにした、本田・皆川・森下他（一九八一）、本田・皆川・森下（一九八三）などがあり、それぞれ参照した。

(2) 駄菓子屋での消費を検討した、加藤（二〇〇〇）の議論を参照。

(3) 「東京朝日新聞」明治三十四年八月二十七日号。なお、「縁日商人の生活」（『読売新聞』明治四十一年五月十九日号）にも、同様の伝承が載っているが、「市五郎」ではなく、「松五郎」としている。

(4) 「縁日商人（一）」（『東京朝日新聞』明治三十四年八月二十七日号）。

(5) 「類集撰要」三十五（『東京市史稿』産業篇四九、東京都、二〇〇八年）。

(6) 近世史料研究会編『江戸町触集成』十三（塙書房、二〇〇〇年。第一三三九〇号）。

(7) 縁日における植木屋については、竹ノ内（二〇一六）。なお、管見の限り、飲食を提供する商人と縁日の関係は不明であるが、吉田（二〇一二）を参照。

(8) 例えば、近世史料研究会編『江戸町触集成』十八（塙書房、二〇〇二年。第一六六九三号）。

(9) 「回議録・第5類・商業組合〈勧業課〉」（東京都公文書館蔵）。上申書

這回自分共ヨリ縁日出業組合設立ノ儀請願仕候処、先年縁日商会組合設立ノ儀出願致候は拝々ニ付、該社と異ルヤ否御尋問有之、左ニ開陳仕候
一、自分共ヨリ願仕候親縁社ノ趣旨ハ、元来ヨリ香具師ト称シ、売薬及ヒ、入歯其他見世物等ヲ営業罷居候処、去る明治四年中御達ニ付、該香具師ノ名義御廃シニ相成、夫レニ依テ古見世ト唱へ営業致居候処、其組合中以前之業体ヲ如シ廃し、他ノ雑菓及ヒ其他雑商ヲ営ムは拝之、御府下該縁日出業致居候故ニ這回其種類ヲしテ親縁社ト唱へ、一社ヲ設置シ在々親睦営業仕度、依テ当□庁へ対し奉請願儀拝之、先般出願せし種類トハ固ヨリ異ク、自分其ノ同業ハ全国一般ニ友愛ヲ尽し、互ニ商業ヲ勉励スルノ儀ニ拝之候処、御府下一般該案ニ従事スル□ヲしテ親縁社ト唱へ営業仕度儀ニ拝し候事
前条ノ理由ナルヲ以テ這回奉請願候間、何卒特別ノ御仁恤ヲ以テ該社設立ノ儀御聴許被承下度、至急御指令奉懇願候也
明治十六年　　　四ツ谷区塩町二丁目八番地
十一月廿日　　　　平民
　　　　組合総代　漆原万吉
東京府知事芳川顕正殿

(10)　東京府文書には、堂宇再建や景気振興を理由に縁日の開催を請願書が十数通存在している。これら願書は各寺社の住職名義になっている。
(11)　「愛宕の歳の市　廿三、廿四の両日愛宕の歳の市へ毎年見世を出す者ハ縁日商人の総代より歳の市開設を出願し許可を得て其総代が少からぬ場代を取上げ開市するが例になつて居た処今年からハ各自居付の見世主に相談して出せる事になつたので諸商人ハ大喜びよかつた〳〵」（『東京朝日新聞』明治二十四年十二月十六日号）。
(12)　東京大学史料編纂所編『大日本近世史料市中取締類集』二十二（東京大学出版会、一九九六年）
(13)　なお、竹ノ内（二〇一六）は、新たに勧請された神仏を磁場として小商人の経営の場が出現していることを指摘している。
(14)　近世史料研究会編『江戸町触集成』十一（塙書房、一九九九年）。
(15)　以下、この組合に関する考察は、「回議録・第５類・商業組合」（東京都公文書館蔵）に拠る。
(16)　なお、岩井弘融氏は、「四谷三寸」について、「当代が珍しく世襲」としており、牧田勲氏は、「テキヤ社会が自らの経験と才覚による実力のみの世界だから」、「親分は乾分の長い間の忠実さを認め、労苦に報い、実施には跡目を継がせないのが親分の道とされる」としている（牧田　一九七三）。直ち十九世紀に敷衍できないが、二十世紀のこの社会では、世襲は珍しかったらしい。
(17)　その後は今のところ不明であるが、一九三九（昭和十四）年、「大日本露商組合」が結成されており、そこに吸収されるのではないかと思われる。「読売新聞」昭和十四年九月十一日号によれば、「東京、神奈川、埼玉、千葉一府三県下の露天商が一丸とな

り、「大日本露商組合」を結成し」、「十二日午前十一時日比谷公会堂でその発会式を挙げ」た。「加盟組合は街商（説明師）三寸（玩具）古店（境内出店）など組合員は約二万五千人にのぼる、ゆく〳〵は京阪、東北地方にも呼びかけて全国一組合に団結、愛国機を献納しようといふ」とある。

(18)「読売新聞」明治四十二年九月三日号。

(19)「縁日商人（二）」（『東京朝日新聞』明治三十四年八月二十八日号）。

(20)「渡世いろ〳〵（十）手遊屋」（『読売新聞』明治三十六年四月二十三日号）には、「露店商人とハ各所の縁日に、安物玩具を持行きて出店する者を云ふ。資本金ハ二三十円もあれば充分にて、晴天さへ続けバ縁日の休みハ一月の中一日もなきおり、必ず何時も出店するものなり」。

(21)「読売新聞」明治四十一年五月十九日号

参考文献

厚香苗（二〇一二）『テキヤ稼業のフォークロア』青弓社。

石垣冷雨（一九〇八）『小資本営業の秘訣』出版協会。

岩井弘融（一九六三）『病理集団の構造――親分乾分集団研究』誠信書房。

大岡聡（一九九七）「昭和恐慌前後の都市下層をめぐって――露天商の動きを中心に」『一橋論叢』一一八―二、三四二―三六〇頁。

太田素子（二〇〇六）「回想のなかの幼年期――自叙伝による「家」と「家族」の人間形成史研究（1）」『湘北紀要』二七、三七―五一頁。

加藤理（二〇〇〇）『駄菓子屋・読み物と子どもの近代』青弓社。

――――（二〇〇四）「子ども用品の誕生（三）―縁日と勧工場（1）―」『論叢児童文化』一五。

画報生（一九〇七）「昨今の玩具」『風俗画報』三七二。

金々先生（一九一六）『商売百種渡世の要訣』雲泉書屋。

小山静子・太田素子（二〇〇八）『「育つ・学ぶ」の社会史――自叙伝から』藤原書店。

佐藤健二（一九八七）「露店・夜店」『江戸東京学事典』三省堂。

竹ノ内雅人（二〇一六）『江戸の神社と都市社会』校倉書房。

本田和子・皆川美恵子・森下みさ子（一九八三）「近隣社会における子どもの遊び」『幼児の近所遊びと保育　保育学年報一九八三年度版』フレーベル館、一二四―一三四頁。

本田和子・皆川美恵子・森下みさ子・他（一九八一）「縁日、その万華鏡のコスモロジー」お茶の水女子大学児童文化研究室『舞々』四、四―三二頁。

牧田勲（一九七三）「神農道と親分乾分――テキヤ社会の構造とその倫理」『社会伝承研究』Ⅱ、六八―七七頁。

山本政敏（一九二六）『裸一貫生活法――生活戦話』東京作新社。

吉田伸之（二〇〇三）『身分的周縁と社会＝文化構造』部落問題研究所。

――――（二〇一二）『伝統都市・江戸』東京大学出版会。

読売新聞社便利部（編）（一九三六）『拾円で出来る商売』実業之日本社。

日本におけるくじ文化の定着と展開
――十九～二十世紀を中心に――

滝口正哉

はじめに

時代玩具コレクションの玩具類のなかには、「くじ」「おみくじ」「当て物」「抜き取りくじ」「数字合セ」「紋合セ」「福引」「三角くじ」「くじ付きブロマイド」といった、くじ類が数百点存在し、コレクションの一角を占めている。その内容は関西のものも比較的多いが、江戸東京由来のものや、全国で出回っていたものが大半である。日本では古来より神仏の意思を表し、公平性を期する抽選方法として、くじ（籤・鬮）が用いられてきた。紙片や竹片などに歌の文句や記号・数字を記し、そのひとつを抜き取って、事の成否や吉凶を判断したり、当落・順番などを決めるやり方である。その代表格が「おみくじ」だろう。歴史上の出来事としても、明智光秀が本能寺の変の直前に愛宕神社に参詣した際に、意中のくじを出すために三度引いたという故事が知られており、中世から寺社で出されていた。

このおみくじについては、明治初年の神仏分離令以前の日本では寺院・神社の区別なく元三大師御籤を発行し、全一〇〇種のくじが用いられていたようである。そして大野出によれば、江戸時代に実際に流布した元三大師御籤本を分析すると、一番から一〇〇番の各々に付された本来の五言四句の漢詩にたいして、和解・挿絵・注解と次第に内容を充実させていったという。大野はなかでも注解の職分別判断の分析から、主たる受容層を当初の武士と出家に絞っていたものから、次第に町人・百姓にまで拡大していったことを明らかにしている（大野 二〇〇九）。つまり、くじ文化はおみくじを事例にとってみても、江戸時代後期の十九世紀前半には庶民層にまで広く普及していたことがわかるのである。

江戸時代には他にもおみくじに類する占いが発展した（大野 二〇〇四）が、くじを用いる行為は、このほかにも村の代表者を決める際や、公共事業の請負入札などにおける職人や問屋の入札（戸沢 二〇〇九）、講の活動（長谷部 二〇一三・二〇一四・二〇一六）など[1]をはじめ、賭博や娯楽にもみられた。ことにくじは多くの賭博に用いられた手法であり、引く・回す・突くなどの行為をともないながら、現代に至るまでさまざまな名称のものが存在している（増川 一九八〇・一九八二・一九八三・一九八九・二〇〇〇）。また近代では子どもの玩具にも盛んに取り入れられ、縁日の定番となっていった（ゴーシュ 二〇〇三）。

そこで本稿では、時代玩具コレクションの一角を占めるくじ資料を把握するべく、十九〜二十世紀の日本において「くじ」のもつ公平性が身分や貧富の差などを超えた魅力をもつ文化として庶民層や子どもにまで広く定着し、展開していった実態を解明し、その社会的・文化的な意義を考察していきたい。

一　近世中後期のくじ博奕

サイコロ賭博とくじ賭博

江戸時代、幕府は賭博行為全般を「博奕」と捉え、一貫してこれらを取り締まっていた。例えば、江戸の町中に通達された法令を町触というが、現存する町触では一六四八（慶安元）年二月のものが最も古く、このとき辻々・橋際で「宝引《ほうびき》」「かるた」「けんねんし」他博奕を行うことを禁じている（『江戸町触集成』七号）[2]。本稿では、将軍膝下の江戸で出された法令は、他の諸地域にも出される傾向が強く、町触の分析は全国的な傾向を知る上で有効と考え、以下の各検討において、江戸時代の法令はこの町触を中心に取り上げていきたい。

まず十七世紀の町触をみると、他にも「碁」「将棋」「双六」「大黒からくり人形」「とみつき講」「百人講」「前句附」「らうそく一紙一銭之諸勝負かけ」などがみえる。これらはいずれも当時流行した賭博であり、囲碁将棋の他に数字を合わせたり、サイコロやくじを用いたものが主流だったことが窺える。その後、十八世紀には「前句附」「三笠附」「取退無尽」が多く現れ、十九世紀には「きず」「どつこい」「花かるた」などが禁令条目に盛んに登場してくるが、これらについては後述する。

江戸時代の賭博には大別して、サイコロを用いる系統と、くじを用いる系統とがあって、そのシンプルな手法がどちらも江戸時代を通じて賭博の大衆化をもたらしていった。

サイコロ賭博には、サイコロを一個から五個以上用いるものまであり、なかでも主に一個を使う双六や「ちょぼいち」、二個使用する「丁半」などは十八・十九世紀に大いに流行した。

このちょぼいちとは、紙や布、または地面に筋を引いて六つの区画を作り、各区画に一～六の数字あるいは賽の目を書き込み、賭け手は賭けたい数字や賽の目の上に賭け金を置いてサイコロを一個振り、サイコロの目が賭けた数字と一致すれば当たりになるというものである。江戸時代は当たった場合賭け金の四倍になるのが通例で、道路上で不特定多数の通行人に賭けさせる辻ちょぼいちのほか、室内に仲間を集めて行われるものがあった。

ちょぼいちや丁半は都市部・農村部を問わず盛んに行われ、サイコロ文化を庶民層にまで広く浸透させていったのである。

講とくじ

一方、くじ文化の普及も江戸時代にみられ、なかでもおみくじは江戸時代までは祈祷札や御守とともに寺社境内で参詣客向けに販売されていた。おみくじは元来神仏のお告げを得て個人の吉凶や運勢を知るために引くもので、一番から一〇〇番までの番号を付した串を入れた抽選箱と、各番号に対応する札紙からなるのが通例である。札紙には「大吉」「中吉」「吉」「小吉」「凶」「大凶」といった吉凶判断や、簡略な解説文、漢詩・和歌などが記され、その内容によって結果を知ることができる仕組みになっていた。

十九世紀になると、おみくじは家庭型の百科事典というべき「重宝記」や「大雑書」に取り入れられるようになり、識字率の上昇とともに、絵入りで簡便なおみくじの吉凶判断が庶民層にまで広く普及していった。

くじはまた、農村部や都市部の講組織において、参詣者を選出する際の抽選方法に用いられることが多く、講員は日頃集会ごとに一定の金額を出し合い、くじの当選者は講員たちによって拠出された資金をもとに旅費や宿泊費に充当した。

江戸時代になると講は庶民層にまで広がりをみせ、なかには日常生活に関連した経済的な機能をもつものもあった。すなわち、江戸時代の村や町では無尽・頼母子《たのもし》という相互扶助的な庶民金融が盛んに行われていたのである。これは一定の口数を定めて加入者を集め、一定の期日ごとに各口について一定の掛金を出させ、一口ごとに抽選・入札によって所定の金額を順次加入者に渡す方式で金銭を融資するもので、公平を期するためにくじ引きが用いられることが多かった。この形式だと加入者全員に公平に資金が融通されるはずだが、十八世紀になって先にくじに当たった者がより多くの資金を得られる傾斜配分方式をとる賭博性を有するものが現れると、幕府はこれを「取退無尽《とりのきむじん》」として禁止し、厳しく取り締まったのである。

その一例を挙げてみよう。寛政の頃田沼淡路守（意明、田沼意次の孫）家来内藤角馬は、「五十五人講」と称する頼母子講の講元になり、料理茶屋を借り受け、同じく田沼家に仕える宮本信右衛門と駒込正行寺門前五郎右衛門店の喜四郎が世話人となり講を開催していたが、一七九五（寛政七）年に摘発され、禁止されている博奕類似の講に属するとして、内藤は重追放、他の多くは一〇〇日押込と、催主と講の参加者に処罰が下っている（『御仕置例類集　古類集』）。

その仕組みは、まず初回の掛金二十七両分のうち、五両二分を親が取り、花くじ十四本分の代金一両と付随費用三両を差し引き、残額の十八両を「置金」として会のたびごとに講員に年利十五パーセントで貸し付ける。そして二回目で花くじに当たった者は七両二分を受け取って退会し、以後会ごとに順次当選額が増加し、当選者は退会していく。こうなると二十三回目以降の当選者は手取金が規定より不足するので、差額は「置金」を取り崩していき、終会である五十五会目には「置金」の残額すべてを受け取って講は終了となるというものだった。

無尽・頼母子は昭和期まで各地域で庶民金融として広く行われていたが、その際に用いられていたのは、主に紙製・竹製のくじか、おみくじの抽選箱に類似したものだったと考えられる。そしてこの場合のくじは引くものだったのである。

富くじの登場

富くじは近代の造語で、江戸時代には「富突」、あるいは「突富」「富」などといわれていた。その発祥は摂津国箕面の弁財天で知られる瀧安寺《りゅうあんじ》の正月の宗教行事である富法会に求められる。これは護符を天皇家に献上する禁裏祈祷の法会で、やがて護符を一般庶民にも除災与楽のために配布するようになり、その結果、参詣者は自分の名を書いた木札を富箱と呼ぶ大きな箱に入れ、箱の上の穴から寺僧が錐で突き、錐に刺さって取り出された木札の人名を呼び、牛王宝印の護符を授けるというスタイルに変化していった（滝口 二〇〇九）。

そこでこの項では以下、江戸時代の推移をみていきたい。この富突の抽選様式は以後十七世紀に京都・大坂を中心に広がっていき、しだいに守札の授与から物品の授与へと変化していった。そして江戸の富突は牛込戸塚の宝泉寺が鞍馬寺の毘沙門堂の富にならって始めたのが嚆矢であり、一六九九（元禄十二）年に天台宗に改宗した感応寺がこれに続くかたちで改宗直後に始めたようである。しかし、富突はともすると博奕に近いものとなる恐れがあり、江戸市中でもこの時期富突に類似した博奕が流行したらしく、一六九二（元禄五）年・一七〇四（同十七）年・一七一一（正徳元）年に相次いで禁令が出されている。

宝泉寺・感応寺の富突は当初はあくまで宗教行事として始められたようだが、幕府は古参の両寺院以外の興行を禁じ、さらに一七三〇（享保十五）年には富突の仕法を寺社助成策に導入した「御免富」を開始する。これは皇族が住職となった宮門跡寺院の意向を受けて始めたもので、以後幕府は特定の有力寺社のみに興行の許可を与える御免富制度を確立させていくのだが、このとき江戸では仁和寺が護国寺を、興福寺が浅草寺をそれぞれ会場に借用して興行を行っている。なお、当時は毘沙門天像の開帳とあわせて行われており、当初の御免富は福神の開帳と併行して行われるのが通例だったようである。また、護国寺の例では、富札一枚が銭十二文で販売され、それまでの物品授与形式から金銭授与形式へと移っていった。

しかし、享保期の御免富は興行の周知不足のためか、思うような興行成果が得られず、わずか数年で中断を余儀なくされている。その後一七四〇〜五〇年代は宝泉寺・感応寺のみ寺院行事の一環として正・五・九月に富突を行うという形式に戻っている。ただこの時期に「銭富」から「金富」へ移行がなされたことは重要である。つまり、さきの護国寺の例のように、富札一枚の販売価格が安価なものであったのが、高額通貨の金（最低でも一両の一六分の一にあたる）を必要とする高価なものへと変質しているのである。

その後、「田沼時代」といわれる一七六〇〜八〇年代に再び御免富は寺社助成策として積極的に導入されるようになる。これには一定の興行定数枠があり、許可された寺社は五〜十年間毎月一度特定の日に興行を行うこととなった。これによって興行システムが浸透していき、興行の規格化や興行場の定着化がなされていったのである。

御免富に冬の時代が訪れたのが十八世紀末の寛政期で、それまで興行していた寺社は中断を余儀なくされ、改革の影響で感応寺だけが断続的に興行するにとどまっている。ようやく再開にこぎつけたのが、「両山御救富」、すなわち日光山輪王寺・東叡山寛永寺の経営救済の目的で、双方の住持を務める輪王寺宮の強い働きかけによって始められた一八一二（文化九）年のことである。このときの興行場所は谷中感応寺に加え、湯島天神（別当喜見院）・目黒不動瀧泉寺の三ヶ所で、いずれも寛永寺の末寺にあたり、以後「江戸三富」として江戸定番の興行場所となっている。

御免富の再開は江戸庶民の間で大きな評判を呼び、これを機に幕府は規制緩和に乗り出した。一八二一（文政四）年に適用範囲を拡大し、三都で最長で五・六年、興行件数を合計十ヶ所まで許可すると、同八年にはさらに三ヶ月ごとに一度の興行とする代わりに一ヶ月十五ヶ所、計四十五ヶ所まで許可件数を増やしていく。これによって江戸・京都・大坂では御免富の最盛期を迎え、定番で毎月興行の「江戸三富」型と「年四度×三年」の単発興行型とが併存するようになる（滝口 二〇一〇）。そして新規に許可された単発興行型には地方寺社の出張興行も多く、興行を請負人に委託する構造が一般的になっていった。彼らは興行場所の選定から興行に必要な人員や道具の調達、富札の売り捌きまでを組織的に行ったが、富札の販売場所や興行場所を寺社境内に限定し、民衆の射幸心を表面上は宗教行事の枠内に閉じ込めたい幕府の思惑に反し、富札売り捌きのための札屋が江戸市中に次々と現われていった。

ちなみに、御免富の抽選は富箱に入れられた木札を突く行為を一〇〇回行うのが一般的で、各興行では一番から一〇〇番までの当選金額に対し、個別にさまざまな規定を設けていた。

まず一番から三番あるいは五番までと、「節《ふし》」といわれる五番・十番ごとや五十番、そして「突留《つきどめ》」の一〇〇番は当選金も高額である一方、他は「平」あるいは「花」と呼んで低額だった。これに「両袖附」という前後賞が付くのが最もシンプルな形式で、三富などはこのパターンであった。

御免富の最盛期を迎えた一八二〇～四〇年頃には興行件数が増えるあまり過当競争が起こり、富札が高額で三〇〇〇～五〇〇〇枚発行の「江戸三富」型に比べ、単発興行型の寺社は比較的安価な富札を数万枚発行し、当選規定も複雑にして購買意欲を駆り立てるのに躍起になっていく。また、後述のように一八一二（文化九）年の「江戸三富」前後から三富の当選番号をもとに少額を賭ける「影富《かげとみ》」という賭博が流行し、さらにこれを簡略化した「第附《だいつけ》」が裏店住まいの庶民層の圧倒的な支持を受けて広がる実態もあった。

結果として御免富は飽和状態による富札の売れ行き不振が続き、興行成績が芳しくなく失敗に終わる寺社が多く、さらに違法とされる富札の市中での販売や影富・第附の流行によって、天保の改革下の一八四二（天保十三）年、幕府は一切の例外なく御免富を全面禁止としている。

このように、富突は江戸時代中・後期に寺社の助成策として広く行われるようになり、庶民層にまでその独特な抽選方法と、それにともなう賭博・景品文化を普及させることとなったといえる。

なお、天保の禁令後は「隠富《かくしとみ》」と呼ばれる違法の興行がしばしば摘発されているほか、地方の大名領内では十八世紀から万人講など「〇〇講」といった名称で内々で富突を行っており、これらは明治維新まで続いた。ただし、こうした違法の興行では、多くの場合、周囲の目を憚って、富突に見られる札を「突く」という抽選方法を用いず、札を「引く」という行為に変えられている。これは福引に連なるものであり、庶民の間ではより日常的な娯楽に近いものとして展開していったのであった。

こうしてくじ文化の普及の点において富くじは、後述の三笠附系の賭博とともにきわめて重要な役割をはたしたといえるだろう。ちなみに、時代玩具コレクションに「富」と書かれた幕末～明治期のくじがしばしばみられるのは、貧者を富ませる魅力を持つこうした江戸時代の富突文化の影響によるものと考えられよう。

宝引の流行

室町時代から江戸時代にかけて、正月に行われた福引の一種に宝引がある。これは数本～十数本の細い縄を束ねて、その中のどれかに橙の実などの景品、または穴あき銭などを付けておき、それを参加者に自由に選ばせ、引き当てた者を勝ちとした。これがやがて幕府の禁止する金銭授受をともなう賭博に発展することはむしろ当然の展開だった。すでに十八世紀初頭の江戸の町なかでは辻宝引が正月の名物として知られており、町触でも毎年年末になると必ず宝引を禁じる条項が盛り込まれていた。それによれば、宝引は往還・辻または空地・広場で行われ、集客のため独楽廻し芸をともなうことが多く、それゆえ子どもも盛んに興じていた様子がわかる。

このほか、幕府は十九世紀に入るとこれに類する賭博全般の取り締まりを強化していったが、宝引のようにくじを用いた賭博は室内でも行われた。例えば室内文芸の発展した幕末の一八四七（弘化四）年、町奉行所は市中の寄席で景品を入口などに飾っておいて、各席でくじを引かせる行為をしている噂があるとして、取り締まりを命じる町触を出しているほか、街頭でくじ賭博を商売とする者を摘発し、所持するくじ道具類は残らず廃棄され、商売を替えさせる旨を町々に命じている（『江戸町触集成』一四五九七号）。これら町触の文面からは、年々景品が豪華になり、一部では賞金の引き渡しもあったことが窺える。そして、政情不安定の幕末期には取り締まりの不徹底と、心理的不安を射幸心に委ねる庶民層の動向とによって、このようなくじ賭博は複雑化し絶えることがなかったのである。

ところで、この宝引の記載は十九世紀の随筆類にも散見する。『世のすがた』は正月元日から中旬まで辻宝引が行われていたが、寛政初めに禁止になったと述べ、森山孝盛『賤のをだ巻』では正月になると「あめ宝引」と称して辻々や橋際などに飴屋が現れ、子どもが多く集ったとしている（『日本随筆大成』第三期四巻、吉川弘文館、一九七七年）。また、山東京山『蛛の糸巻』には安永・天明頃、辻宝引の一種である「さござい」が流行したが、寛政の改革で禁止になったとしている（『日本随筆大成』第二期七巻、吉川弘文館、一九七四年）。

この「さござい」については、『宝暦現来集』に次のように説明がなされている。

さござい〳〵、天明の末寛政始めは、正月元日よりさござい〳〵辻往来へ来たり、子供を集め、細き紐五六十本一把にして、中一本へ分銅とて橙を結付、銭一文に五六本宛売附置て、分銅の付たる縄を引ければ、当り人一人有り、是へは草ぞうし又はびいどろのかんざし、其外さまへ子供の好みの品ども持来りて為取ける、勝負事にはあれども、正月始より、往来是にて扨々賑かにて、子供など此声を聞く時は、急行て楽しみたるものなりしが、後には銭など取らせたる事にや、厳敷停止となりけり、いまに辻々へ、年暮に宝引無用と云張札出しは、此事なり、尤此頃は辻博奕と云ふて、田舎道は申に及ばず、柳原辺其外盛場には、出て往来の人の金銭を取る事専らなり、松平越中守殿御役より、此類厳敷停止となりけり（『続日本随筆大成』別巻六、吉川弘文館、一九八二年）

ここでは、十八世紀末の寛政初年まで正月に「さござい」が往来に現れるのが常だったという。その様子は宝引そのものであり、「さござい」は「さあござい」という宝引商人が客寄せに行う掛け声に由来することが想像できよう。そして景品として草双紙やビードロ細工の簪《かんざし》のほか、子どもが好みそうな品々が用意されていた。江戸市中の往来ではこれらで賑わう光景が正月の風物詩だったようだが、のちに景品の代わりに金銭を用いるようになったため、幕府から賭博の一種とみなされて禁止となったことがわかる。そしてその後は年の瀬になると、町方では「宝引無用」と貼紙をする慣習が現れたという。辻々で金銭を賭ける行為という点では、宝引はこのとき前述の「ちょぼいち」と通底する辻博奕に合流したことがわかる。

一方、『百戯述略』という随筆では「鬮商人、右辻々へ出候儀、いつ頃より始候歟、弁へ不申、辻宝引は、天明、寛政の頃迄は、有之哉と奉存候」（『新燕石十種』第四巻、中央公論社、一九八一年）と述べている。つまり、道端での宝引は寛政の改革後しばらくの間は停滞してしまったことを示している。それを物語るように、同書では「往来にて独楽を廻し候男児、互に独楽を打当、勝負をいたし候儀、文化頃抔は更に無之、近年の風俗に有之」と述べ、文政期（一八一八～三〇）以降の路上では子どもたちが独楽で勝負する遊びが流行っている実態を指摘している。無論、そこには賭博の要素もあったと考えるのが妥当であろう。

二　三笠附系博奕と児童文化への普及

三笠附・紋附の流行

十八世紀になると、町触に「前句附」「三笠附」が禁止条項に頻出するようになる。この前句附とは俳句の一種で、宗匠が出題した前句（七・七の短句）に、一句あたりの応募料を取って付句（五・七・五の長句）を募集し、宗匠が選んだ高得点の句を前句とともに発表して、上位の句には賞品ないしは賞金を与えるというものだった。俳諧文化が庶民層にまでしだいに普及していくと、前句附は遠方の者の作品も添削で対応できることもあって受容層を広げて活発化していき（宮田　一九七二）、それが徐々に賭博性を帯びてくるのは、当然の成り行きだった。

すでに一六九七（元禄十）年には禁令が出されていることがわかっている（『江戸町触集成』三四二四号）[3]。また、三笠附は上の句五字のお題を三つ出し、下の句七・五を付させて優れた組み合わせを当てさせるものをいい、前句附をより簡略化させたものであった。三笠附は十八世紀前半に特に流行したようで、一七一一（正徳元）年には町触において、町方にて富突・大黒突、あるいは「俳諧前句附三笠附」と名付けて博奕がましいことを行ってはならない旨が述べられている（『江戸町触集成』四三二一号）[4]。富突と三笠附はこの頃からともに流行り出し、後述のように十九世紀前半には合流して「第附」を生み出しているのである。

その後、一七二四（享保九）年には「近キ頃ハ絵を書俳諧と名付、看板を出、人を集、博奕同前之仕形之由」として、これらを禁ずる町触が出た（『江戸町触集成』五九〇四号）。この町触ではもはや俳諧とは名ばかりで、絵合わせを町なかで行っていたことを物語っている。この「○○附」という表現は、当時の雑俳にしばしばみられる表現で、宗匠の意向によってさまざまな名称が付けられていったようだが、全体的な傾向としては、十八世紀を通じて徐々に簡略化していき、言葉合わせや絵合わせのような賭博性の高いものに変化していったのである。

これについて、俳諧の宗匠を務めた加藤曳尾庵《えいびあん》（一七六三～?）が随筆『我衣』において、貞享から享保末頃（一六八〇～一七三〇年代）にかけて、町々に前句附・冠附が流行したことを述べており、さらに正徳の頃（一七一一～一六）からは冠附になぞらえて、三笠附が流行して「諸人身上を打て難義に及ぶ」と述べ、さらそののちには、「棒引」が流行となったとしている（『日本庶民生活史料集成』一五巻、三一書房、一九七一年）。

あくまでも純粋に俳諧を楽しむ曳尾庵は、これにたいして「右之通に附る者も、段々巧物になり、金かけの博奕になり、堅く御停止被仰付、難有御事也、元来是は博奕の頭取巧出したる物なるよし」と捉えている。つまり、雑俳類である「○○附」が金銭を賭けた賭博に発展し、その背景には「頭取」や「胴元」と呼ばれる元締めの者を中心とする組織が形成されていく実態があったというわけである。

一方、『続飛鳥川』では、「寛延、宝暦の頃、文化の頃まで売物」として、「辻宝引、辻に立、手遊びるい色々かざり、宝引縄百本手に持て、さござい〳〵といふ、紋附、役者の紋をあまた書て有、婆々など持歩行、紋数、百のも、五十、七十のも有り、当れば是を取と云品を見せて、紋ひとつ何程と云、附る人、思ひ思ひに紋へ印をす、開らいて又見せに来る」と述べられている（『日本随筆大成』第二期一〇巻、吉川弘文館、一九七四年）。十八世紀後半から十九世紀初頭頃に流行したものとして、前半では宝引について述べつつも、後半では歌舞伎役者の紋所を数十から一〇〇ほど記載した紙を持ち歩き、これに付ける＝賭ける実態を紹介している。それによれば、このような紙を老婆などが町なかで持ち歩いて売っていたといい、お客に景品を見せつつ役者の紋所に賭けさせているのである。

曳尾庵と同時代の人物で、江戸の博奕などを取り締まる火附盗賊改を務めた森山孝盛（一七三八～一八一五）の随筆『賤のをだ巻』によれば、歌舞伎役者の紋を当てさせる「紋附」が流行したが、これらは「様かはりたる三笠付の類」であって、寛政の改革後はことごとく禁止になったとしている（『日本随筆大成』第三期四巻、吉川弘文館、一九七七年）。森山は多くの事例に直面した当事者であり、取り締まる側の認識としてこの指摘は重要であろう。

しかし、紋附は十九世紀になると、「棒引」としてより庶民化の道をたどっていく。この棒引のやり方は、歌舞伎役者の紋所などを収録した用紙の左端・右端にそれぞれ爪楊枝の半分ほどの棒が貼り付けてあり、金銭を賭ける者は棒を剥がして賭けたい紋の上に貼り付けるというもので、のちには賭けたい紋所の上に墨で線を引くものも現れた。これらは「紋紙博奕」「ひっぺがし」「とっこ」など、地域によってさまざまな呼称がみられたが、十九世紀に大いに流行し、後述のように二十世紀になっても縁日の屋台や駄菓子屋で子ども向けのものとして命脈を保っていた。

影富と第附

これまでみてきたように、くじを用いた賭博には、十七世紀後半から十九世紀にかけて、点取俳諧→前句附→三笠附→絵俳諧→紋附→棒引という流れが存在し、文字を知らない庶民層にまで全国的に普及していった。ここでは金銭や景品を賭ける行為を「附ける」と表現し、「○○附」と称したのである。

ところで、数字を当てて景品や金銭を得るという行為に関しては、前述の富くじがそれに該当するだろう。そそして江戸ではこの富くじを簡略化した賭博として、「影富」「第附」が派生していったこと、そしてここにも「附ける」行為が現れていることに注目したい。

幕府公認の富くじである御免富の需要層は富突発生当初から江戸市中に少なからず存在していた。御免富がブランド化するにともなって、まずその手法を取り入れた取退無尽が起こり、十八世紀後半はこの取退無尽と、御免富を巧妙に真似た隠富が行われるに至った。その後一八一二（文化九）年に「江戸三富」が登場すると、毎月興行のある谷中感応寺・湯島天神・目黒不動などの「一の富」（最高賞金額の当選番号）を当てる「ノミ行為」が登場した。これを「影富」といい、一枚あたりの富札の値段が高額である御免富に比べて、少額を賭けるのが特徴だった。それゆえ、長屋などに住む零細な庶民層の間で大流行したのである。

影富は組織的に行われており、あらかじめ「胴元」や「会元」といわれる元締めの者が参加者に「一の富」の番号の予想をさせ、これに金銭を賭けさせる。そして感応寺などの興行場所に詰めていた者が、抽選した当選番号を知るや町なかに駆け出し、「富の出番」「おはなしおはなし」などと呼び声を上げながら町々を廻るのである。こうした者たちは「おはなし売」といい、一人に対し番号を銭四文で教え、当選した者は胴元から金銭をもらい受けるのである。その割合は、掛け金が一〇〇文に対して当選者は八〇〇文を得るという具合だったようである。

本体の御免富以上に影富が庶民の人気を集めるなか、一八二〇年頃には影富の手法を簡略化した「第附」が登場する。これは「一の富」の番号を何千番台か、あるいは何百番台かを当てるというもので、どちらも幕府の寺社助成策として行われている御免富の効果を阻害するものであり、幕府によって厳しく取り締まられた。しかし、その後も一八二一・二五（文政四・八）年と御免富の適用範囲が拡大されてからも影富・第附の人気は衰えず、以後も「江戸三富」を中心とした賭博として行われたのである。

影富や第附で処罰された事例の一部は『御仕置例類集』にみることができる。それによれば、幕府は第附登場前後からこれらを前述の棒引・紋附・三笠附に準ずるものと位置付けており、町人が世話役や売り子になり、胴元・会元には武家がなる場合もあったようである。影富・第附関係者はサイコロなど他の賭博にも関与している場合があったほか、胴元・会元から売り子に支払われる世話料は、賭銭一貫文（一〇〇〇文）につき一〇〇文を取っていた事例があることからわかるように、けっして少額ではなかったと考えられる。また、「第」と呼ばれる「〇番台」と記した小札を作り、湯屋・髪結床などへ持参し販売したり、関係者宅などで興行する場合があったという（『御仕置例類集　続類集・天保類集』）。

つまり、影富や第附は「胴元・会元—売り子」の組織をもつ三笠附の流れの中に包摂されていく存在だったのである。幕府公認の寺社助成策として登場した御免富は、少額な賭け銭による簡便な賭博であるこれらを登場させたことによって、文化的には零細な裏店層をも含む普及をみせたといえる。しかし、御免富そのものが一八四二（天保十三）年に廃止となったことや、三笠附系の庶民型博奕の系譜に合流したことから、その存在意義をまったく終えてしまったとみることができよう。

辻博奕の多様化

ところで、江戸の町触をみると、十九世紀には「西瓜目引」「きず」「あないち」「どつこい」などが登場している。「西瓜目引」は西瓜の重さを当てるもので、夏場の町なかで流行した。また、「きず」は地面に線を引き、銭を線の向こう側に描いた図中に投げて、他の銭に重なったら勝ちとなり、その銭が得られるというもので、「あないち」（穴一）は地面に円を描き、手前に線を引いて銭や貝を円内に投げ入れるものをいう。いずれも路上において庶民層が行うもので、子どもが参加することも多かったと考えられる。

また「どつこい」については、一八四七（弘化四）年七月の町触で、次のような趣旨の指摘がなされている。

神仏の縁日または町々の往還、辻々そのほか広場において往来の人々に銭を賭けさせてくじを振らせ、あるいは相撲取や歌舞伎役者の名前・絵を書いたもの、丸のうちに中心から放射状の線を引き、賭ける場所を示して「ふん廻し」を廻して当たった者に景品や銭を渡す「どつこい」と呼ばれる行為を行う「立商人」を見かけたら、見つけ次第捕らえて町奉行所に届け出るように。（『江戸町触集成』一四五六九号）

この内容はすでに一八四一（天保十二）年十一月に触れられたものだったが、今回このような者がまた現れたため、再度町触に出されたようである。右では「どつこい」（どっこい）のやり方が述べられており、これを「立商人」、すなわち往来や広場で簡易な台などを置くか、屋台のようなもので景品や金銭を賭けさせる商人が行っているとしている。そしてこれがくじ賭博とともに寺社の縁日でも行われていることに注目したい。

すなわち、十九世紀になると広場や縁日といった盛り場的状況において屋台などを出して景品や金銭を賭ける行為が一般化していき、それがくじを用いるものや宝引の他に、色分けや絵柄分けされた円形の紙や板の中心に方位磁石の針のような回転する棒を置いて回したり、そのものを回転させ吹き矢で射抜くなどして当選を決める「ぶんまわし」類が登場し、今日の縁日の屋台などでよく見かけるような福引類へとつながってくることがわか

図１　幕末文久２年の紋附（国立民族学博物館蔵）

る。

時代玩具コレクションのなかにも図1のような紋附と「ぶんまわし」類が融合したものがみえる。これは浮世絵師歌川芳虎の役者絵を用いたもので、「戌二改」すなわち一八六二（文久二）年二月の改印があることから、錦絵の一種として検閲を経て版元から出されたものだとわかる。ここには中村福助・岩井粂三郎・河原崎権十郎・嵐雛助・市川新車・市川九蔵・市村羽左衛門・沢村田之助・坂東彦三郎・中村歌女之丞・中村芝翫・市川市蔵・沢村訥升・市川小団次・坂東三津五郎・尾上菊次郎という合計十六人の歌舞伎役者が放射状に描かれている。版元から摺物としてきちんと出されていたことを考えると、幕末にはこうした遊びが庶民層の家庭でも行われていたと推測できよう。

同様に図2は紋附の一種で、墨摺で改印はないものの、版木とともに同コレクションに含まれていた。中央に歌舞伎役者とおぼしき男女の絵を描き、周囲に七十二の家紋が配されている。「江戸出店鶴亀堂版」とあり、架空の版元を名乗りつつも、これが十九世紀の江戸でかわら版のように売られていたことを示している。なお、これも購入した者が家庭などで用いたと考えられる。

一方、銭投げ賭博については、一八六八（慶応三）年成立の風俗考証随筆である『守貞謾稿』に「六度」と

「きづ」（きず）および「穴市」（穴一）が取り上げられている。そしてこれらが同書ではいずれも遊戯の項目に記載されていることからもわかるように、当時子どもの遊びの一種としても認識されていたのである。「六度」は京都・大坂で流行したもので、「きず」とほぼ同じ内容である。あまりに流行ったからか、京坂の町々の木戸などには左のような内容が貼り出されていたという。

御法度　ろくど
　　　　あないち
　　　　辻宝引
　　　　道中双六
　　　其外一切かけの諸勝負

（『近世風俗志（守貞謾稿）』四、岩波書店、二〇〇一年）

そして『宝暦現来集』では、「種柿」が紹介されている。すなわち、「種柿と云ふ事古へより有りしが、種を当て勝たる男、その柿持帰りし事なるが、文化の比より、勝たる柿を人へ売ると見へて、柿売の見世に切たる柿を売なり、左すれば勝負は銭の取引と見へたり、古へは正直に切たる柿を、勝たる人幾つも持帰りけり」（『続日本随筆大成』別巻六、吉川弘文館、一九八二年）とあって、当初は街頭の水菓子売りが種柿の種を当てて勝った客に切り分けた柿をたくさ

図2　幕末の紋附（国立民族学博物館蔵）

ん持たせるといったものだった。これがやがて当たった者がその柿の売上を得られるようになったことから、金銭を賭けた賭博に類するものに発展していったことがわかる。

このように、幕末の町なかや寺社の境内・門前では景品や少額の金銭を賭ける賭博が流行し、その景品も菓子や飴・果物など子どもをも対象としうるものとして展開をみせていったところに特徴があるといえよう。

三　縁日とくじ文化

明治維新後、政府は幕府時代の賭博取り締まり体制を継続していった。くじ賭博でいえば、助成事業として富くじを活用することもなく、屋内・屋外での賭博行為全般への禁令をより強化していった。しかし、前述のように、幕末の段階ですでにくじ類の賭博や宝引は子どもの参加も容易であったことから、子どもの遊びに偽装したものが多くなる傾向にあった。つまり、屋台などで景品を賭ける当て物であれば、賭博に該当しないわけで、明治・大正期には金銭賭博とは区別した展開をみせていったのである。そして、その主な対象が子どもを中心とする福引・宝引類で、縁日を主な拠点に多様なものを生み出していった。

そもそも縁日とは、本来、神仏の特別な縁がある日のことをいい、神仏の祭の行われる日のことである。この日に参詣すれば普段に参詣するよりも大きな御利益を受けることができるとされていた。縁日は、その神仏によって決まった日にちがあり、例えば十日は金比羅、二十四日は地蔵、二十五日は天神などというように毎月その日に行われる。次第に人気が出てくると、地蔵なら四のつく四日・十四日・二十四日というように、縁日が増えていくこともあった。さらに十二支に基づいて、子の日は大黒、巳の日は弁天、寅の日は毘沙門などという縁日の設定もあった。

こうした縁日には、寺社において法会や神事が行われるが、それに合わせて門前には夜見世や露店が立ち並び、多くの参拝客で賑わった。まさに信仰と娯楽的要素が結びついた空間であったが、次第に縁日とは、門前市や露店の並ぶさまを示す意味合いが強くなってきてしまった。明治以降は、神仏分離令や私邸で祀る神祠仏堂への庶民参拝が禁じられたことなどにより、江戸時代から親しまれてきた神仏が消滅したり名称が変わったりするものもあった。

ところで時代玩具コレクションのなかには露天商の木製鑑札があり、「石川県松任警察署」の焼印とともに、次のように記されていた。

松任警察署管内
　露天商組合員証
　　　　石川郡美川町参百参拾八番地
　　　　　買手初太郎
　　　　　　明治拾参年八月弐拾九日生

これは石川県美川町の買手初太郎という露天商のもので、その生年から推測して大正〜戦前期に使用されていたものだろう。時代玩具コレクションには戦前から昭和末期にかけての縁日の露店や駄菓子屋で用いられていたくじ類やそれに対応する景品が多く、多田が積極的に収集したひとつの方向性を物語っているが、そのなかには本稿で述べてきた江戸時代からの系譜を引くくじ類も少なくない。

紋附の系統の摺物としては、まず図３や図４などがある。図３は「明治廿年一月七日内務省御届済手遊紋合」

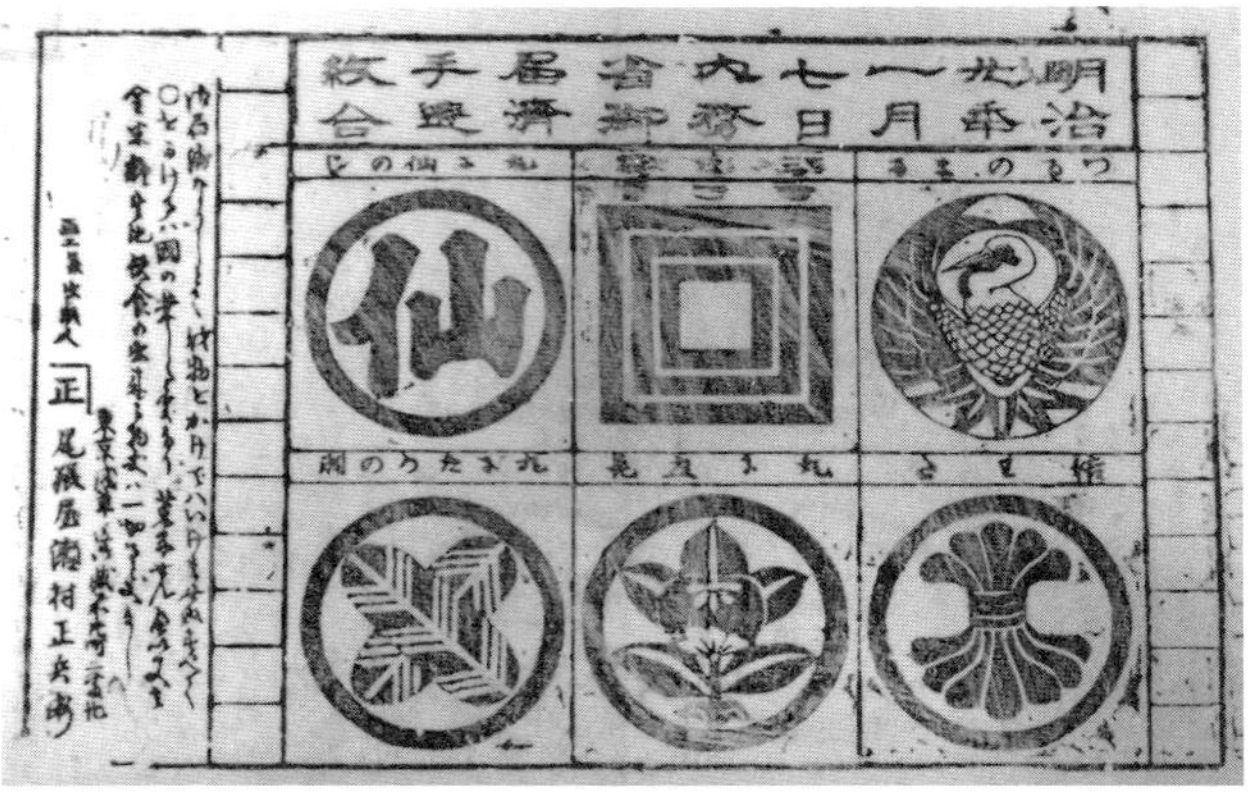

図３　明治期の紋合わせ「手遊紋合」（国立民族学博物館蔵）

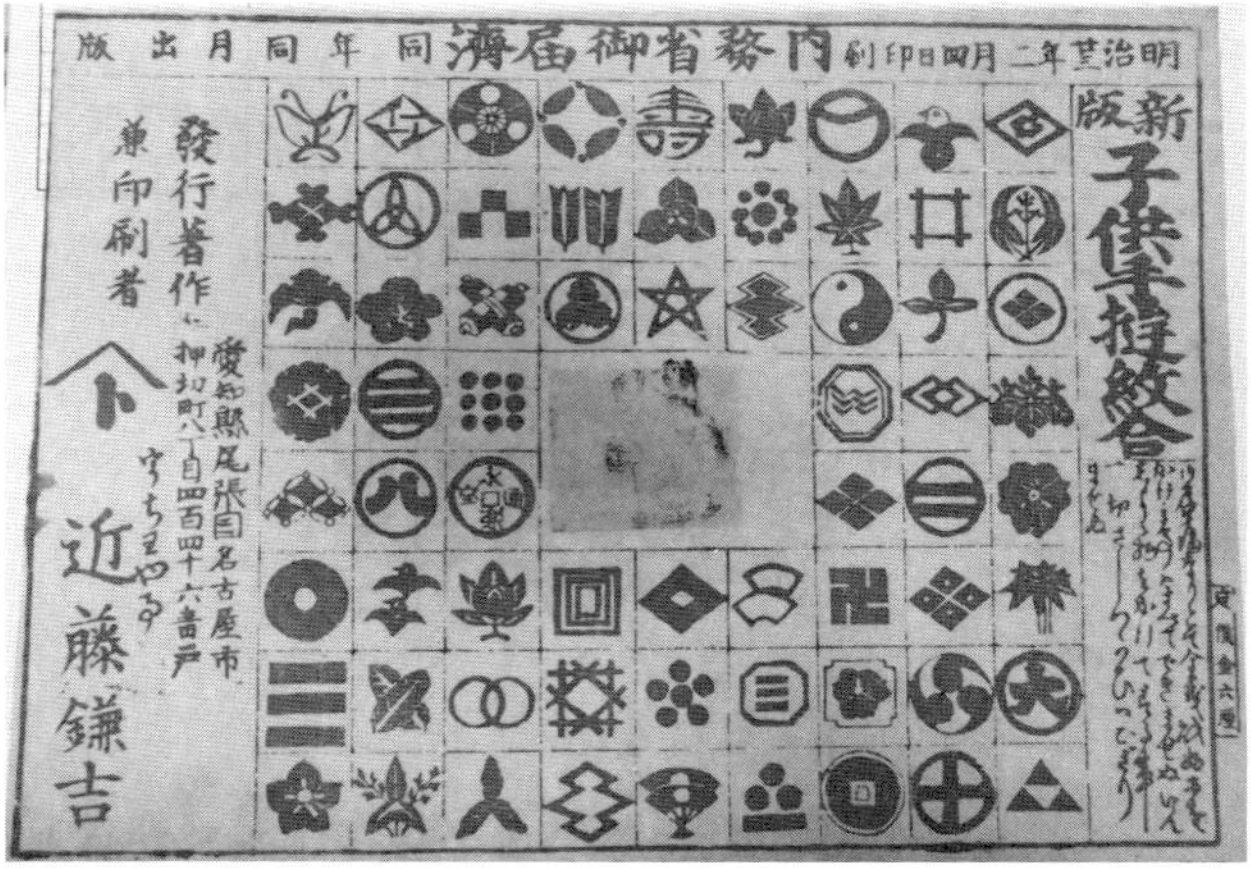

図４　明治期の紋合わせ「新版子供手遊紋合」（国立民族学博物館蔵）

とあって、これが内務省公認の子ども用玩具であることを示している。そして「つるのまる」「三ます」「丸に仙のじ」「結わた」「丸に立花」「丸にたかの羽」の各家紋が描かれ、その左右には紋合わせのための枠が設けられ、欄外には次のように記されている。

御届済なりしとて財物をかけてハいけませぬ、すへて○をかけるハ国の禁しる処なり、菓子せんへい、又は金平糖其他飲食の出来る物丈ハ一切差支なし

東京浅草区御蔵前片町二番地

画工并出願人　正　尾張屋瀬村正兵衛

図5　戦後の紋合わせ（国立民族学博物館蔵）

ここではこの紋合わせに金銭を賭けることは禁じられている旨を述べ、さらに菓子や煎餅・金平糖のほか、飲食物を景品とすることを述べている。つまり、これは縁日の屋台などで露天商が用いる用紙だったのである。

また図4は「新版子供手遊紋合」というもので、六六の家紋を掲載するとともに、「明治廿三年二月四日印刷　内務省御届済　同年同月出版」と、内務省の許可を受けていることを記し、右欄外にこれが「定価金六厘」と安価であることを示しながら、「御届済なりとて金銭財物等をかける事ハすべてできませぬ、いんしよく物をかけてする事一切さしつかひござりませぬ」として、こちらも金銭は禁止だが飲食物を賭ける行為は差し支えない旨を謳っている。なお、こちらの「発行著作兼印刷者」は「愛知県尾張国名古屋市押切町八丁目四百四十六番戸　うちわや事近藤鎌吉」である。団扇や児童の玩具などを売る店が露店

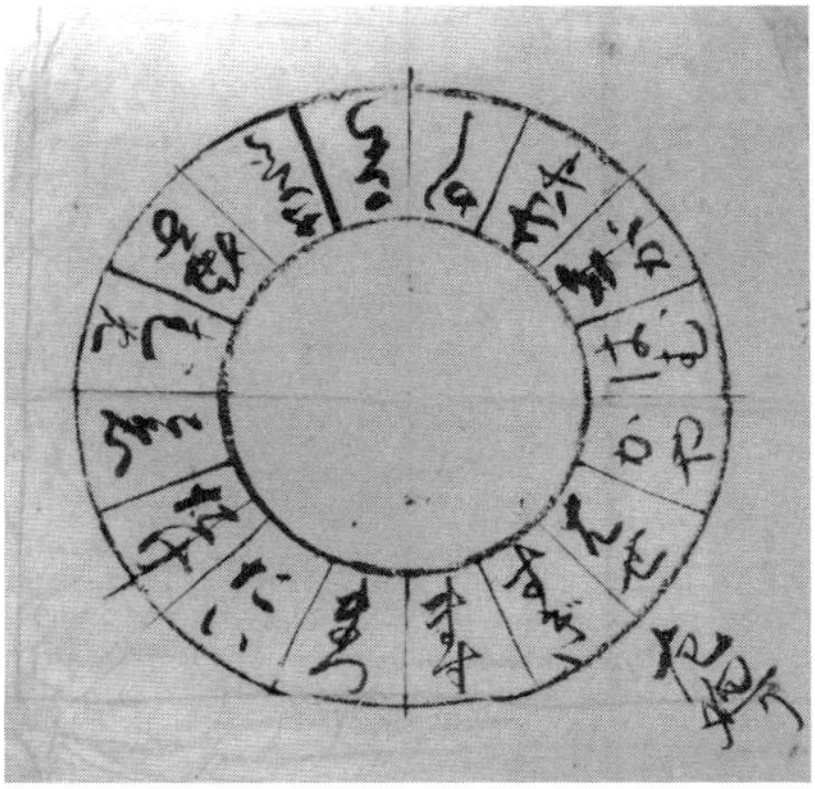

図6　手書きの「ぶんまわし」台紙（国立民族学博物館蔵）

図7　摺物の「ぶんまわし」台紙（国立民族学博物館蔵）

にも販路を求めるようになったのだろう。

このような紋附の系統は戦後にも生き残り、図5の「たのしい紋合セ　あそび」のように、「とつこ」「みます」「丸に矢羽根」「しまだ」「丸につる」「丸にせん」の六つの家紋を左右のくじをめくって当てさせる屋台が存在したことを伝えているのである。

その一方で、時代玩具コレクションには古い「ぶんまわし」の摺物も含まれている。すなわち、図6は「ます」「まつ」「たい」「たけ」など十六の言葉が対象で、放射状に手書きで記されている。そして右下に「左廻り」と書込がある。これは手作りの「ぶんまわし」であり、針を左廻りに回転させていくのだろう。また図7も同様の形状の摺物で、中央に「富」とあり、十六の図柄が配置されている。

両者は幕末から明治初期のものと考えられるが、図8のように明治中期になると内務省公認であることが明記されるようになったらしい。三十の図柄を放射状に描き、右側には次にように記されている。

「内務省御届」「金銭不要」「稚遊財画合」
明治卅三年一月廿七日御届済

同年同月出版
徳島県板野郡ムヤ町大字南浜村字蛭子前西廿番地
発行人・印刷人　明石彦吉

これは印刷物なので、奥付にあたる。そこには「稚遊財画合」とあって、子どもが景品を賭ける絵遊びということになろう。そしてこれが「ふく引」とタイトル付けされていることから、縁日の福引として用いられていたことがわかる。

多田はこうした縁日のくじ類を全国各地から集めており、これらの資料からは、くじ文化が江戸時代の賭博性の高いものから近代の子どもを主たる対象とした縁日の福引類に変化していく推移を窺うことができるのである。

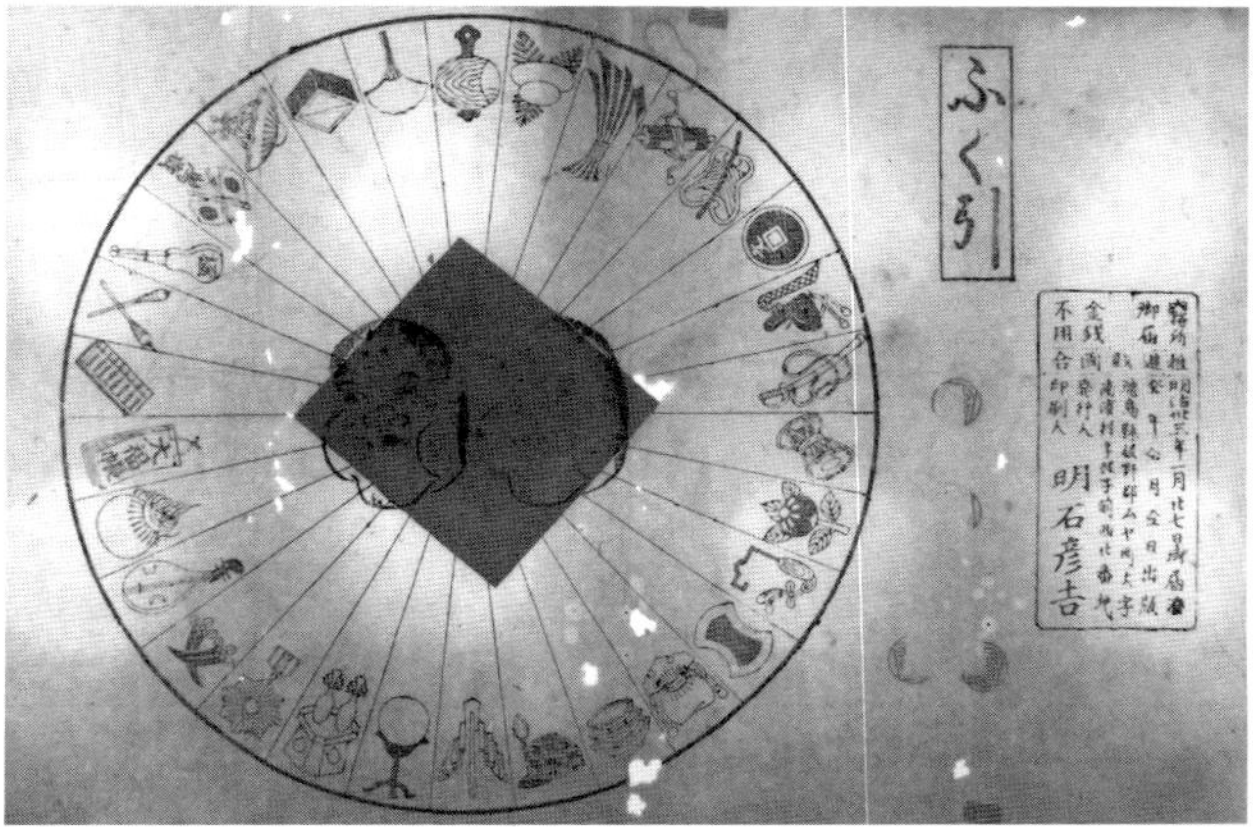

図８　明治期の「ふく引」台紙（国立民族学博物館蔵）

おわりに

本稿ではくじ文化の江戸時代から近現代に至る展開過程を分析し、その結果、くじはサイコロ賭博と双璧をなすほどに賭博の世界で大きな発展をみせ、それらは①無尽・頼母子系統、②宝引系統、③三笠附系統、④「ぶんまわし」系統に大別できることを述べた。

このうち①はくじ文化が効率の良い集金力を発揮するばかりでなく、射幸心を駆り立てる点で庶民層に広く普及していった。おみくじに代表される神秘性とは異なるくじ文化の要素を定着させるには大きな効果があったといえよう。

そして右の効果や、辻での賭博行為の流行を背景に②～④は子どもにまで需要を拡大していったが、近代以降は賭博とは厳密に切り離され、縁日の屋台を舞台に新たな展開をみせたことを指摘した。そしてこれらを支えたのは十九世紀に普及したかわら版に代表される簡易な印刷文化の進展にあるといえるのである。

時代玩具コレクションにおけるくじ資料には、まさにこのような近代的展開を物語る内容が豊富に含まれており、(5) 縁日の子どもの娯楽の世界に十九世紀のくじ文化の大きな変動が投影されていることを垣間見ることができるのである。

（1） 講はその性質・機能から宗教的講・社会的講・経済的講の三つに大別することができるが、実際にはこれら三要素を複合的に有している事例も少なくない。講には地域性や時代性があって、その内容は広範に及んでいるが、とりわけ多彩な展開をみせたのが十九世紀である。

（2） 以下本稿では江戸の町触は『江戸町触集成』一～二二巻（塙書房、一九九四～二〇一二年）を用い、引用の際は同書の史料番号だけを示すこととする。

（3） なお、河内国石川郡では、一六九三（元禄六）年の段階で、郡中に前句附が大流行し、女子や子どもまでもがこれに興じていたという（『河内屋可正日記』）。このように、すでに十七世紀末の上方においては、俳諧の素養のない子どもまでもが参加できるものに変貌していったことがわかる。

（4） また、幕府は一七〇二（元禄十五）年二月には、日頃俳諧点者のなかで「冠附」という看板を出して人を集め、褒美と称して衣類や器材などを賭ける行為が横行しているとして、全国的に禁令を出している（『御触書寛保集成』二七八六号）。「冠附」は「笠附」とも表記し、「かさづけ」と読ませている。三笠附はこうしたもののうち、最も流行した部類ということになる。

（5） 時代玩具コレクションのなかには、くじ類として他におみくじの系譜を引く昭和時代の運勢占いなどがみられる。

参考文献

大阪商業大学アミューズメント産業研究所（編）特別展示図録（二〇一二）『日本の地域文化とゲーム展』。

大野出（二〇〇四）『江戸の占い』河出書房新社。

――（二〇〇九）『元三大師御籤本の研究――おみくじを読み解く』思文閣出版。

江東区総務部広報課（一九八七）『古老が語る江東区の祭りと縁日』。

ゴーシュ（二〇〇三）『懐かしの縁日大図鑑』河出書房新社。

滝口正哉（二〇〇九）『江戸の社会と御免富――富くじ・寺社・庶民』岩田書院。

――（二〇一〇）「上方の富興行について」『大阪商業大学商業史博物館紀要』第一一号、七七―九六頁。

戸沢行夫（二〇〇九）『江戸の入札事情――都市経済の一断面』塙書房。

長谷部八朗（編）（二〇一三）『「講」研究の可能性1』慶友社。

――（編）（二〇一四）『「講」研究の可能性2』慶友社。

――（編）（二〇一六）『「講」研究の可能性3』慶友社。

秦孝治郎（一九九三）『露店市・縁日市』中央公論社。

林喜代弘・南博（編）（一九九四）『近代庶民生活誌　第一七巻　見世物・縁日』三一書房。

福山昭（一九七〇）「近世後期・明治時代における頼母子講の展開」『歴史研究』一一、四五―七三頁。

増川宏一（一九八〇）『賭博Ⅰ』（ものと人間の文化史）法政大学出版局。

――（一九八二）『賭博Ⅱ』（ものと人間の文化史）法政大学出版局。

――（一九八三）『賭博Ⅲ』（ものと人間の文化史）法政大学出版局。

――（一九八九）『賭博の日本史』平凡社。

――（二〇〇〇）『合せもの』（ものと人間の文化史）法政大学出版局。

宮田正信（一九七二）『雑俳史の研究――付合文藝史序説』赤尾照文堂。

吉田健剛（二〇一七）『古川柳入門』関西学院大学出版会。

「うつしえ」から「シール」へ
――「貼る」快楽をめぐって――

森下みさ子

はじめに

子どもの頃、どんなシールを持っていただろうか?……この問いの答えを聞くだけで、その人の世代がわかる。といってもいいほどに、シールと子ども時代は結びついている。ポケモンシール、ビックリマンチョコカードシール、エイトマンシール、アトムシール等、シールのキャラクターは世代によってさまざまだろう。女児の間では花やリボンやイチゴ等の形をした封緘用シールや、かわいい人形や動物をかたどったシールにも人気があった。そういえば、ひところ流行った「着せ替えシール」も、通称「プリクラ」もシールの一種である。厚みのある立体シール、手触りの良いもこもこシール、光を反射するきらきらシール等、素材も多種多様にある。しかし、実際にその機能をどう使うかは別として、「貼る」機能を持っていることだけは全てのシールにわたって共通している。だからこそ、自分の持ち物に貼って自分仕様にしてしまうだけでなく、柱や壁や家具等にまで貼って叱られたりもしたのだ。

ハマり方はそれぞれだとしても、世代を越えてシールと子ども時代が深く結びついていることは確かである。しかし、さらに世代をさかのぼるとシールの思い出は途切れる。代わって共有されているのは「うつしえ」の記憶だろう。シールと同じく漫画の登場人物、人形や動物、花や小物等、絵柄は多岐にわたる。「貼る」機能を持った紙玩具であるが、貼り方はシールとは異なる。多くの場合は切り取って水で濡らし、目的の場所や自分自身の手や腕に貼り、擦りつけてから紙をそっとはがすと絵柄だけが残るようになっている。文字通り絵を移すのであるが、この作業は手間がかかるだけでなく難しくもある。絵柄の隅々まできれいに剥がせることはめったになく、たいていどこかちぎれて剥がした紙のほうに残ってしまうのだ。その難しさが挑んでみる面白さに結び付いたのか、シール世代も「マジックプリント」の名称で遊んだ記憶があるかもしれない。いずれにしても「うつしえ」から「シール」へ、子どもたちの「貼る」遊びは脈々と流れてきたのである。

世代を越えて多くの子どもたちを引き寄せてきた遊びの快楽とは何だったのか、それに応えてきた紙玩具の変化は何を物語るのか、このたわいない玩具に潜む脈々たる力に少なからず関心を抱いてきた。が、駄菓子屋やおまけの形で提供される紙玩具は、子ども時代の一時期を熱く沸き立たせるだけで、思い出として大切に保管されることもなく、ほとんどが使用してなくなるか捨てられるかして残っていない。玩具としての位置づけさえあいまいなせいか、資料として収集・保存されることも稀である。

そんな状況にあって、大量のうつしえと若干のシールを残してくれているのが、「時代玩具コレクション」である。しかも、今そこで子どもが遊んでいたかのように、切り取った後の紙の痕跡まで残して……。これら「うつしえ」から「シール」へと変貌を遂げるあたりの片々たる資料を通して、本稿ではこれらのモノが語る声に耳傾けられたらと願う。ひたすら遊ぶ快楽を脈打たせてきた子どもと、それに応じるように紙玩具を提供し続けてきた大人との関係にも光を当て、モノが秘める力と遊ぶ子どもの身体の感受性をともども掬いとってみたい。

一　「うつしえ」の流れ

子どもの遊びの感覚からいえば、うつしえとシールは「貼る」快楽において容易につながるだろう。しかし、それぞれが由来する技術や目的は異なる。まずは、うつしえの由来と子どもとの結びつきに目を向けてみたい。

転写装飾の技術から

「うつしえ」を漢字にすると、「移し絵」と書く場合と「写し絵」と記す場合がある。「移し絵」は、先にも記したとおり、紙に印刷された絵柄を別の場所に「移す」という意味である。いっぽう「写し絵」は、映写の意味で使われるときは幻燈絵を指すが、貼ることを目的とする場合は「転写」を意味する。すなわち印刷された絵柄を別の場所に写し出すという意味だ。「時代玩具コレクション」の解説(1)は、うつしえの技法を次のように説明している。「台紙にのりを塗り、乾燥させてから、もう一度別ののりを塗り、その上から左右が逆になった絵を印刷する。」こうして出来上がった台紙を水で濡らし、転写したい面にあてて紙だけを剥がすと絵が写されるのである。このような技法は「明治の末期に陶磁器に模様を転写する技術」の応用から始まったと説かれている。

特殊印刷業史によれば、「転写画のはじまりは、瀬戸物町のうつし絵」にあり、「このうつし絵の歴史は、一八九〇（明治二十三）年ドイツ製の転写画が名古屋の絵具商、神戸商会に輸入されたのが最初」であるという。第一次世界大戦以後、転写印刷を応用した陶器が名古屋、多治見を中心に広まり、その後「転写印刷業が製陶工場から分離し」て、転写画はガラス、ホウロウ、漆器や木製品等にいたるまで応用されていったのである。（山岡一九七二：一五五―一五六頁）

ただし、この陶器に用いられた転写印刷技術（デカルコマニア(2)）は、十六世紀にイタリアの家具職人が日本の漆塗りの漆器をまねて家具の装飾に用い、その後フランス上流階級で流行したデコパージュに引き継がれていくという流れもある。家具等の装飾に用いられるデコパージュは十九世紀にアメリカに伝わって、さらに日本でも流行りだすのは一九六〇年以降という説明もされている。おそらく、職人が用いる複雑な転写技法とは別に、素人が趣味としてできる転写が「デコパージュ」という名称とともに輸入されたのだろう。

いずれにしても糊を二重に使って印刷物を器や家具等の平らな面に転写するという技法は、大人の文化においては「装飾」という目的に応じる形で広がっていったことがうかがえる。しかし、この転写法が子どもの手にもたらすのは「遊び」にほかならない。明治二十年代、水上滝太郎が回想する幼少時代に、その一端が描き出されている。

「山の手の子」として生まれた水上の思い出に浮かぶのは、「見馴れなかった西洋の帽子や、肩掛け、リボンや、いろいろの派手な色彩を掛け重ねた」「唐物屋」である。そこでお屋敷育ちの男の子が買い求めたのは「動物、植物あるいは滑稽人形の絵を切って湯に浮かせ、つぶつぶと紙面に汗をかくのを待って白紙に押し付けると、その獣や人の絵が奇麗に映る西洋押絵というもの」であった。店のおやじが「坊ちゃん、今度はメリケンから上等舶来の押絵が参りましたよ」と言っているところをみると、押し付けて絵をうつすことから「押絵」（押絵羽子板の押絵とは異なる）と呼ばれていたのだろう。筋向こうにある玩具屋ではなく、西洋の帽子や肩掛けやリボンが並ぶ唐物屋に置かれていたことを考えると、この押絵は子どもが遊ぶ玩具というよりは女性向けの装飾用品に近いものだったにちがいない。ただ、水上がうつし方をありありと想い起こしているように、子どもにとっては不思議で魅力的な遊びとして映っていたのではないだろうか。

玩具としてのうつしえ

「時代玩具コレクション」に目を移すと、もっとも古いうつしえは一九〇二〜三（明治三十五〜三十六）年の伊藤二龍館印行「文字出し」である。「力士尽くし」「役者尽くし」「紋尽くし」「植木尽くし」「お化け尽くし」「六歌仙」に「顔尽くし」と、江戸伝来の「つくしもの」がうつしえになっている。なかにはアルファベットに人物をからませカタカナのルビを振って逆向きに刷ったものもあり、図柄に明治らしい変化も見受けられる。やや印刷のずれた安価な作りや、お化けや力士や顔等のテーマからしても、水上が幼少時に手にした西洋押絵とは異なる。装飾品から離れて子どもの手に渡るようになってきたのだろう。「着色料改良無害保証品」と刷り込まれているのも、子どもを意識してのことではないだろうか。

いっぽうで、衛生面に留意して教育的配慮をもって作られた高級感漂う「うつしえセット」もある。昭和初期（戦前）に百貨店で販売されたと思われる『進歩せる教育参考ウツシエ』は箱に「TRANSFER PICTURES」と記されており、童話の登場人物を想わせる金髪の男の子と赤い頭巾の女の子が、絵を切り抜いて貼ろうとしている図が描かれている。箱裏には「衛生無害」の紙が貼られ「有害物質が検出されなかった」ことを証明する「試験成績書」が貼付されている。セットの中身は花鳥や西欧の子どもたちをプリントしたもの、紋章を印刷したもの、フィルム状に巻かれた建物や風景の写真で、それぞれに「水による寫し画」「蒸熱による寫し画」「水熱併用寫し画」として写し方がていねいに説かれている。「此寫し画は多年研究の結果改良を加え」に始まる説明書は明らかに大人向けであり、表紙の絵や文字、衛生証明書の添付などを加味すると、これは西洋の輸入品を摸して作られ百貨店で売られていた教育的な玩具の一種と考えられる。焼鏝《やきこて》の使用も入っているので、大人の目を通して選ばれ、時には大人の手を借りながら遊ばれていたのだろう。しかし、より多くの子どもたちが求めたのは高価なセットではなく、次にとり上げるような水を使ってうつすことができる簡便な紙玩具だったにちがいない。

子どもの世界に入ったうつしえは、次々と子どもが好む絵柄をものにしていく。大正期には「汽車、汽船、飛行機などの絵」が多く刷られ、「関東大震災後には新聞連載マンガ『正チャンの冒険』などを扱ったもの」（斎藤 一九七二：二二三頁）も出回ったらしい。さらに昭和に入るとミッキーマウスやシャーリーテンプル、宝塚レビューなどのうつしえが「三枚入り十銭」で売られていたという（斎藤 一九七八：五八頁）。また、当時刊行されていた玩具業界誌『東京玩具商報』（現『トイ・ジャーナル』）によれば、一九三六（昭和十一）年下半期に「活躍した玩具」ウツシ絵は、「今に始まったわけではないが、久し振に、復活した此品は、印刷術の優秀と美麗が劃世的のもの」であるうえに「衛生上絶対無害と云ふ特長」（斎藤 一九七八：五八頁）を持っているため流行したと記されている。具体的に挙がっているのは「花集」「人形集」「動物集」「漫画集」「テンプル集第一・第二」「世界風俗集」「乗物集」「松竹少女歌劇集」「オリンピック集」である。

右記の業界誌に挙げられたうつしえそのものか、あるいはそれを継承したものが「時代玩具コレクション」に含まれている。『シャーリーテンプルうつし絵』は、当時日本でも人気の子役シャーリーテンプルを用いたうつしえであるが、日英両方の説明文がついている。それによると「お好きな絵柄を水の中に五秒間位浸し、取り出して定めの場所に貼りつけ……静かに擦りよく密着させ……暫くして（英文では二、三分）貼った上を更に水で濕らしてから、紙を静かに横にづらして取り去る」。さらに木製金属ガラスなどにニスを使って貼っておけば剥がれないとも記してある。「トランスファーピクチャー」というタイトルで英文併記の説明文を付したうつしえは、ほかにも「世界風俗集」などいくつか見受けられ、先に記したようにデコパージュのトランスファー技法を模倣したものと思われる。

「松竹少女歌劇集」のひとつである『松竹少女歌劇ウツシ絵』は、舞台に立つ男装の麗人や華やかなドレスを纏った踊り子の写真をプリントして、少女たちのあこがれを掻き立てる。「動物集」の一種であろう『どうぶつ

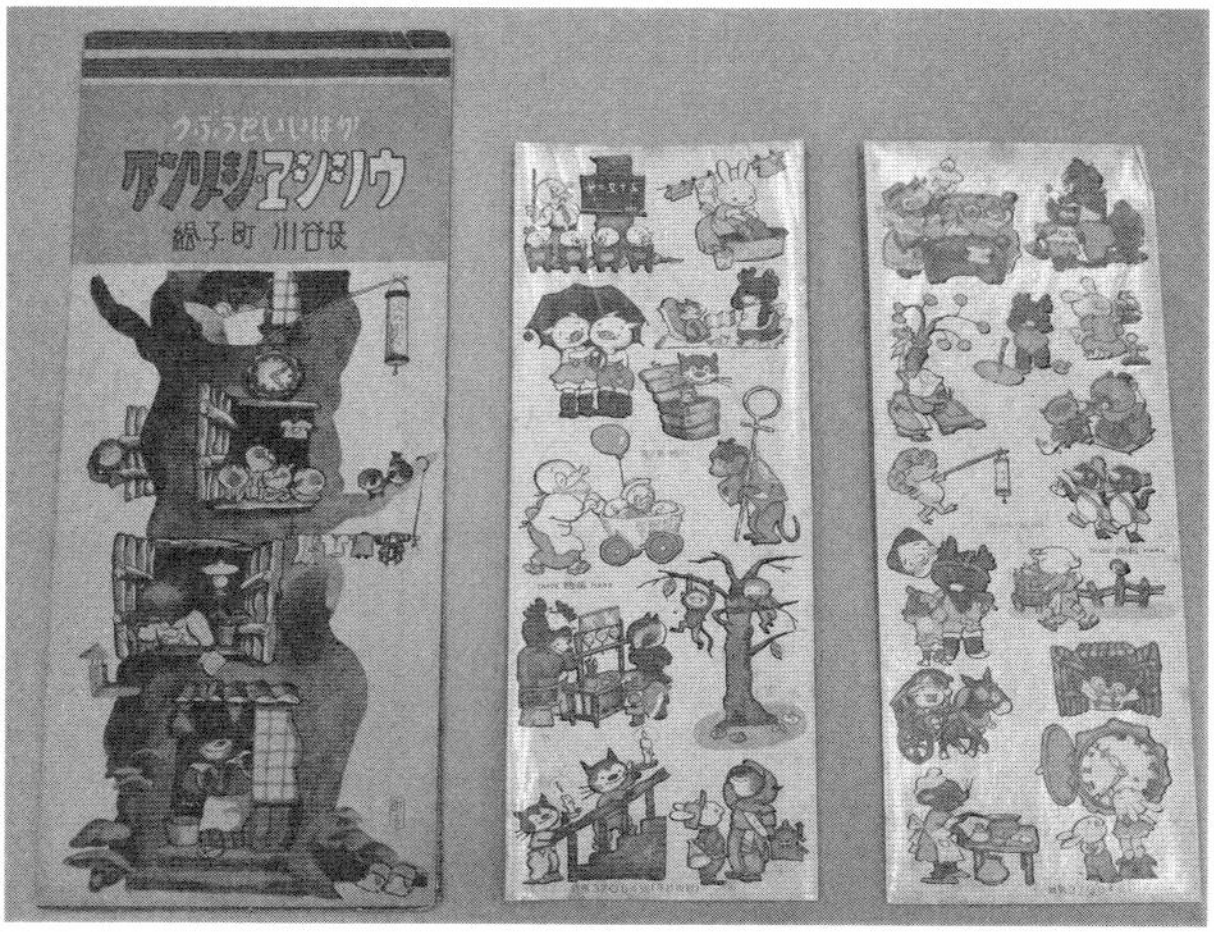

図1　どうぶつうつしえ（国立民族学博物館蔵）

うつしえ』（一九四一年）には、『サザエさん』を手掛ける前の長谷川町子の筆で、擬人化された可愛らしいウサギやアヒル、クマやタヌキやブタ等が描かれている。他にも当時の男児の目を意識したらしい『愛馬進軍・ウツシエ』には騎兵と馬の写真がプリントされ、余白には軍歌が挿入されている。

しかし、絵柄の多くは童画や少女画で有名な松本かつぢや中原淳一が描く可愛らしくて美しいものや、デコパージュを想わせる花柄、冒険談吉・のらくろの他にミッキーマウスやポパイも含まれたマンガなどである。どちらかというと女の子好みの愛らしい絵柄が目立つが、時代を反映して『兵隊さんありがとう・ウツシエ』（松本かつぢ作、一九四一年）、『慰問用うつし絵とシール』（中原淳一絵、一九四二年、キヨト社発行、シールは後述するものとは異なり切手に近い）、『文化ウツシエ・帝軍御慰問』（一九四二年、大森商店発行）、『少國民ウツシエ・人形と花』（発行年不詳、ホシ玩具出版社発行）などと名付けられている。装飾の流れを持つうつしえは、身近に愛らしいものを飾りたいという少女の感性に合わせた絵柄を選びつつ、「兵隊」「少國民」「慰問」「帝軍」等の言葉で、戦時中には否定されかねない柔らかい美意識をそっと隠しているのである。

戦後になると枷を解かれて、うつしえの種類はさらに豊かになる。花柄、動物、小物、マンガのキャラクター、子どもの遊び、行事、乗物等のほかに野球選手や西部劇スターの顔写真、ディズニー映画の登場人物、美空ひば

図２　少國民ウツシエ・人形と花（国立民族学博物館蔵）

りや小鳩くるみ等のスター、当時大流行した「君の名は」の俳優のうつしえも作られた。水に浸して擦るという手間を省き、裏面を舐めるか糊付けするかして貼る「切手シール」や「はり絵」等も出回っている。が、子どもの遊びとうつしえの技法の関係に焦点を当てる本稿において、興味深い資料が戦前のコレクションに残されていた。それが、次に取り上げる「京押絵」の指南書である。

京押絵の技法と「子どもの遊び」

一九二七（昭和二）年に刊行された『家庭模様附法――附家庭金箔工芸法』は、家庭でも簡単にできる「京押絵」のやり方を、発明の経緯と合わせてていねいに紹介している。著者藤田與太郎は「家庭模様附法の出現」の章を設け、どのようにしてこの画期的な方法を思いついたかを以下のように説明する。素人に「優を弄ぶ秀美麗な模様彩色を染めさせ様という企畫」を抱くも「至難を超越したる問題」だったところが、ふとしたところに目がいく。それが「子供達が玩具の寫し繪を弄ぶのを見」たのがきっかけで「此寫し繪を絹布、綿布にも転写して、そのまま堅牢に染着けて了ふ工夫があったならば」と思うに至ったのだ。すなわち、素人にもできる模様附けの技法を考えていたところ、子どものおもちゃであるうつしえがヒントになった。その結果、考案した九つの手順を踏めば家庭でも簡単に模様を付けることがで

図３　『家庭模様附法』表紙（国立民族学博物館蔵）

きるというのだ。

ここでいう「押絵」とは、先に水上の回想に現れた「西洋押絵」のような水を使うものではなく、切り取った絵柄を布に当て焼鏝を使って熱で転写するものである。したがって、先に取り上げた『進歩せる教育参考ウツシエ』内の「蒸熱」によるうつしえ（いわゆるアイロンプリントの前姿）に近く、女学生向けの手芸には見られるものの、子どもだけで遊ぶのは難しく、子ども間で流行った水のうつしえとは異なる。が、著者は布に絵柄や紋型を染め付ける職人技を一般家庭で行うためのヒントとして子どものうつしえ遊びがあったことを指摘し、次のような図（図４）を示している。

著者はこの対照図を示して「なんだか、斯《こ》う意味有りそうな、躰照《たいしよう》ではありませんか。」と述べ「なんとなく一脈相通ずる何者かが存在して、自然はそこに、暗示を與《あた》へて居るのではあるまいかと思はれてならない」（ルビ：筆者）と記す。そして、その思いに駆られて「あらゆる寫し繪の研究」を続けた結果、一般家庭でもできる押絵の技法を開発したというのである。言い換えれば、技術の簡易化・一般化と子どもの遊びには、一脈通じるものがあるという発見であり、その具現化なのであった。

実際に押絵技法がどのように改良され伝わってきたのか、詳細はここでは明らかにしようがない。先に記したとおり、この本が刊行されるより以前に、類似の技法が西洋から伝わっていた可能性もある。したがって、子どものうつしえが起因であるというよりは、子どもの遊びを介することで、より簡便な技法が発見されたとしていること自体に目を向けるべきだろう。子どもの遊び用に簡略化された技法を家庭用に応用する、すなわち「子供」と「素人」を置き換え可能な存在としてとらえる。複雑な技法を一般化するためには、やすやすと遊んでいる「子ども」を「一般人」に見立てて、遊び方に倣えばよい。言ってみれば、子どもの遊びを参照し、職人的な技術から引き算をすることによって簡便化を果たしたのである。芸術的ともいえる装飾性は、高価な材料や複雑な技によって希少価値が高まるが、形ばかりを模倣する子どもの遊びは、安価で安易であるがゆえにモノを汎化する力があるのだ。

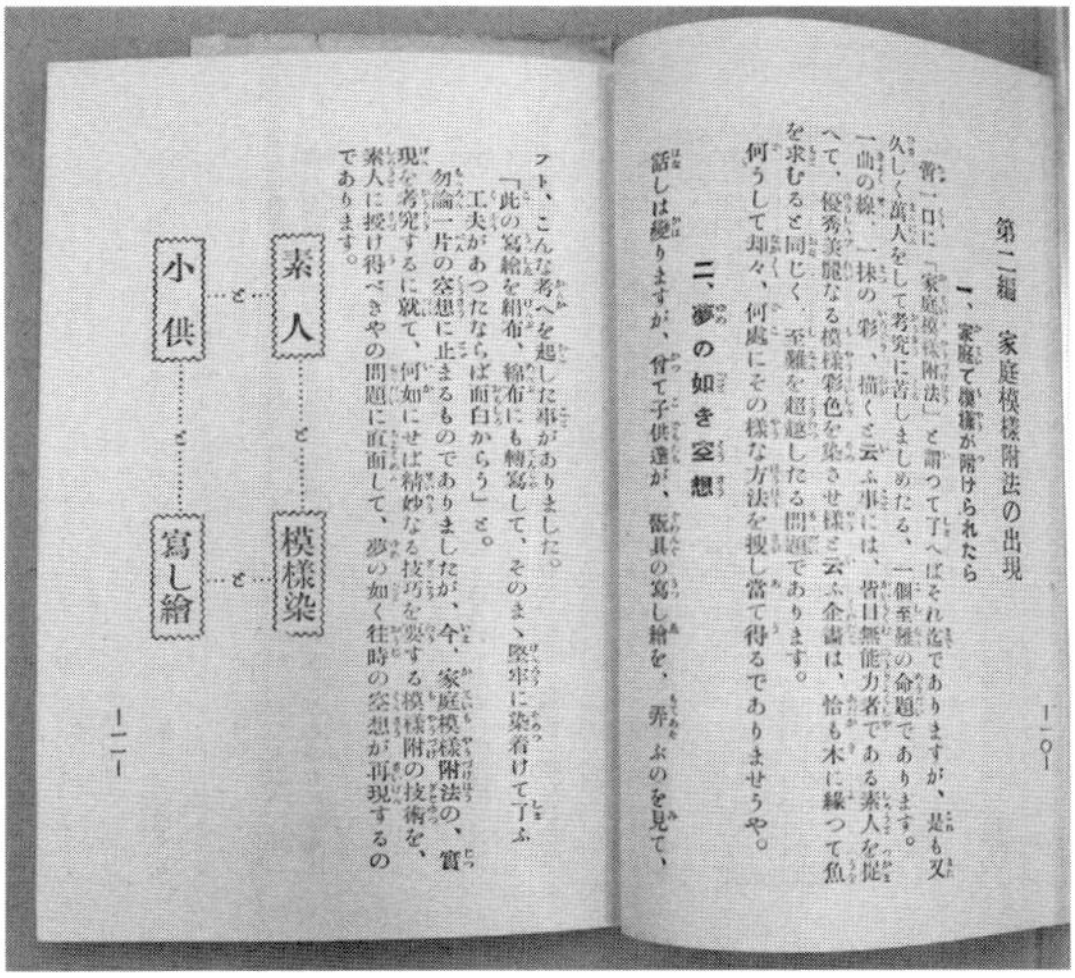
第二編　家庭模様附法の出現

一、家庭で模様が附けられたら

嘗て一口に「家庭模様附法」と謂つて了へばそれ迄でありますが、是も又久しく萬人をして考究に苦しましめたる、一個至難の命題であります。

一曲の線、一抹の彩、描くと云ふ事には、皆目無能力者である素人を捉へて、優秀美麗なる模様彩色を染させ様と云ふ企畫は、恰も木に縁つて魚を求むると同じく、至難を超越したる問題であります。

何うして却々、何處にその様な方法を捜し當て得るでありませうや。

二、夢の如き空想

話しは變りますが、曾て子供達が、玩具の寫し繪を、弄ぶのを見て、

一〇

フト、こんな考へを起した事がありました。

「此の寫繪を絹布、綿布にも轉寫して、そのまゝ堅牢に染着けて了ふ工夫があつたならば面白からう」と。

勿論一片の空想に止まるものでありましたが、今、家庭模様附法の、實現を考究するに就て、何如にせば精妙なる技巧を要する模様附の技術を、素人に授け得べきやの問題に直面して、夢の如く往時の空想が再現するのであります。

素人……と……模様染

小供……と……寫し繪

一一

図4　対照図（国立民族学博物館蔵）

注目すべきは、「時代玩具コレクション」が、このような技法の簡易化と子どもの遊びを結び付けた指南書や、それに基づく試作例なども収集していることだろう。そこには、単なる子どもの遊び道具の収集におさまらない、モノが生まれて人々の手に渡り広がっていくときの、技術や技法における流れをとらえようとするまなざしがある。子どもの遊びに応えようとする簡便な技術や技法が、物の一般化や量産化と結びつくこと、そうした「子ども」と「大人」の関係も視野に入っていたのではないだろうか。

「シール」においては、こうした流れも含めてどのような水脈をとらえることができるだろうか、次に「シール」の流れに目を向けてみたい。

二　「シール」の水脈

うつしえが装飾と関連が深かったのに比して、シールはどちらかというと実用に基づいて作られ広まった。「シール」という名称を得る前には、同じ機能を有するものとして「符丁」や「貼札」があり、現在も用いられている外来名の「ラベル」や「レッテル」、「ステッカー」という名称を当てられることもある。が、子どもの遊びの世界において圧倒的な領域を占めるのは「シール」という名称だろう。ここでは、業界用語としての「シール」が子どもの玩具として広く長く位置づくまでの水脈をたどってみよう。

シール開発史

『シール印刷業の歴史』（池田 一九八七）によれば、我が国におけるシールの始まりは一九一二（大正元、明治四十五）年にさかのぼる。「シール」とは、輸入されたドイツ製シール印刷機（Siegel Marken）からつけられた名称であるが、その印刷の動機となったのはきわめて公的な必要性であった。英国のジョージ五世の戴冠式に、明治天皇の名代として伏見宮が渡英して贈り物を届けるにあたって、外国と同様の添付シールが求められたのだ。その見本となったのは、日露戦争の折、英国皇室から届けられた贈り物に貼付されていたもので、浮き出しで縁が着色されていたという。もともと西洋の貴族が重要書類や手紙の入った封筒にロウをたらして刻印を押していたところが封緘紙を用いるようになったものだが、西洋ではすでに封緘紙を機械で製造できるようになっていた。西洋の公式の封緘にならうために導入された機械「シーリングスタンプ印刷機」を用いて始まったのが「シール印刷」なのである。

シール印刷の技術は輸入されるとすぐ、それまで用いられていた符丁・貼札に転用されてラベル・レッテルとしての使用を広げていく。「呉服札、下げ札、封緘紙、貼符帳など」は「木版印刷や石版印刷によって一枚、一枚印刷されて」（中谷 二〇一〇：一〇八頁）手間のかかるものだったが、この機械を用いることによって質の高い封緘紙を容易に製造できるようになり、高級なイメージを尊ぶ百貨店の封緘紙にも積極的に使われた。封緘紙は、包装紙をとめる機能に留まらず、ブランドとしての信用を刻印するものでもあった。

この機械を応用して切手シールが作られたのは戦後、「昭和二一年八月、焼け残った平山秀山堂が当局の依頼を受け日本政府発行の当時の三〇銭切手を印刷した」のが初めと考えられる。同時期にマッチペーパーの需要も起こり、「昭和二三年に金沢シールがシール印刷機でマッチペーパーの印刷を開始」、当時「浮出し印刷」と呼ばれた印刷は「版によって盛り上がらせて印刷したマッチペーパー」で好評だったようだ（中谷 二〇一〇：一〇九頁）。が、切手シールやマッチペーパーのように実用性と大人の趣味を併せ持ったシールとは異なる、「貼る」快楽に即したシールが子どもの世界に登場する。それを可能にしたのが、剥離紙から剥がして貼るシール（セルフラベル）の開発と汎用である。

セルフラベルは、絆創膏メーカーの竹内化学工業によって一九五九（昭和三十四）年に開発され、一九六一（昭和三十六）年にはNHKのテレビ・ラジオの受信章に用いられて普及したという（中谷 二〇一〇）。折も折、皇室の結婚パレードの放映（一九五九、昭和三十四年）をきっかけにテレビの普及が促進された。子ども向けのシールが誕生し、子どもの世界にシール文化ともいえる領域が開かれる動きも、この流れにそって生じるのである。

子ども世界のシール

(1)キャラクターシールの場合

一九六二（昭和三十七）年から一九六四（昭和三十九）年にかけ、第一次シール・ワッペンブームが起こる。こ

図5　アトム・シール（綱島理友『アトム・シールと鉄人ワッペン』より）

れは「東京オリンピックに便乗した商品にシールやワッペン、ステッカーが積極的に採用されたため」（シール印刷協同組合 一九八九：一六一頁）という解釈も成り立つ。が、大人とは無関係に子どもの世界に限定して起こったブームのきっかけは、アトムシールに求められるだろう。なぜなら、このシールは、子どもの世界に侵入してきたテレビ文化が産み出したものであり、また、従来の子ども世界に浸透していたおまけ文化に変化をもたらしたものであり、なおかつその後も子どもの世界で増殖するシール文化の始まりをも告げているからである。

一九五九（昭和三十四）年以降のテレビの普及を経て、一九六三（昭和三十八）年に放映開始となった初の国産アニメ『鉄腕アトム』は、週一回約三十分の放映時間中、多くの子どもたちをテレビの前に釘付けにした。と同時に、子どもたちの目にはスポンサーである会社のコマーシャルも当然のように入ってくる。番組のスポンサー明治製菓が売り出した「マーブルチョコレート」は、子どもが好みそうなカラフルな糖衣でチョコを包み、コマーシャルに子役（上原ゆかり）を使い、さらに子どもを引き寄せるおまけ（アトムシール）の魅力で、子どもたちの購買欲をダイレクトに刺激した。

子どもたちの共同性が「ブラウン管とスーパーマーケットの商品棚を通して」（吉見 一九九六：九三頁）形成さ

れていたことや、テレビコマーシャルを通して「子ども消費者」が誕生したという指摘（本田 一九九九）はすでになされている。子どもの日常生活にテレビが侵入したことにより、大好きなアニメの世界にアクセスする方法として、テレビコマーシャルが流すお菓子のおまけが有効に働いたことはまちがいない。が、それがちょうど開発されたばかりのシールであったことの意味を、本稿では問い直してみたい。

『鉄腕アトム』の放映が始まったのは一九六三（昭和三十八）年の元旦、その後視聴率三十パーセントをキープする人気番組となる。アトムシールが誕生したのは、放映開始数か月後のことである。当時、明治製菓宣伝部でシールの開発にかかわった伴正治郎によれば、マーブルチョコの筒型の容器に入るおまけとしてペラモノ（紙製玩具）を考える過程でシールを思いついたという。先に記した通り、当時開発されて間もない最新技術を用いてシール（セルフラベル）が生産されていたが、子ども相手の製品にするために試行錯誤を重ねることになった。印刷した紙に剥離可能な化学糊を貼りつける方法に苦心し、剥離紙の方に糊が残ってしまう失敗を何度か繰り返した。すでにアメリカではネームプレートとして実用化されていたエマルジョン・タイプの糊を作っていた東洋インクと大日本印刷の技術者との協力が実って、ようやくアトムの絵柄のシールが誕生する（綱島 一九九八）。「ピタリ、ペタリ、どこでもくっついちゃう」と宣伝されたアトムシールは、まさしく剥離紙から剥がしてどこにでも貼れるシールの技術開発と並行して子どもの手に渡っていったのである。

アトムシールをきっかけとして、おまけにシールがついてくるという文化は、子どもの世界にまたたくまに広がった。「鉄人28号」「エイトマン」「おおかみ少年ケン」「スーパージェッター」「おばけのQ太郎」等、人気キャラクターは次々とシールになり、子どもたちはそれらを集めるのに夢中になる。集めることで物語世界に入り込み、獲得し所有した世界の広さを競うようなところが、特に男児には多く見られた。が、シールにはもう一つ別の魅力もあった。

それは、やはり簡単にどこにでも「貼れる」ということだろう。キャラクター商品が出回る以前のこと、「真面目な文房具に、アトムシールを貼りつけたとたん、それはたちまちアトムのキャラクター商品となって愛着がわく存在になった」（綱島 一九九八：三一頁）のである。もちろん、身の回りの物をキャラクター商品化するだけなら大量に集める必要はないが、「どこでもくっついちゃう」シールは、さまざまなモノを自分仕様に変化させる力をアフォーダンス[4]として子どもたちの遊び心を誘引したにちがいない。

筒形パッケージに入るように考案された最新のペラモノがシールだったのだが、このことは同時に「おまけ」のあり方も変えることになった。それまで主流にあったグリコのおまけは、おまけサックを使って小さな玩具を子どもたちの手に届けていた。小箱から現れる豆玩具は「遊ぶ」には小さすぎて「遊べない」玩具であるがゆえに、おもちゃのミニチュアを手にして愛でる快楽を提供した。サックに収まるほどの小さい乗物や建物、台所用品や家具、豆粒ほどの人形等は、子どもたちがそれぞれに日常的に遊ぶ玩具の縮小版として目を楽しませるものだった。しかし、シールがアフォードする目の快楽は、テレビという新しいメディアが提供する物語世界に接続し、そこに住まうキャラクターに重ねられることで得られる。指先に触れる豆玩具という立体にかわって、シールは物語世界から切り出された二次元の記号として機能し「収集」を目的とする遊びの道筋をつけることになったのである。

(2)「かわいい」シールの場合

テレビ放映と結びついたキャラクターシールがブームを呼ぶいっぽうで、これとは異なる形で子どもの世界に入り込んだシールもある。それは当初、シール本来の意味に近い封緘シールの形をとっていた。剥離紙から剥がして使う機能を応用して製造された封緘シールは、一九六〇年代半ばごろから、花やリボン、イチゴやサクランボ、ベルやハートなど、「かわいい」デザインを付与されてレターセットのふろくや文房具店の封筒の隣に並ぶことになる。が、これを封緘としてではなく身近な雑貨に貼ったり、友だちと交換したりする遊びに用いたのが、「かわいい」ものに目がない女児たちであった。

女児たちの目に適う共有可能な至上価値「かわいい」は、特別な物語世界を必要としない、むしろ純粋な記号として機能する。物語の提供を要しない分、時代に左右されることなく、「かわいい」は命脈を保つ。その点、かわいいシールは、かつてのかわいいうつしえと容易に結びつく。それでいて、うつしえのように時間と手間をかけたあげくに絵柄が欠けてしまうという失敗を気にすることもない。身の回りを「かわいい」記号で飾りたい女児たちにとって、シールは願ってもない便利な装飾用品であり、「わたし」の世界をかわいくする遊び道具となっただろう。

封緘という実用性を越えて、手紙の中にもノートの端にも、筆箱や下敷きやカバンにもシールが貼られる。「かわいいわたし」自身がシールに適用されれば、プリクラシールとなって爆発的に増殖することにもなるだろう。その先駆けとなるアフォーダンスが、かわいいシールにはあった。

さらに、次から次とあふれるように提供されるかわいいシールは、身の回りの日用品に貼るという女児たちなりの実用性をも越えて、オリジナルの「かわいいシール図鑑」を作り出していく。シールで埋め尽くされた何冊ものシール帳やプリクラ帳は、彼女たちの「かわいい」に寄せる快楽の証しとなる。「かわいい」は純粋な記号に価値として付与されるがゆえに、物語世界という枠内でコンプリート（収集による全種類制覇）を目指す必要もなく、うつしえからシール帳まで連綿とつながっていくのである。しかし、この現代にまで及ぶ現象の解読は、本稿の目的を越えている。別稿にゆずるとして、「うつしえ」から「シール」に移行する地点に立ち戻って考察をすすめていこう。

三　「うつしえ」から「シール」へ

装飾性から生まれたうつしえと、実用性をもととしたシールは、子どもの遊びにおいては、自分の好みの絵柄を「貼る」という快楽を通してつながる。そこには、大人社会に既存の装飾品や実用品を、子どもの遊びの世界に降ろしてきたというだけではとらえきれないものがある。子どもがうつしえやシールを遊ぶときに感じる高揚感、「貼る」ことの快感は、装飾や実用よりも深い原初的な感覚として、すでに遊びの中にあったのではないだろうか。うつしえとシールの流れを踏まえて、ここでは両者に共通する「貼る」快楽の原初性をめぐって、そこに働く力に目を向けてみよう。また、遊び手の身体の感受性に焦点をあて、両者の違いにも着目し、その相違が照射するものに考えを巡らせていきたい。

「貼る」快楽の原初性

うつしえとシールに通底する、子どもたちの「貼る」遊びの感覚に立ち返ってみるとき、それが原初的なものであることに気づかされる。たとえば、昔からある松ヤニの遊び。松の木肌からとれる飴色のヤニを指先にとり、ぺたぺたと指を合わせながら広げ、白っぽくなったところで反対側の手の爪にのばし、少したって剥がすと紙状のものがとれる。が、その紙状のものを使うことが目的ではない。ぺたぺたとくっつくことと、それをうまく剥がすこと自体が楽しい遊びなのだ。接着剤が登場してからも同様の遊びは繰り返される。昭和レトロを発掘、研究している串間努は「接着剤遊び」と称して、子どもの頃に流行った（意味不明の）遊びを次のように想起する。「黄色いチューブ（ボンド）に入っているやつ。あれをですね、てのひらにビローンと塗りまして、しばらく乾燥するのを待つ。すると膜がはりますから、なるべくきれいに面積をとりながら剥がしていくという何だかわからないこと」（串間 二〇〇六：三六頁）を楽しんで遊んだという。

より幼い子どもの場合、子どもにとっては無意味な記号でしかない値札や商標のシールに強い関心を示すことがある。接着力の残るシールを小さな指先に貼って、それをまたどこかに貼りたがる。そこにはすでに「貼る」遊びの快楽が息づいているにちがいない。ぺたぺたとくっつく力、貼ることによって場を移し広げていく力は、子どもにとっては指先で出会い、みずからの意志で行使できる、モノに潜むアニミスティックな力といえるだろう。それこそが、子どもがうつしえやシールから受け取る遊びの根っこにあるアフォーダンスなのだ。言い方を換えるなら、貼るとくっつくという、モノに潜むアニミスティックな生命力を引き出して玩具化したのが、うつしえでありシールなのである。

うつしえにおいてもシールにおいても、簡便に絵柄を写したり、きれいに剥離して貼ったりすることができるように、さまざまな技術が開発されたことはすでに述べた。が、一般化あるいは大量製造化の過程において、右記のような感受性を持つ子どもの遊びの世界が有効に働いたとは考えられないだろうか。先に取り上げた「京押絵」は、子どもの玩具である「写し絵」に倣い、技術を簡略化することによって一般化を図ったという。そこには、装飾技術の精度化を押し進めるのではなく、むしろ技術の精度を緩めて手軽にすることにより、多くの人が手掛けられるようにした工夫がうかがえる。シールの場合は、本来の実用性からそれて、むしろ不要性こそが売りものである「おまけ」として開発することにより、必要性を超えた記号の氾濫ともいえる大量消費の道を開いた。いずれの場合も、子どもの遊ぶ精神こそが装飾や実用の枠を超え、無目的な増殖力を刺激することになったのである。

装飾や実用の合目的性からはみ出した、より原初的な感覚に基づく遊びが、技術の一般化をすすめ、大量の製造と消費をうながしたと解することもできるだろう。うつしえもシールも、たかが子どものおもちゃとなり、

「貼る」快楽を遊ぶ道具となることで、モノとしての増殖力を持ちえたのではないだろうか。原初的な快楽を遊ぶ子どもの玩具は、必要十分な量を大きくはみ出る消費を突き動かす「媒質」として働いたといえる。

「皮膚」から「目」へ

うつしえとシールは、絵柄を貼りつけることにおいては同質の快楽を共有している。しかし、すでに述べたように、テレビが子どもの世界に浸透し始める一九六〇年代からは、シールの台頭が際立っている。うつしえが「マジックプリント」と名を変えて登場する例もあるが、その数は限られており、シールの増殖力には及ばない。ここでは、うつしえからシールへ移行する中で、遊び手である子どもたちの「遊ぶ」身体の感受性にどのような変化がもたらされたのか、また、それは何を意味するのかを考えてみたい。

先に紹介した通り、うつしえは切り抜いた紙を水で濡らし、うつしたい面に貼り、絵柄の隅々までていねいに擦り、その後紙をそっと剥がすことにより絵柄の部分だけが貼り付けられる仕組みである。安価なおもちゃに使われている糊や印刷の質にもよるが、子どもの手の不器用さも加わって、きれいに絵柄が貼りつけられることはめったにない。多くの場合は剥がした紙に移し残しがあり、絵柄のほうはどこかしら欠けている。装飾品として見れば明らかに失敗なのだが、この失敗こそが子どもたちをさらなる遊びへと駆り立てる。欠けた絵をうらめしく見ながらも、次こそは……と新しい絵柄を切り抜くのだ。みずからの意思が玩具に伝わり、遊び相手として対話が成り立つまでの試行錯誤もまた、かけがえのない「遊び」である。うつしえは時間を要する少し手ごわい遊び相手でもあった。

手間がかかる上に失敗が多く、水で濡らした紙を使うこともあって、うつしえは手や腕など遊び手の身体の皮膚上に貼られることが多かった。皮膚に貼る分には、柱や壁を汚して叱られることもなく、手紙やノートを濡らして困ることもない。うつしえは腕や手に貼りつける遊びに適している。しかし、そこにはそんな簡便さを超えて、別の意味が生まれていただろう。

みずからの皮膚に擦りつけた絵柄は、そのまま自分の一部になる。大切にとってあった「かわいい」絵柄であればこそ、欠けることなく刻印されるようにていねいに擦り貼りつけて、「かわいい」をみずからの一部にしたいのだ。それがたとえ、遊んでいるうちに剥がれてしまう半日の命だったとしても……。先に記したとおり、「わたし」を飾ることを主とする女児の遊びにおいて、腕や手に貼りつけられた「かわいい」印を何度も目にしながら過ごす半日は、特別の意味をもったはずである。

かわいい絵柄に限ったことではない。絵柄をみずからの皮膚に刻み付ける感覚は、そのままイレズミを指し示す。それゆえ、「学校によっては一種の『イレズミ遊び』とみて、これを禁止する例もあった。」（斎藤　一九七二：二二四頁）。大人が禁止せざるをえないほど、子どもがイレズミの怪しい魅力に引き寄せられて遊んでいたことがうかがえる。うつしえ遊びの記憶を残すかつての男児は、腕に掘り込んだ（貼りつけた）イレズミを互いに見せ合って日がな一日遊び惚けた後、銭湯に行くと大人たちに「イレズミ流してから風呂に入りな」と注意されたという。イレズミの怪しさを感受させてくれた紙玩具は、子どもの遊びの記憶にかすかな痕跡を残して、湯水とともに流れ去っていったのだろう。その数は、はかりしれない。コレクションに姿を留めているのは、使うのがもったいなくて取って置かれたものか、売れずに残っていたものか、いずれにしてもうつしえの生命を発揮する手前で留め置かれた、うつしえの一部にすぎないのである。

加えて、うつしえを貼るとき、多くの子どもは「水で濡らして……」などという説明は無視して、「舌でなめては、手の甲などにうつし遊び」（斎藤　一九七二：二二三頁）をしていた。駄菓子屋の店先で分け合ったり、友だち同士交換したり、遊びの最中で生じる「うつしえ」は、わざわざ水を探し求める余裕などなく、もっとも手近な水分（唾）で濡らして貼るしかない。説明書きに添えられた「衛生上安全」という言葉も、子どもが舐めることを想定した上での注意のようにも読み取れる。とすれば、「うつしえ」とは、それを舐めて皮膚に貼りつけるところから子どもの身体と関わり、その日の遊びが終わると同時に玩具の生命を潰えて消えていく、まさしく「遊ぶ」身体とその現在性に密着したモノだったといえるだろう。

子どもの身体と密着するうつしえに対して、剥離紙から剥がして貼りたいところに貼ることのできるシールは、時間を要することなく絵柄が欠ける失敗もない簡便な玩具である。簡単に貼れるがゆえに、家のあちこちに貼られて大人の住居空間を侵犯することもあった。が、いっぽうでは、先に記したとおり「キャラクター」であれ「かわいい」であれ記号化された絵柄にこそ意味がある。それゆえに「貼る」ことによって生じる侵犯力を秘めたまま、大量のシールが箱や帳面に集められる。集めて見ること、見せ合うことが「遊び」になるのだ。シールとは、見ることに特化した「目」の快楽に応える玩具といえるだろう。

手間をともないつつ皮膚に密着する「うつしえ」から記号を集めて見る「シール」へ、「貼る」遊びの移行は、テレビが子どもの世界に入り込み、コマーシャルを媒介に大人と対等な「子ども消費者」を産み出す時期とほぼ重なる。大量の記号を目で消費していく現代社会のありようを、子どもの「目」の快楽に応じた「シール」は、より明白に具現化してみせたのかもしれない。

おわりに

近代社会を迎えて、大人と子どもの間に結ばれる関係の主軸は、「教育」であり「保護」であることが解き明かされて久しい。しかし、近代化が進むなかで、大人と子どもの関係の別のありようも進行していたのではないだろうか。それは、新しい技術の応用や技術の簡便化において、子どもの遊ぶ力を参照したり、それに刺激を受けたりする形で実行された。子どもの原初的な快楽を「媒質」として、特殊な技法が一般化されたり、合目的性からそれた大量消費の技術が進められたりした、と見ることもできるだろう。「うつしえ」や「シール」は、教育的観点からも保護的視線からも掬い取られることのない、玩具コレクションとして残されることすら稀な、たわいないおもちゃである。そうであるからこそ、表立った大人と子どもの関係からは逸れた関係を、浮かびあがらせるのではないだろうか。

また、うつしえからシールへという流れは、子どもの遊びの変化をも告げている。唾や皮膚や、ていねいに擦って剥がす行為も含めて、うつしえが子どもの遊ぶ身体と密接にかかわる玩具であったとすれば、シールは記号として大量に出回り、それを交換したり収集したりする形で消費されていく玩具である。「貼る」遊びの快楽は、手間と時間をかけて交わされる玩具との対話からは遠ざかり、容易で失敗のない玩具との関わりに移行する。その対話法の変化は、皮膚に密着したモノとの関係から、目を介した情報収集という関与への変化を意味している。遊びの現在性と共にあった玩具の儚さは、収集し所有するという玩具の意味の向こうに消えていくしかないのだ。「時代玩具コレクション」は、そんな儚さを免れた玩具を掬い取ることによって、遊ぶ子どもの身体の感受性と密着していた、そして今はもう跡形もない膨大な玩具の痕跡をも垣間見せているのである。

（1）「時代玩具コレクション」の収集者多田敏捷（編）『おもちゃ博物館14』「移し絵」の解説による（多田 一九九二：三頁）

（2）山岡は、うつし絵と転写画を分けて、前者をデカルコマニアとしたうえで、後者は陶磁器用顔料や窯焼き等を用いる、より複雑な技法を要すると説明している。

（3）水上滝太郎の処女作「山の手の子」は、一九一一（明治四十四）年七月『三田文学』に発表。水上は、一八八七（明治二十）年、東京港区に生誕。

（4）ジェームズ・J・ギブソンによる造語。環境の諸要素が提供している可能性。

参考文献

池田欣二（一九八七）『シール印刷業の歴史——源流からの経緯を辿る』池田印刷。

串間努（二〇〇六）『大増補版まぼろし小学校　ことへん』ちくま文庫。

斎藤良輔（一九七二）『日本のおもちゃ遊び——流行と系譜』朝日新聞社。

——（一九七八）『昭和玩具文化史』住宅新報社。

全日本シール印刷協同組合連合会(編)（一九八九）『シール印刷のあゆみ77年』。

多田敏捷(編)（一九九二）『おもちゃ博物館14　うつし絵・着せかえ・ぬりえ』京都書院。

綱島理友（一九九八）『アトム・シールと鉄人ワッペン〔一九六三〜一九六六〕』淡交社。

中谷幸世（二〇一〇）「近代におけるシール印刷の変遷——コミュニケーションツールとしての視点より」『武庫川女子大紀要』五八、一〇七—一一一頁。

本田和子（一九九九）『変貌する子ども世界　子どもパワーの光と影』中公新書。

水上滝太郎（一九一一）「山の手の子」（一九七二『日本の文学78名作集（二）』中央公論社）。

山岡謹七（一九七二）『ファンシィプリンティング特殊印刷のはなし』印刷学会出版部。

吉見俊哉（一九九六）『リアリティ・トランジット　情報消費社会の現在』紀伊国屋書店。

明治製菓㈱社史編纂委員会編集（二〇〇七）『明治製菓の歩み——創業から90年　一九一六—二〇〇六　社史』。

商品玩具・紙メンコを巡る子どもの世界

――受容と創造――

内田幸彦

はじめに

本稿では、明治二十年代に新たな玩具として登場し、昭和四十年代まで男児の遊びの代表格でありつづけ、平成も終ろうとする現在までその命脈を保ち続けている紙メンコを題材に、商品として流通し、購入・使用される玩具と子ども達との関わりについて、その一端を考察したい。

まず、紙メンコの誕生について、同時代の記録である一九〇一（明治三十四）年に刊行された博文館『日本全国児童遊戯法』の中の大田才次郎の言葉を参照しておく[1]。

面打は「めんち」又は「めんこ」など唱え、以前は土もて踊の仮面に模し作りたるものなれば、狐、天狗、しお吹、般若などの面がたなりしに、後には円形となり紋などの型に作りたり。然るに二十年程以前より鉛製の面打造り出されしかば、土製のものは影を止めずなりぬ。近く五、六年以前よりは又一変して板紙もて造られしもの流行し始め、鉛面打はようやく廃れぬ。（大田　一九六八：七一頁）

これによると土製の「面がた」の後に、明治十年代に鉛製の「面打」が登場し、さらに板紙製のメンコは明治二十年代末から流行した玩具であることが分かる。現在のメンコ愛好家や研究者の間では、土製のものは泥メンコ、鉛製のものは鉛メンコ、板紙製のものは紙メンコと呼ばれており、泥メンコは江戸時代中期から、鉛メンコは明治十年代から、紙メンコは明治二十年代から生産されたと言われている（鷹家 一九九一、加藤 一九九六）。

紙メンコの特徴として、①いろいろな遊びに利用でき、遊び方の多くは先行する他の玩具や遊戯と共通したもので、これらから引き継がれたものであること、②多様な遊び方の中でも「おこし」等と呼ばれる相手のメンコを裏返す代表的な遊びは全国共通の普遍的なものである一方、メンコの呼称は全国様々であること、③収集、鑑賞、賭け遊び、改造など様々な子どもの行為の対象となること、④安価であるため子ども自らの判断で購入したり、処分したりでき、階層の違いに関わらず多くの子どもが所有可能であること、などが挙げられる。

本稿では、以下にこれらの特徴を見ていくことで、紙メンコを巡る子どもの世界の一端を明らかにしていきたい。なお、これらの中で筆者が今回特に注目したのは、賭け遊びと改造の二点である。

一　様々な遊びを統合した多機能型玩具・紙メンコ

いくつかの先行研究も注目しているように、玩具としての紙メンコの大きな特徴として、紙メンコそれ自身としてはいろいろな遊びに利用できる多機能性を備えている一方で、他の玩具との関係の中では紙メンコ独自の遊びは少なく、他の玩具と共通する遊びが多いという同義性を持っている点が挙げられる。

メンコの多機能性には二つの面があり、一面は一つの玩具を様々な遊びに活用する子どもの創造性から生まれたもので、主としてメンコの物理的形状（輪郭、厚み、重さ）が可能にする、身体動作（下に叩きつける、指で弾く等）を伴うものである。そして他の一面は、商品としてのメンコが様々な遊びに使われるようにデザインされているることから生まれたもので、主として絵柄や文字など印刷面の視覚情報に基づくものである。

以下に、それぞれについて簡単に見ておこう。

身体動作を伴う紙メンコ遊び

大田才次郎は、先の引用部分に続けて紙メンコの遊び方を以下のように二種、挙げている。登場間もない時期の紙メンコ遊びの記録として、貴重である。

その使用法は、先ず地上に円形を画き、順次代わる代わる打って勝敗を競うことになるが、これには「おこし」「つッけん」の二種ありて、「おこし」は甲の面打を乙の者上より自然に落下せしめ、甲の面打を表裏反覆せしむるを勝とし、否《しか》らざるときは乙は我が面打をとりて甲のものを覆すなり。又「つッけん」とは、我が面打を下すに力を込め、或いは横に或いは向うに打ち出すが為め斜めに打つなり。若し敵の面円外に出でずして我れの面逸出するときは「あた一」など唱え敵に与え、更に他の面打を出して再三打つなり。而して敵の面を線外に打ち出し我が面は円形の内に止まるときは我れ勝にして、その面を収得す。又円形内に十字形を画きてなすことあり、これらは又別に方法あれど、繁を厭いてここに叙せず。（大田 一九六八：七一頁）

すなわち、自分のメンコを上から落とし、相手のメンコを裏返す「おこし」と、自分のメンコを斜め方向から打ちつけて、相手のメンコを円の外に弾きだす「つッけん」である。

大田は別の箇所で、もう一つ「戸ぶつけ」という以下のような紙メンコの遊び方を挙げている。

児童各板紙もて造られたる紙面打を手にし、順次に塀、羽目板、或いは戸袋などに打ちつけ、最も距離の遠くにはねかえりしを勝とし、各児の打ちつけたる紙面打を取るなり。されば児童の数多きときは、勝者は一挙に数個を取得するなり。（大田　一九六八：九二頁）

大田の著作は、全国各地で収集した児童遊戯の事例を集成した画期的なものであるが、そこに報告された紙メンコを使った遊戯は、後に検討するように名称こそ地方によって異なるものの、「おこし」の事例が中心となっており、「つっけん」は数例のみである。

一方、郷土玩具やメンコの収集と研究を手掛ける鷹家春文によって平成三年に刊行された『めんこグラフィティ』では、おこし、出し、つぎメン、積み、サバ、三つ島、日本、抜き、落とし、はじき、壁当て、すべり、と実に十二種類もの紙メンコ遊びが解説されている。そこには自分のメンコをメンコの山に潜らせる（サバ）、自分のメンコを積み上げたメンコに水平に打ち込み、一枚だけを弾き出す（抜き）などの遊び方が含まれ（鷹家一九九二）、明治から昭和に至る紙メンコ遊びの歴史の中で、一つの玩具を巡って、身体動作を伴う遊びを多様に産み出した子ども達の創造力の豊かさが示されている。

視覚情報を用いた紙メンコ遊び

一方、印刷技術によるメンコの視覚情報を用いた遊びは、大きく鑑賞目的のものとそれ以外とに分けられる。紙メンコの表面には、源義経や武田信玄等の歴史上の武将や、乃木希典大将等の明治時代以降の著名な軍人、その時代の人気役者や力士の肖像のような、メンコの中心を大きく占める主たる図像と、多くはメンコの縁近く、主たる図像の余白を埋めるように、拳遊びの一つである庄屋拳に用いるための狐・鉄砲・庄屋の絵、または文字や、「二千万億兆点」「六千億兆京点」のような途方もなく大きな数字が印刷されている。

紙メンコの主たる図像について、児童文化史の研究者である加藤理は、数少ないメンコを主題とした著作であり、本稿でも度々引用する『〈めんこ〉の文化史』の中で、「〈紙めんこ〉は、おもちゃ絵や読み物に描かれた挿し絵の要素を盛り込んで登場したことが、急速に子どもたちの心をとらえた大きな要因と考えられる」と、その系譜を指摘している（加藤 一九九六：八一頁）。

図１　源義経のメンコ
中央下に庄屋拳に用いる狐の絵、左上の余白に「四千五百億兆点」、意味は不明ながら㊆という数字も見える。（国立民族学博物館蔵）

一方、庄屋拳や数字等の印刷は、メンコの作り手である大人が、カードゲームとしてのメンコの遊び方に多様性を持たせることを意図してデザインしたものである。

紙メンコのカードゲームとしての側面に焦点を当てて独自の研究を行っている杉谷修一は、紙メンコに先行して狐拳札、カルタなどに既に三すくみのシンボルが存在しており、明治期にそれらが紙メンコの印刷面に吸収されていったこと、こうしたカードゲーム化の過程で、本来、掛け声や拍子、唄に合わせての身体動作を伴う遊びであった狐拳（庄屋拳）が、その身体化されたイメージを失っていったことを示している（杉谷 二〇一〇・二〇一二）。さらに杉谷は、紙メンコのカードゲームとしての利用は、主要な画像に関しても想定されているもので、「出会って面子を出し合い、そこに印刷されている軍人の階級で勝負を決めるといった遊び方は日本各地で記録されている」とも述べている（杉谷 二〇一一：五一頁）。

しかしながら、紙メンコの印刷面をデザインした大人の意図に反して、カードゲームとしての紙メンコの利用は限定的にしか行われなかった模様で、「製造業者の思惑通りにこれらの記号や図で遊び方を工夫した子どもたちもいたが、あまり流行らず、多くの子どもたちは〈めんこ〉に印刷されている図や記号を意に介さずに遊んでいた」というのが実態であったようだ（加藤 一九九六：九三頁）。その後も、主たる図像のテーマやカードゲームの内容は、テレビアニメのキャラクターやジャンケン、トランプ等々、様々に変化しているが、登場以来一貫して、紙メンコは複数のカードゲームに利用可能な多義的な玩具としてデザインされ続けてきた。

以上のように紙メンコは、先行する泥メンコ・鉛メンコ遊びや、おもちゃ絵、庄屋拳等々、多様な玩具や印刷物、身体を使った遊びとして、以前から別々に存在していた子どもの楽しみを、表面に印刷を施された一枚の厚紙に集約・統合した、汎用性が高い多機能玩具として市場に登場したのである。これを紙メンコの個々の遊戯法という逆の視点から見ると、紙メンコの主要な遊び方である「おこし」が前身となる鉛メンコから引き継がれたものであったり、メンコの絵柄とそれを鑑賞する楽しみがおもちゃ絵から引き継がれたものであるなど、他の玩具との同義性を特徴としているということができる。

二　紙メンコに見る普遍性と地域性――広域の流通、狭域の遊び

先に述べたように、紙メンコが登場したのは明治二十年代のことである。その前提として、材料となる国産のボール紙の登場や機械印刷の普及という、生産技術面での条件整備があったことが指摘されている（鷹家 一九九

一、加藤 一九九六)。

その後、商品として流通した紙メンコの時代的変遷については、既に実物のコレクションに基づいた詳しい研究成果もあり、ここで取り上げることはしないが、紙メンコの普及に関して鷹家は、「明治三十七年には全国的に大流行し、そのまま明治末期から大正期の第一次めんこ黄金時代へと引き継がれ」たと述べている（鷹家 一九九一：一五頁）。「時代玩具コレクション」をはじめ、各地に残された紙メンコのコレクションを見ても、同じようなメンコが日本国内で同時期に、広域に流通していたことが分かる。

しかしその一方で、メンコ、あるいはメンコを使用する遊びの呼称に関しては、言葉の多様性という観点からは大きな地域差、そしてその呼称が使用される範囲に関しては細かな地域差が見られるとの指摘がある。

メンコ呼称の多様性

例えば、児童文化・生活文化の研究者である半澤敏郎は、全国各地から収集したメンコ遊びの呼称を二五四も挙げた上で、それらが①遊具にちなんでの命名（土製の面型であった泥メンコに由来する「まるめん」「すもうめん」など）、②遊事内容にちなんでの命名（「うちおこし」「めくり」など）、③メンコを打ちつけた音にちなんでの命名（「ぱちん」「ぺったん」など）、④複合型の命名（「あおりめん」「ぱったうち」など）、という四つの命名原理によるものであると指摘している（半澤 一九八〇：五七四―五八四頁）。

半澤は都道府県ごとにもメンコの呼称を列挙しているが、東京都で二十六、埼玉県で二十二、新潟県で二十が挙げられている(2)。その名称を先の命名原理と照らし合わせてみると、一つの都道府県内でもメンコの呼称が多様であること、しかも様々な命名原理による呼称が用いられていることが理解できる（半澤 一九八〇）。

一方、鷹家も自身の調査に基づき、「めんこは玩具の名称であると同時に遊びの名称でもありますから、この両方を合わせるとその異称は三〇〇近くになります」と述べた上で、近隣県で必ずしも似たような呼び方がされていないこと、その一方で遠く離れた二つの県で同じ呼び方をしていることなど、半澤と同様の事実を指摘した上で、「めんこの呼び名は、伝承によってもたらされるケースよりも、地域の遊び仲間内での創作によって生み出されるケースが多かった」と推測している（鷹家 一九九一：一二八頁）。

メンコ遊びの普遍性

それに対して、メンコの遊び方はどうであったか。先にも紹介した大田才次郎編の『日本児童遊戯集』から、各地域でのメンコ遊びを見てみよう。

先述のとおり、最も多く紹介されているのは鉛メンコと共通する紙メンコの一般的な遊戯法で「おこし」「つっけん」等と呼ばれる、地面に置かれた遊び相手のメンコを狙って自分のメンコを落したり、叩きつけたりして裏返しにすることで、自分のものとすることができる遊び方である。各地の事例を紹介しよう。

【京都】むき　むきとは互いに一枚ずつ投げ付け、自己のものを投げ付けたる勢いによりて他の一枚を表返したる時は、撒布されたるもの悉くその有となる。若し為し得ざればこれを取ること能わず、次の自己所有物にて投げ付くるなり（大田編 一九六八：一〇一頁）。

【東京】おこし　「おこし」は甲の面打を乙の者上より自然に落下せしめ、甲の面打を表裏反覆せしむるを勝とし、否《しか》らざるときは乙は我が面打をとりて甲のものを覆すなり（同、七一頁）。

【大阪】べった　べったは板紙にて造り、表に軍人、角力取などの絵紙を貼り付けたるものにて、その使用方法は、双方代るがわる打ち合いてそを打ち返すを勝とす。又中よりすくい取る勝もあり。尚他に二、三種の方法あるなり（同、一〇八頁）。

【駿河】ヘタンコ、めんこ　先ず甲をして地上に一枚のめんこを置き、乙をしてめんこを以てこれを打ち起さしむ。その際地上にあるめんこ裏返る時は乙の勝にして、甲は尚一枚を置かざるを得ず。かくして返らざるに至りて甲の番となりて打ち出す遊び（同、一四六頁）。

【上野】擲付《なぐりつ》け　二人若しくは数人にて順次に、甲の武者絵を地上に置きたるに、乙が又擲げ付け裏返せば、その武者絵を得るの権利を有し、甲は再びこれと争う。丙、丁と順を逐い前の如くす（同、二〇〇頁）。

図２　明治30年発行「小供風俗めんこあそび」（部分）（滑稽堂）国立民族学博物館蔵

【摂津】面かえし　この遊びは前項「ばいろく」の如く勝負を争うものにして、一の面を据え置き、他の面を以てこれに打ち付け全く廻転せしめ、反対の面を表わさしむるときは勝にして、その面を己が有となす（同、二五一頁）。

【周防・長門】面起こし　板紙の表裏両面に種々なる絵を貼付せしものを使用し、甲以下乙、丙、丁交々《こもごも》打ち出して裏面を顕わされしを負けとし、その面は顕わしたる者の所得となすなり（同、二八八頁）。

【出雲】べったり　一寸前後の大いさにて円形の板紙に武者絵など貼付せしものを用い、互いに打ち合ってその裏面を打ち起せし者を勝とし、敵手より取得するなり（同、二七六頁）。

これらを見ると、使われているメンコやその遊び方は全国ほぼ共通であり、地域差は僅かであることと、にもかかわらずその呼称が多様であることが理解できるだろう。次に「おこし」「つっけん」以外の遊戯法についてであるが、紹介された事例は数少ない。

【京都】つみ　つみとは三、四十枚を重ね置きて、三、四人交更《かわるがわる》一枚を持ちて、最底にあるを投げ付けて打ち出すなり。若しこれを為し得ば三、四十枚、即ち積み重ねたるもの悉くその者の有となるなり（同、一〇一頁）。

【京都】なげ　なげは、たてに板塀などに投げ付け、その表・裏、又は距離の遠近にて勝負を決するなり（同、一〇一頁）。

【上野】地上に円形或いは種々の線を画し、その区画に甲の入れ置く武者絵を、乙が予定の距離より己が武者絵を擲げ付けて、区画の外へ出せば勝つなど、種々の方法あり（同、二〇〇頁）。

以上のように、広域に流通した商品としての紙メンコの存在を前提として、一方に微細な差異を含みながらも大枠では相手のメンコに自分のメンコを叩きつけて裏返しにして自分のものとする、という普遍的な遊び方がありながら、他方で玩具やそれを用いた遊びの呼称の多様性が存在している事態を、どのように捉えたらよいのだろうか。

子どもによる呼称・名称の多様性に関連して、渋沢敬三は『日本魚名の研究』に収録された「魚名勢力の優劣とその社会経済的要因」の中で、地理的に広く、歴史的に長く用いられる優勢魚名とその逆の劣勢魚名について社会的、経済的側面から検討している。その中で、全国に普遍的に存在するメダカについて、メダカという優勢魚名が存在することを明治以降の学校教育における教科書の影響であるとする一方で、その劣勢魚名である方言が約五〇〇〇にも上る状況について次のように説明している。

食用としてまたはその他経済的重要性はなく、むしろこの魚は児童の遊び相手となる方がはるかに多いであろう。すでに児童の世界にある魚であって大人が関与すること少ない場合、わりあいに近距離であっても他の地域との間に交渉が起こることが少ないから全く異なった魚名が用いられていても更に不便がない。もともと児童の呼称は音韻的遊戯の気分から生ずる場合が多いことも考慮に入れるべきであるが、その初め他から伝搬された呼称であったとしても永年の間に異化作用を受け、音韻的にまたは形式的に変化してもそのままに放任されてさしつかえが起こらなかった。ここにメダカに見るごとき劣勢魚名の多様性を惹起しかつ保持する社会的原因を考えることができる。（渋沢　一九九二：一一五―一一六頁）

紙メンコについても、これほどの呼称の多様性が存在している事実は、いったん購入され、受容された個々の地域社会にあっては、メンコがメダカと同様に大人にとっての社会的・経済的重要性を有せず、もっぱら「児童の世界にある玩具」として存在していたこと、そしてメンコ遊びが同じ学区や隣接する学区等、地縁に基づく比較的狭い範囲の子ども達によって行われており、他地域や広域の子ども達との交渉のない世界で用いられていたことを示しているものではないかと考えられる。

他方で、地域的な文脈を離れ、大人が主体となって関わる製造・流通の場面では、メンコを指示する共通の呼称が使用されていたと考えるのが自然である。にもかかわらず、残された明治二十年代からのメンコそれ自体には、「めんこ」「面子」等の商品名が印刷されたものが見られないことも指摘しておきたい。管見の範囲では、バラ売りされるメンコの箱にはそれ以前から「面子」等の商品名が記載されているが、子どもに購入される商品にこうした記載が見られるようになるのは、昭和三十年代以降の丸型メンコのシートからであるようだ。メンコのシートとは、大小複数のメンコが切り取り線にそって切り出せるよう、長方形の一枚のシートのまま販売されたものである。その内、切り取った時に丸メンコの余白となる部分に、「面子」の文字が印刷されている。

こうしたことをどのように理解すべきだろうか。ここではひとまず、「おこし」等と呼ばれる相手のメンコを裏返す遊戯法を普遍的・不変的な核としながらも、商品として購入され、子ども達に受容される時点を境界として、紙メンコが、それ以前の大人が主体となる製造・流通の過程で備える広域性・普遍性から、それ以後の子どもが主体となる遊びの過程で備える狭域性・個別性へと、その性格を変貌させているものと理解しておきたい。

さてここからは、これまで整理・検討してきたことを前提として、商品を受容する側の子どもが主体となって行う紙メンコを使った賭けの要素を含む遊びと、紙メンコの商品としての多機能性の一部を犠牲にしてまでも、賭けを伴う遊びの特定の場面で最大の機能を発揮するようにメンコに対して施される改造の諸相とその意味について検討していきたい。

三　メンコ遊びに見られる賭けの要素

子どもの遊びと賭け

先述したように、紙メンコは、商品として販売されていた市場から、いったん購入されて子ども達の所有物となって以降は、大人たちにいちいち指示を仰いだり、許可を受けることなく、自分自身の意志によって使用したり、所有権を自由に移転したりすることができる、数少ない子どもの財産となった。同様の特徴を持つものとして、ベーゴマやビー玉、おはじきが挙げられるだろう。

所有権とは物を全面的に支配できる権利であり、所有者はその物を自由に使用したり、そこから収益を得たり、その物を処分することができる。近代社会において、子どもの持ち物とされるものは、学用品や衣類、絵本や雑誌、お祝いや御褒美に買ってもらった高価な玩具など様々であるが、その多くは親の承諾なしに処分することはできない（そんなことをしたら大目玉をくらうことは目に見えている）。そんな中にあって、メンコやベーゴマは、市場に出回る商品でありながらも、真に子どもの所有物といえるものであった。

子どもが自由にできる所有物という特徴が、勝負に勝つことによって相手の紙メンコやベーゴマ、ビー玉を自らのものとする、賭けの要素を遊びの中に持たせることを可能としており、遊びの面白さを倍増させていたものと思われる。

紙メンコについては、誕生当初から賭けの要素を含む遊びが行われていた。再々引用している大田才次郎編の『日本児童遊戯集』には、周防・長門の「面起し」の報告として「板紙の表裏両面に種々なる絵を貼付せしものを使用し、甲以下乙、丙、丁交々《こもごも》打ち出して裏面を顕わされしを負けとし、その面は顕わしたる者の所得となすなり」という、一枚ずつを取り合う小さな勝負の事例が採録されている（大田編　一九六八：二八八頁）。そればかりか、京都の「つみ」についての報告の中で「つみとは三、四十枚を重ね置きて、三、四人交更《かわるがわる》一枚を持ちて、最底にあるを投げ付けて打ち出すなり。若しこれを為し得ば三、四十枚、即ち積み重ねたるもの悉くその者の有となるなり」と、場にある数十枚のメンコ全ての所有権が一度の勝負で移るという、賭けの要素が遊戯方法を強く規定する、賭博性の強い大きな勝負の事例も挙げられているのである（同、一〇一頁）。

歴史的には、紙メンコを賭ける子どもの遊びは、近世の泥メンコ等から引き継がれたものであり、当時から度々禁令が出されていた（鷹家　一九九一）。加藤理は、賭けを伴う穴一遊び（離れた場所から穴等に玩具を投げ入れての要素を含む遊びに使用される商品としての玩具が存在していたことが分かる。
六：二七頁）。江戸時代中期とは商品化された玩具が出現したとされる時期であり（竹尾 一九八六）、当初から賭け
の玩具として、しかも穴一遊びに使用する目的で鋳造された絵銭も存在していた」と述べている（加藤 一九九
勝負を競う遊び）に泥メンコと同様に使われていた絵銭について、「少なくとも江戸時代中期には確実に、子ども

子どもによる賭けの特徴と紙メンコ

そもそも「賭け」とは、「事物をもって勝負ごとに臨み、勝者がこれを我が物とする文化」と定義される（寒川 一九八七：一二三六頁）。

賭け一般と比較した際に、子どもの遊びの中に見られる賭けの特徴は、第一に遊び（勝負）と賭けに参加・関与する者が等しいことである。つまり、賭け金を集めて配当を支払う、賭けの主催者たる胴元が不在であり、賭けの対象となるメンコなどの勝負に、賭けを行う子ども自身が直接参加してその結果に関与する一方、勝負参加者以外の見物人が賭けを行うことはできない。しかも、サイコロや籤のように単なる運の良し悪しではなく、技術を磨けば磨くほど、勝負＝賭けに勝つ可能性が高まるのである(3)。

第二に、勝負に勝つことによって得られるもの、つまり賭け金に当たるものが現金や他の物品ではなく、その勝負に用いる玩具そのものであることである。そのためには、子どもはメンコやベーゴマ、ビー玉をいくつも所有し、勝負に勝つための技を磨くことが必要となった。これら玩具はいずれも商品として販売され市場に起源を持つものであるが、勝負に強い者は購入することなく数多くの玩具を所有することができる一方で、弱い者は勝負に参加しつづけるために、新たに市場から購入し続けなければならなかった。

こうしたことから、技を磨くことに対する子ども達の関心は大きく、名人級の子ども同士の勝負ともなると、

周りに大勢の見物の子どもが集まってきて、勝負の行方を見守った。

このように、子どもによる賭けという側面から見た紙メンコという玩具は、①サイコロやトランプ、ルーレットのように賭けの対象となる勝負に用いられる用具でもあり、②賭けの結果によってやり取りされる賭け金でもある一方で、③勝負を含むメンコ遊びという用途にしか用いることができない、という特徴を持っていた。

つまり、賭け金となる紙メンコがもともとは市場という外部からの購入によって遊びの中に導入されるという点を差し置くならば、賭けは基本的にメンコ遊びの世界の内側だけに閉じており、メンコを獲得するためにメンコ勝負をし、獲得したメンコでまたメンコ勝負をする、という具合に、循環的な構造を有していることが理解できる。

ところが、一部の地域、一部の子ども達の間では、賭けがメンコ遊びという閉じた世界から踏み出ることもあったようだ。映画・マンガ評論家の小野耕世は自伝的なブログ「毎日なにかを思いだす」の中で、東京世田谷での子ども時代を次のように述懐している。

めんこ遊びのとき、群を抜いて価値を持っていたのが『新宝島』で、これは他のマンガ単行本の何冊分もの値打ちがあった。めんこ勝負でも多くのめんこを取らないと、『新宝島』と交換できなかった。（小野 二〇一四）

ここでは、賭け金である紙メンコが、メンコ遊びに用いるという使用価値を越えて、マンガとの交換価値を有するようになっている。他に、特定の枚数のメンコを集めると飲食物等と交換できたという話もある。このように、一部の子ども達の間では、メンコ遊びという閉じた世界を越えて、メンコがまるで地域通貨のように、遊び仲間の間でのみ通用する貨幣のような存在になる場合もあった。

付言するなら、こうした賭けの要素を伴う紙メンコ遊びは、当初から学校によって危険視されていた。既に『日本全国児童遊戯法』には、駿河からの「めんこ」遊び報告の末尾に、「「ほんこ」と称し「うそこ」と称え、兎角勝負事に類似し多少の弊害ありがちなるを以て、小学校にては教師ら頻りに矯制すれども何分やまざる遊戯なり」と記されている(4)（大田編　一九六八：一四六—一四七頁）。

四　紙メンコの改造（カスタマイズ）

賭けの要素を持つことで熱を帯びたメンコ遊びは、子ども達に、勝負に勝つための身体技法の洗練を促し、メンコ遊びの技術をめぐる価値評価の体系を産み出した(5)。

しかし、それだけでは不十分と考える子ども達もいた。そこで行われたのが、商品として基本的には均一な性質を有しているはずの紙メンコに自ら手を加え、勝負に強い紙メンコを作る改造であった。

こうした改造はベーゴマにも加えられたことがよく知られているが、いずれも賭けに用いることが勝負に熱をもたらし、入念な改造行為を導いたものと思われる。

日本経済史・農業史に大きな業績を残した古島敏雄は、信州飯田での幼少時代の暮らしの諸相を『子供たちの大正時代——田舎町の生活誌』に生き生きと記しているが、メンコについて次のように回想している。

場に出したカードを叩くカードをテバといった。テバには町で売っているものの中で厚手のものを選び、しかも上手に使い古して毛羽立ち、厚味のましたものを用いる。申し合わせがあったのだろうが、二枚貼りにしたもの、糸で縫い合わせたもの、蠟をふくませたものなども使われた。（中略）新しいカードをもんでみたり、蠟をふくませたり、貼り合せたり、縫い合わせたりすることは大部分の子どもがやってみていた。長火鉢の鉄瓶を下して、蠟燭をけずってカードの上にのせ、下からあぶってみるようなことは誰もやったのであろう。（古島　一九九七：二〇二―二〇三頁）

ここからは、場に置かれた相手の紙メンコを裏返すために用いるメンコを、厚くしたり、二枚を貼り合せたり、糸で縫い合わせたり、蠟を含ませたりと、厚みや重量を増すことによって強化する改造が、頻繁に行われていたことが分かる。他にも、紙メンコを油に浸したり、セロハンテープやビニールテープを何重にも巻きつけたり、針を刺し入れたり、裏面に革やゴムなどを貼ったりして重量を増す改造方法もあった。さらに、重量の変化を伴わない簡易な改造として、メンコの縁をほぐしたり、撓《たわ》ませたりすることも行われた。

興味深いのは、いずれの改造も、表側から見た時には市販のメンコの印刷面の縁を除く全面が確認できるように改造されている点であり、市販のメンコをベースとせずに全くの手作りで作ったメンコや、表面の印刷面が確認できないまでに手を加えたメンコは勝負に使えなかったらしいことである。つまり、商品というメンコの出自の確認が必要とされていた。

そんな改造の中でも筆者が特に強烈な印象を受けたものは、裏面を缶などの金属で覆い、本来のメンコの数倍もの重さに改造したものである。この種の改造について鷹家は、「めんこの裏側のボール紙をはがして、罐詰のフタなどのブリキや鉄で補強したもの」は、「通常はルール違反となるでしょうが、このめんこが発見された島根県浜田市や北海道函館市などでのみ合法的な遊び方として伝承されていたよう」だと述べている（鷹家　一九九一：九七頁）。

「時代玩具コレクション」の中の改造メンコ

「時代玩具コレクション」の特徴の一つとして、商店で売られていたまま箱ごとコレクションされたようなデッドストックの玩具だけでなく、塗りが施されたぬり絵や、使い古された玩具等、実際に子どもが遊び、手を加えた後に収集されたもの、つまり考古学や民具学で言うところの「使用痕」が残された資料が多く含まれている点が挙げられる。紙メンコの中にも、改造の手が加えられたものがいくつも見られるので、具体例として紹介したい。ただ、惜しいことに「時代玩具コレクション」の多くは使用地が不明であり、メンコ改造の地域的特徴を明らかにすることはできない。

(1)金属製の板で裏側を覆ったもの

空缶等を素材として金属製の板を作り、紙メンコの裏面全体を覆ったもの。金属板で縁を巻き込むようにしながらも、メンコ表面の絵柄が隠れてしまわないよう留意されており、メンコとしての外見をしっかり残している。この改造によってメンコは重量を大きく増すことができ、厚みも増し、かつ反り返ることがなくなる。こうした改造品の中でも、鋳造された薄い皿状の金属（錫か）にメンコを載せたような一点は、まるで文鎮のようにずっしりと重く、究極の改造メンコといえるものである。

(2)縁を糸でかがったもの

複数の紙メンコを重ねて、業務用ミシンで縁を縫ったもの。厚みを増し、重くすることを意図して改造されたもので、六枚の紙メンコを縫い合わせたものまである。収集者の多田敏捷によると、それらの中には「帽子屋の宣伝で配ったもの」が含まれており、商売用のミシンによって作った改造メンコを無料配布したものと思われる。

(3)溶かした蝋を垂らしたもの

紙メンコの表面全体にむらなく、平均に蝋を塗ったものではなく、蠟が凸凹に付着していることから、溶かした蝋を垂らして付けたものであることが分かる。

(4)油を染み込ませたもの

油を塗った、もしくは油に浸したと思われる紙メンコである。手軽な改造であった。

改造メンコの価値について

ここで紹介した改造メンコは、商品としての均質な紙メンコに、多くの時間と労力を掛けてあえて変更を加えて産み出された個性豊かなものであり、商品としてのメンコからは遠くかけ離れた存在となってしまったものである。それらは勝負に勝つために、「その他多数のメンコ」とは区別された特別な紙メンコであり、決して先に挙げた「メンコ何枚でマンガ一冊」のような交換価値を持つメンコと同列には扱われなかったものである。

こうした改造メンコが大量生産されて流通することは当然ながらなかったが、子どもの間で売買されることはあった。児童文学者の依田逸夫はウェブサイト「依田逸夫の読むログ」の中で、山梨県甲府市での一九五〇（昭和二十五）年頃の自らの経験として、次のように述べている。子ども間で金銭を介した改造メンコの売買が行われていたことを示す、貴重な記録である。

そこは子ども達の賭場でした。甲府中の志ある子ども達が箱をかかえてやってきました。中にはめんこが入っています。見知らぬ相手と勝負をするのです。負けてすっからカランとなればおもちゃ屋で買うことが出来ます。でも、新しいめんこでは勝負になりません。脇のほうに行けば元締めみたいなやつがいてそこで買うことができます。蝋面、油面などはプレミヤがついています。

勝負のやり方は幾通りかありましたが、大勝負は相手のめんこを裏返して自分の打っためんこにのせるというのです。その時、蝋面や油面が活躍するのです。この勝負はお互いにめんこを何十枚と張ります。そして、勝った方の総取りとなるのです。時に箱ごと賭けるような大勝負となることもありました。

ベーゴマの改造

先述したように、こうした改造は、紙メンコ同様に賭けの要素を含む遊びとして行われたベーゴマでも盛んに行われていた。ベーゴマの勝負は、対戦相手のベーゴマを床（台）の外へと弾き出すか、相手より長時間回り続けていることによって勝利となり、相手のベーゴマを自分の物とすることができた。

ベーゴマの改造方法は、ベーゴマの縁を削って角を鋭くして攻撃力を高めたり、ベーゴマの高さを低くすることによって重心を低くして安定性を高めると共に、他のベーゴマの下に潜りこみやすくすることで攻撃力を増したり、ベーゴマの先端を鋭く尖らせることで床との摩擦を減少させて持久力を高めたり、ベーゴマに小さな鉛の粒を多数くっつけることによって重くして防御力を高めたりと、様々な方法があった。一方で、削りすぎることはベーゴマの自重を減少させ、相手に弾かれやすくなる危険性があり、強くするための改造は、逆に弱さという想定外の結果に繋がる危険性と隣り合わせであったという（萩原 二〇〇二）。

ベーゴマは鋳物工場において、鋳型に、熱して溶かした鉄を流し込んで成型するという、大量生産技術によって作られ、子ども自らの所有物とすることのできる安価な商品として流通していながらも、より強いベーゴマを希求する子ども達の手で独自の改造が施されていた。そこには、ベーゴマの勝負が子ども達自身によって行われる賭けの対象になると共に、賭け金としても用いられる、という紙メンコと共通する性格があった。

一方、同様に大量生産技術による商品として作られ、賭けの対象となりながらも改造という行為が発展、定着しなかった玩具に、ビー玉とおはじきが挙げられる。共にガラスや陶器製で割れやすく、加工に不向きであったことがその原因であろう⑹。

おわりに――子ども自らが購入する玩具の誕生と普及

以上、明治二十年代に誕生し、今日までその命脈を保っている、近代を代表する玩具の一つである紙メンコについて、整理と検討を行ってきた。その要点はおよそ次のようなことであった。

①紙メンコは多様な遊戯法に用いることが可能な多機能型玩具であった。泥メンコや鉛メンコから引き継ぎ、その後子ども達によって多彩に創造された身体動作を伴う遊びに加え、おもちゃ絵や狐拳札等から引き継ぎ、紙メンコを製造する大人たちによってデザインされた、印刷面の視覚的情報に基づくカードゲームとしての遊び方があった。

②広域に流通した紙メンコは、多様な遊戯法の中にあっても、相手のメンコを裏返す遊びが普遍的といえるほど普及していた。その一方で、紙メンコとその遊びの呼称には大きな多様性と微細な地域差が存在していた。

③紙メンコは、誕生当初から賭けに用いる用具であり、賭け金でもある一方、勝ち取った紙メンコはメンコ遊び以外の用途に用いることができないという閉じた世界を形づくっていた。しかし一部では遊び仲間の間でのみ通用する貨幣のような存在になることもあった。

④賭けの要素を持つ遊びに用いられたことから、商品として購入したメンコに自ら手を加え、勝負に強いメンコを作る改造が行われていた。

紙メンコは、大人によって商品としてデザイン・製造・販売されたものであったが、一度子どもの世界に受容された後は大人の手を離れ、完全なる子どもの所有物となった。子ども達は大人の思惑（デザイン）に沿って受動的に遊びを楽しむだけではなく、能動的に紙メンコに向き合い、新たな遊び方を創造したり、大人が顔をしかめる賭けの遊びを発達・洗練させ、メンコの改造を行うことによって唯一無二のメンコを作り出したり、貨幣の代替物として使用したりするなど、メンコに独自の意味と価値を与えていった。こうした行為の背景には、子ども達自身による、勝負に使用できる改造メンコの許容範囲をめぐる交渉や、メンコの交換レートの調整等々、大人の与り知らぬ重要なコミュニケーションがあったはずである。

このように、一〇〇年余りの紙メンコの歴史からは、大人の世界の影響を強く受けながらも、そこから相対的に独立した、生き生きとした子ども達の創造的世界の一端を垣間見ることができるのである。

柳田国男による玩具の三分類

ところで、日本民俗学の創始者である柳田国男は、一九四一（昭和十六）年の四月から五月にかけて朝日新聞に連載され、その後一九四二（昭和十七）年に書籍化された『こども風土記』所収の「おもちゃのおこり」の中で、「以前の玩具はほぼ三通りに分けることができた」と述べている。

一つ目は子どもが自ら獲得した草の実やどんぐり、あるいは「苗株あねご」や「柿の葉人形」等の自製した玩具で、親も知らないうちに自然に整えられる遊び道具である。二つ目は物さし、篦、鋏、針等の実用品を子どもが持ち出すことを警戒して、親たちが作って子どもに与えた、実用品をやや小型にしてその代わりとしたものである。そして三つ目は買って子どもに与える玩具で、本来は寺社参詣の帰りに求めてくるおみやげであり、祭りに伴う日本人の信仰から生まれ、発達したものである（柳田 一九七六）。

柳田が三つ目に挙げた商品化された玩具の出現は江戸中期以降のこととされており、それ以降、子どもの玩具は大人が子どもの遊び道具として意図的に作るものへと質的な変化をとげるようになった（竹尾 一九八六）。加藤は、この頃から穴一遊びに用いられた芥子面や郷土玩具、赤本などの子ども向けの土産物が各地の神社仏閣や湯治場で売られるようになったことを挙げて、「江戸時代の中期から後期になると、子どもを対象とした商品の製造販売が、商売として十分成り立つだけの需要と市場を持っていたことを意味し、子どもを対象とした商品が積極的に製造販売されていた」と、この時期に「商業上における子どもの発見」がなされたものと指摘している（加藤 一九九六：三〇—三三頁）。

柳田による玩具の三分類は、一見すると①子ども、②親、③市場という供給源をただ一つの基準として玩具を分類したものと思われるが、それだけではない。子どもの視点に立ってこの三つを見直すと、①は子ども自らが獲得・製作するもので、②と③は大人が製作すると共に、大人から子どもに与えられたもの、という相違がある。つまり、この柳田三分類には、紙メンコやベーゴマのような、いつからか子ども自らが市場から購入・獲得できるようになった玩具の存在は想定されていない。それでは、子どもが自ら現金を手にし、親や大人の手を介さずに市場から直接、玩具を入手できるようになったのはいつからだろうか。

子ども自らが玩具を購入するためには、自由に使うことのできる現金を手にすること、子ども相手にも商品を販売する商人や商店の存在、子どもの購入意欲を刺激すると同時に購入可能な程度に廉価な（大量生産の）商品の存在、という三つの条件が必要となる。

子どもに小遣いを与える習慣は近世後期以降、これらの条件が揃った都市部から徐々に拡大していったようだが、全ての子どもが自ら小遣いを手にして好きな玩具を購入することができた訳ではない。加藤は明治二十〜三十年代の子どもの小遣いについて、金銭のやりとりに対する蔑視や、衛生管理上の理由から買い食いをさせないようにするため、医師や教員、文官、武官などの家庭では子どもに小遣いを渡すことは少なかったと述べている。併せて、明治期の東京について、両親が働いていて子どもの面倒を見られない家などでは小遣いを多く与えていたと指摘する。併せて、明治三十年代後半の東京高等師範学校付属小学校の家庭において、小遣いを渡す家が四分の一に過ぎなかったことを、具体的なデータを挙げて示している（加藤 二〇〇〇）。

一方、一九四九（昭和二十四）年十二月号の『工芸ニュース』に掲載された「小もの玩具の生態」と題した記事の中で、通産省の服部茂夫は紙メンコに代表される小物玩具について、「子供達の経済生活への出発点であり彼等自身の手によって、選ばれ彼等自身の手によって遊びが作られる非常に大切な要素を持って居ります」と、その重要性を述べつつも、都市と農山村の消費状況に大きな偏りがあることを指摘し、都市が八割五分に対し、農漁村は一割五分という比率を挙げている（服部 一九四九：一二―一三頁）。

このように、かつて親が土産として子どもに買い与えた紙メンコやベーゴマは、いつしか子ども自らが購入する、柳田の三分類から外れた存在となっていった。これらを仮に「第四の玩具」と呼ぶことができるなら、その普及の過程には、大きな地域差と階層差が存在していた。

本稿では市場から相対的に独立した子どもの世界のものとして紙メンコ遊びを捉えて来た。しかし「消費者教育」の必要性も叫ばれる今日、紙メンコで遊ぶ子ども達の手元から顔を上げ、「消費者としての子ども」の歴史と現在について考えていくこともまた、必要となるであろう。

（1）『日本全国児童遊戯法』全三巻は明治三十四年に博文館から刊行された。これを原著として昭和四十三年に東洋文庫から『日本児童遊戯集』が刊行されている。

（2）例えば埼玉県では、いためん、おめん、カード、でかぱん、なまり、ぱぁー、ぱぁぱぁ、ぱぁーす、ぱす、ぱっちん、ぴったん、ぶだし、ぶちこ、ぶっけ、ぶっつけ、まめぱぁー、まるだしめん、まるめん、めいしとり、めんうち、めんがた、めんち、という二十二の名称が挙げられている。

（3）メンコのように賭けを行う者が自ら勝負に加わることは、必ずしも賭けとして素朴なものとはいえず、より進んだ賭博と見る見方もある。例えば、尾佐竹猛は賭博研究の古典といえる『賭博と掏摸の研究』において、かるた賭博に関して、「壷振等の他人の行為に依り、しかして表われたる目の数に当たるや否やが勝負であって、云は、(ば)単純で賭者の行為と智能の働きが加はらぬのが原則でありますから、之に満足出来ぬ為め、茲に進んで「かるた」賭博となるのであります。即ち賭者の行為が加り賭者の手に依る数の計算にて勝敗を決するのであります」と指摘している(尾佐　一九二五：四五頁)。

(4)「ほんこ」は実際にメンコの所有権の移転を伴う賭けを伴う遊びで、「うそこ」は伴わない遊びである。年齢差や実力差のある相手と競う場合等に「うそこ」が採用された。

(5) 紙メンコ遊びにおける身体技法も興味深いものであるが、今回は、モノとしての紙メンコが主題であるため、割愛した。

(6) 紙メンコ、ベーゴマ、ビー玉、おはじきの性格を比較すると、およそ次のような共通点と相違点がある。

玩具名	子どもによる所有	玩具自体を賭け金とした遊び	遊びの多義性	子どもによる改造
紙メンコ	○	○	◎	○
ベーゴマ	○	○	×	◎
ビー玉	○	○	○	×
おはじき	○	○	○	×

参考文献

大田才次郎(編)(一九六八(一九〇一))『日本児童遊戯集』東洋文庫。

尾佐竹猛(一九二五)『賭博と掏摸の研究』総葉社書店。

小野耕世ＨＰ　http://onokosei-biography.blogspot.com/2014/02/38.html(二〇一八年十一月六日最終閲覧)

加藤理(一九九六)『〈めんこ〉の文化史』久山社。

——(二〇〇〇)「子どもの消費生活と駄菓子屋」『駄菓子屋・読み物と子どもの近代』青弓社ライブラリー。

寒川恒夫(一九八七)「賭」『文化人類学事典』弘文堂。

渋沢敬三(一九九二(一九五九))「日本魚名の研究」『渋沢敬三著作集』第二巻、平凡社。

杉谷修一(二〇一〇)「庄屋拳の記号化過程——紙面子との関連を中心に」『西南女学院大学紀要』第一四号、九—一六頁。

——(二〇一一)「明治後期の小学校における戦争遊戯の成立過程」『西南女学院大学紀要』第一五号、四五—五四頁。

――――（二〇一二）「ジャンケン遊びにおける三すくみとシンボル」『西南女学院大学紀要』第一六号、五一―六〇頁。

鷹家春文（一九九一）『めんこグラフィティ～甦る時代のヒーローたち』光琳社出版。

竹尾利夫（一九八六）「児童文化の確立」原昌（編）『新訂児童文化概論』。

萩原由美（編）（二〇〇二）『あそびとスポーツのひみつ一〇一―一三　ベーゴマ』ポプラ社。

服部茂夫（一九四九）「小もの玩具の生態」『工藝ニュース』第一七巻一二号、技術資料刊行会。

半澤敏郎（一九八〇）『童遊文化史』第四巻、東京書籍。

古島敏雄（一九九七）『子供たちの大正時代――田舎町の生活誌』平凡社ライブラリー。

柳田国男（一九七六（一九四二））『こども風土記・母の手毬歌』岩波文庫。

依田逸夫ＨＰ　http://www.yoda.ne.jp/blog/?itemid=307（二〇一八年十一月六日最終閲覧）

おわりに

多様な観点から捉えられる時代玩具コレクション

本書は、二〇一三年三月に民博に寄贈された大阪府指定有形民俗文化財「玩具及び関連世相資料」、通称「時代玩具コレクション」を対象とした論集である。本論集が刊行される契機となった民博の共同研究については、すでに序論で述べられているので、その詳細は省くが、あらためて本書を見渡すと実に多様な観点から論考がなされていることに気づかれることだろう。

そもそも、なぜこの「時代玩具コレクション」が本書のような多様な視点から論考がなされるのだろうか。まず、考えられるのはやはりその膨大な資料点数と、収集者の多田敏捷による多様な視点に基づいた分類によるものであろう。多田は、「時代玩具コレクション」をもとに、一九九二年に『おもちゃ博物館』二四巻のシリーズを刊行している。このシリーズは、日本のおもちゃを単純に分類して紹介するというものではない。本シリーズは、江戸時代から現代にかけての日本社会について、おもちゃを通して世相史的に概観できるものであり、特に「玩具で見る日本近代史」は、日本の近代史についてさらに踏み込んだ考察がなされている。ここからは、おもちゃから日本社会を考えるという多田の収集理念をみてとることができる。また、「男の子の玩具」、「女の子の玩具」といった性別に基づいた分類は、日本社会における男女の子どもたちの社会的な位置づけを知ることができ、さらに、「子供絵と子供衣裳」からは近代日本の子どもたちの風俗について理解できる。

このように多様な視点から日本社会を俯瞰した「時代玩具コレクション」だからこそ、児童文化史をはじめ、幼児教育史、美術史、歴史学、民俗学、文化地理学などのさまざまな専門分野の研究者が参加した共同研究「モノにみる近代日本の子ども文化と社会の総合的研究」を展開することができ、多様な視点からの論考をとりまとめた本書の刊行へとつながったのである。

さらなる活用を目指して

「時代玩具コレクション」が民博に寄贈されることになった大きな理由は、旧所蔵館である大阪府立大型児童館ビッグバンでの活用よりも、「より積極的に展示活用がおこなわれること」を期待されたことである。このような流れを受け、まずは、民博において、企画展「みんぱくおもちゃ博覧会——大阪府指定有形民俗文化財『時代玩具コレクション』」（二〇一四年五月十五日〜八月五日）を開催した。また、東日本大震災からの東北復興を祈念した東日本大震災復興特別企画「みんぱくおもちゃ博覧会」（二〇一四年九月十一日〜十一月三十日）を宮城県内四ヵ所の博物館関連施設で開催した。この巡回展では、さまざまな場所で展示を実現することを目的とした展示ケースである「トラベリングディスプレイシステム」を開発した。現在は、人間文化研究機構基幹研究「日本列島における地域文化の再発見とその表象システムの構築」（研究代表者：日高真吾・二〇一五年四月〜二〇二一年三月）や人間文化研究機構「博物館・展示を活用した最先端研究の可視化・高度化事業」のなかの「モバイルミュージアム事業」において、サイズのバリエーションをもたせるなど、展示ケースとしての進化を遂げていっている。

そして、その成果を活かす試みとして、二〇一九年三月二十一日〜五月二十八日にかけて、特別展「子ども／おもちゃの博覧会」を民博で開催する。なお、本特別展は、共同研究「モノにみる近代日本の子ども文化と社会の総合的研究」の成果でもあり、本書とも深く関連したものである。展示は、日本社会が大きな変化を遂げた近代に着目し、子どもや子どもをめぐる社会の変遷とその意味について、玩具を通じて探るというものであり、次のような展示内容で構成する。

Ⅰ　玩具と時代と子どもたち

近代（明治時代以降）の到来によって、新たに成立した社会や文化の変化とそれに密接に関わる子どものありようをイメージとして提示する。

Ⅱ　江戸時代の玩具

各地域の地理的、歴史的、文化的な背景をあらわした玩具、子どもの健やかな誕生や成長への願いを込められた玩具など、明治時代以降の玩具とは趣の異なる江戸時代の玩具と、子どもを取り巻く社会のありようを紹介する。

Ⅲ　時代と玩具

明治時代以降、明治政府の主導によって、全国一律の行政や教育などの諸制度の整備、海外からの新たな知識や技術の導入がおこなわれ、日本社会は大きく変化した。また、日清・日露戦争、第一次世界大戦、第二次世界大戦といった戦争も日本社会の変化に大きな影響を与えた。このように大きく変化した明治時代から第二次世界大戦にかけての日本社会における子どもや玩具のありようを紹介する。

Ⅳ　戦争と子どもと玩具

明治時代以降、近代国家を目指す富国強兵の政策のなかで増えてきた、近代装備を備えた軍隊や兵器に関わる玩具を紹介する。また、大正から昭和初期における子どもは、汚《けが》れがないというイメージをもつ存在として、平和や友好という語と重ねられ、国際関係のなかで活用される状況が生みだされた。純粋な子どもは大人社会の汚れた一面を浄化させるものとして、満州事変をさかいに美談の主人公として取り上げられるようになったのである。ここでは、このような状況についても合わせて紹介する。

Ⅴ　戦後の玩具と子ども

敗戦後の民主主義社会の到来や高度経済成長、テレビをはじめとするマスメディアの発達などで生じた社会の変化とともに、大きく変化した子どものくらしや玩具を紹介する。

Ⅵ　遊び続ける子どもたち

子どもたちの遊びと玩具の現在の様相を鑑みながら、これからの子ども像について、来館者とともに考える。

本特別展は、日本の近代史を縦軸に、そして、近代日本社会の世相を横軸にして、「時代玩具コレクション」を中心に展示するものであり、「時代玩具コレクション」のアカデミックな価値や魅力が新たに発見できることを期待している。

以上、本書の研究対象となった「時代玩具コレクション」のアカデミックな価値について概観し、新たな活用を目指した特別展「子ども／おもちゃの博覧会」の紹介をおこなった。さまざま視点から近代を中心とした日本社会を捉えることができる「時代玩具コレクション」の意義を提示した本書がきっかけとなって、更なる研究活動が展開することを期待しつつ、本書の「おわりに」としたい。

本書をまとめるにあたって、関連した研究プロジェクトを次に示す。

・国立民族学博物館共同研究会「モノにみる近代日本の子ども文化と社会の総合的研究」（研究代表者：是澤博昭・二〇一四年九月～二〇一八年三月）

・人間文化研究機構基幹研究「日本列島における地域文化の再発見とその表象システムの構築」（研究代表者：日高真吾・二〇一五年四月～二〇二一年三月）

・人間文化研究機構「博物館・展示を活用した最先端研究の可視化・高度化事業」内「モバイルミュージアム事業」（国立民族学博物館担当者：日高真吾）

日高真吾

編者・執筆者紹介（五十音順）

【編　者】

是澤博昭（コレサワ　ヒロアキ）

大妻女子大学博物館准教授。専門：児童学・児童文化論。

『軍国少年少女の誕生とメディア——子ども達の日満親善交流』（世織書房、2018）、『子供を祝う　端午の節句と雛祭』（淡交社、2015）

日髙真吾（ヒダカ　シンゴ）

国立民族学博物館人類基礎理論研究部教授。専門：保存科学。

『記憶をつなぐ——津波災害と文化遺産』（編著、千里文化財団 2012）、『災害と文化財——ある文化財科学者の視点から』（千里文化財団 2015）

【執筆者】

稲葉千容（イナバ　チヨ）

今治市大三島美術館学芸員。専門：子ども文化史・地域の文化財活用（アウトリーチ）。

「紙フィルムと手回し映写機—— 70 年前のアニメ・映画」（『人形玩具研究』第 21 号、2011）、「地域文化財を活用するための IT 技術を利用した地域文化財を学習する機能構築事業。機能を利用した地域文化財の魅力アウトリーチ事業」（地域の核となる美術館・歴史博物館支援事業　2017、2018）

内田幸彦（ウチダ　ユキヒコ）

埼玉県教育局市町村支援部文化資源課主査。専門：日本民俗学。
「アチックミュージアムが目指したもう一つのコレクション——旧八基村収集資料と『蒐集物目安』、『民具蒐集調査要目』」（『紀要』（埼玉県立歴史と民俗の博物館）第 8 号、2014）
「オビシャの多様性とオビシャ文書——埼玉県の事例から」（『オビシャ文書の世界』岩田書院、2018）

亀川泰照（カメカワ　ヤステル）

荒川区立荒川ふるさと文化館上級主任学芸員。専門：日本近世史。

「家守から見た御雇祭」（『江戸天下祭絵巻の世界』岩田書院、2011）、「江戸の人びとにとっての造り物」（『造り物の文化史』勉誠出版、2014）

小山みずえ（コヤマ　ミズエ）

武蔵野短期大学幼児教育学科准教授。専門：日本幼児教育史。

『近代日本幼稚園教育実践史の研究』（学術出版会、2012）、「戦前日本の幼稚園における年中行事の位置づけ——雛祭りを中心に」（『幼児教育史研究』第 12 号、2017）

是澤優子（コレサワ　ユウコ）
東京家政大学家政学部児童学科准教授。専門：児童学、児童文化。
『子ども像の探求――子どもと大人の境界』（共著、世織書房、2012）、「『児童研究』に見る近代的玩具観の潮流」（『人形玩具研究』第 17 号、2007）

神野由紀（ジンノ　ユキ）
関東学院大学人間共生学部教授。専門：デザイン文化史。
『子どもをめぐるデザインと近代』（世界思想社、2011）、『百貨店で〈趣味〉を買う』（吉川弘文館、2015）

滝口正哉（タキグチ　マサヤ）
成城大学・早稲田大学非常勤講師。専門：日本近世史。
『江戸の社会と御免富――富くじ・寺社・庶民』（岩田書院、2009）、『江戸の祭礼と寺社文化』（同成社、2018）

濱田琢司（ハマダ　タクジ）
南山大学人文学部日本文化学科教授。専門：文化地理学、地域文化論。
『民芸運動と地域文化――民陶産地の文化地理学』（思文閣出版 2006）、「工芸品消費の文化的諸相と百貨店――民芸運動とその周辺から」（『国立歴史民俗博物館研究報告』197、2016）

森下みさ子（モリシタ　ミサコ）
白百合女子大学人間総合学部児童文化学科教授。専門：児童文化、玩具文化。
「「着せ替え遊び」の変化をめぐって――二次元と三次元の往還」（『人形玩具研究』第 27 号、2016）、「「紙製着せ替え人形」の変容――着せ替え遊びの原形質をめぐって」（『人形玩具研究』第 28 号、2018）

山田慎也（ヤマダ　シンヤ）
国立歴史民俗博物館研究部民俗研究系准教授。専門：民俗学、文化人類学。
『現代日本の死と葬儀―葬祭業の展開と死生観の変容』（東京大学出版会、2007）、『近代化のなかの誕生と死』（共編著、岩田書院、2013）

子どもたちの文化史
玩具にみる日本の近代

二〇一九年三月三十一日　初版発行

編　者　是澤博昭
　　　　日高真吾
発行者　片岡　敦
印刷
製本　創栄図書印刷株式会社

606-8204　京都市左京区田中下柳町八番地
発行所　株式会社　臨川書店
電話（〇七五）七二一―七一一一
郵便振替　〇一〇七〇―二―八〇〇番

落丁本・乱丁本はお取替えいたします
定価はカバーに表示してあります

ISBN978-4-653-04382-9　C0036